本书是国家社科基金项目"智慧社会驱动的图书馆信息生态研究"（18BTQ030）的研究成果之一，受黑龙江省教育厅省属高校2021年度基本科研业务费项目资助。

吕莉媛 —— 著

智慧社会驱动的
图书馆信息生态探赜

AN EXPLORATION OF
THE LIBRARY INFORMATION ECOLOGY DRIVEN BY
SMART SOCIETY

社会科学文献出版社
SOCIAL SCIENCES ACADEMIC PRESS (CHINA)

摘　要

　　我国"十四五"规划对智慧化、数字化发展背景下"营造良好数字生态"提出新要求，社会各界在弥合数字鸿沟，探索网络空间和平发展、公平正义、合作共赢等方面积极作为。图书馆作为公共文化机构，在开发数字资源、提供知识服务与交流、参与社会教育等方面具有独特优势。因此，图书馆信息生态研究将为信息领域发展新态势下智慧社会所要求的信息公平、知识自动化和智慧服务提供重要支撑和有力驱动。

　　智慧社会因其开放、共享、多元互动、协同治理和去中心化等特质对图书馆信息生态的发展提出了新要求，与此同时，图书馆在智慧社会的影响与驱动下出现了诸如信息不对称、信息污染、信息超载、信息茧房等新问题，使其信息生态的稳定与平衡难以得到保障。上述新要求和新问题对图书馆信息生态提出多重挑战，因此，我们对图书馆信息生态既要从历时态与共时态相交织的视角进行梳理，把握图书馆信息生态的嬗变轨迹；又要从宏观与微观相结合的维度进行探讨，利用新的建模和计算手段对信息现象、组织特性和用户信息行为等海量异构数据进行分析评估，重构图书馆信息生态的框架结构模型。

　　图书馆信息生态内容框架体系是基本要素和动态要素的有机结合。基本要素与动态要素相互联系、相互影响、相互交融、相互制约，其内在组织关系与相互作用机理参考 Zachman 框架模型的构建理念，以内容框架体系构成要素为基本单元，从横向与纵向相交互的整体视角对图书馆信息生态的架构进行分解描述，充分体现图书馆信息生态框架体系模型的整体架构和逻辑结构。为了揭示框架体系模型的组织结构与内部运行模式，本书运用社会计算方法对基本要素进行抽象化表示，构建属性关联关系网络，基于多源数据融合实现框架体系建模，形成一种面向社会计算方法的框架体系模型解析思路，提出在实践中要全面感知主体信息行为和信息态势，实时调整基本要素和动态要素的结构关系，关注框架体系模型各构成单元的内部组织结构，适时约束并抑制特别活跃的构成要素，充分调动相对薄弱的影响因素，维护图书馆信息生态系统的整体平衡与稳定。

本书结合内容框架体系模型结构特征，遵循"理念创新、过程协调、适应调节、智能优化"原则，按照"规划—过程—引导—优化"一体化设计思路，兼顾规划、组织、协调、反馈、优化等环节的相互影响和作用关系，构建主体、需求、行为有效关联的虚实互动的信息生态平衡机制。探讨适应智慧社会发展的图书馆信息生态平衡策略，能够保障图书馆信息生态系统在受到外界干扰发生动荡时，通过自我调节、自我优化、自我提升和自我适应达到相对平衡稳定的状态。本书对图书馆信息生态链同级节点、上下游节点及链间节点的协同竞争关系进行建模分析，探讨基于演化博弈论的最优均衡策略解决方案。通过实证分析，验证框架体系模型及平衡优化策略的适用性，从主体意识、信息行为、信息生态环境、信息生态框架体系、信息生态平衡机制与评价体系等方面探寻实现策略的有效路径。

目　录

第一章　图书馆信息生态理论概述

党的十九大报告指出，智慧社会是为了加快建设创新型国家所提出的发展新目标。我国"十四五"规划对智慧化、数字化发展背景下"营造良好数字生态"① 提出了新要求。"以迈向数字文明新时代，携手构建网络空间命运共同体"为主题的 2021 年世界互联网大会蓝皮书"重点反映了数字经济、数字社会、数字政府和数据生态等方面的进展和成效"②，展现了社会各界在弥合数字鸿沟，探索网络空间和平发展、公平正义、合作共赢等方面所做的努力。新技术的创新应用和数字经济的全面发展对智慧社会建设提出了新的挑战，但也提供了机遇，同时对信息组织结构和知识管理模式提出了全新要求。图书馆作为公共文化机构，在开发信息资源、提供知识服务与交流、参与社会教育等方面具有独特优势。因此，图书馆信息生态研究将为信息领域发展新态势下智慧社会所要求的信息公平、知识自动化和智慧服务提供重要支撑和有力驱动。

第一节　研究目的及意义

习近平总书记在党的十九大报告中明确指出："加快建设创新型国家……加强应用基础研究，拓展实施国家重大科技项目，突出关键共性技术、前沿引领技术、现代工程技术、颠覆性技术创新，为建设科技强国、质量强国、航天强国、网络强国、交通强国、数字中国、智慧社会提供有力支撑。"③ 智慧社会是以智能化为标志的新型社会形态，具有开放、共享、多元互动、协同治理等方面的特质，社会的产业链布局和分

---

① 《中华人民共和国国民经济和社会发展第十四个五年规划和 2035 年远景目标纲要》，《人民日报》2021 年 3 月 13 日，第 1 版。

② 《世界互联网大会蓝皮书新闻发布会》，新华网，2021 年 9 月 26 日，http：//www. xinhuanet. com/fortune/2021sjhlwdhzbz/wzsl. htm。

③ 习近平：《决胜全面建成小康社会 夺取新时代中国特色社会主义伟大胜利——在中国共产党第十九次全国代表大会上的报告》，人民出版社，2017。

工体系将受到智能化的引导而呈现新格局。因而，智慧社会对大数据资源的开放流动、信息对称、信息公平、知识组织等有更具体的要求。

智慧社会为图书馆信息生态的发展带来了新的机遇，也提出了从基础理论到计算方法和内容框架体系的综合需求。《中华人民共和国国民经济和社会发展第十四个五年规划和 2035 年远景目标纲要》对"营造良好数字生态"提出了新要求，即"坚持放管并重，促进发展与规范管理相统一，构建数字规则体系，营造开放、健康、安全的数字生态"。① 这样的多重挑战转变成一种思路，驱动我们对图书馆信息生态进行深入研究。这既需要从宏观与微观相结合的维度进行探讨，又需要从历时态与共时态相交织的视角进行梳理，把握图书馆信息生态的嬗变轨迹，着眼于区域层面的图书馆信息生态研究，利用新的建模和计算手段对智慧社会的信息现象、组织特性和用户信息行为等海量异构数据进行分析和评估，探究学术图书馆、公共图书馆和图书馆联盟组织的信息生态特点及其受智慧社会建设的影响，重构图书馆信息生态的总体框架与研究定位，推动图书馆信息生态与智慧社会建设进程相适应。

本书主要是对图书馆信息生态内容框架体系进行重构，探索图书馆信息生态平衡机制与平衡策略，以适应智慧社会建设要求与数字生态发展趋势。研究具有一定的理论与现实意义。

一　研究目的

本研究的主要目的是为图书馆信息公平、知识创新和智慧服务提供决策依据，使图书馆能够尽快适应智慧社会的建设要求与数字生态的发展趋势。

第一，梳理图书馆信息生态的嬗变轨迹。基于历时态与共时态的辩证关系对图书馆信息生态的嬗变轨迹进行梳理，从纵向与横向维度综合考察图书馆信息生态的逻辑演进及层次结构，把握其发展规律，确定智慧社会赋予图书馆信息生态的内涵。

第二，重构图书馆信息生态的内容框架体系。探寻智慧社会建设与

---

① 《中华人民共和国国民经济和社会发展第十四个五年规划和 2035 年远景目标纲要》，《人民日报》2021 年 3 月 13 日，第 1 版。

图书馆信息生态的契合点，分析智慧社会理念与图书馆信息生态理念的逻辑关联，从宏观视角重构适应智慧社会建设的图书馆信息生态内容框架体系，探索各要素的相互作用关系和内容框架体系的构建机理。

第三，探讨适应智慧社会特点的图书馆信息生态平衡机制和平衡策略。推动图书馆信息生态的本土化研究，探索智慧社会建设中图书馆信息生态的平衡机制，从信息的组织引导到信息公平，再到知识自动化，通过对图书馆信息生态内容框架体系的重构和信息生态平衡策略的探究，促进信息公平，驱动智慧服务。

二　研究意义

信息生态强调信息、人、环境、技术等因素的全面协调发展，以期达到信息生态各因子的动态平衡，实现信息公平和信息可持续发展。我国智慧社会建设对图书馆信息生态提出了新要求，社会日新月异的发展也使得图书馆信息生态产生了新问题，这种新要求和新问题对图书馆信息生态提出双重挑战。因此，本书的研究具有一定的理论和现实意义。

（一）理论意义

第一，揭示了以知识服务为目的的图书馆信息生态网络构建与智慧服务发展范式相融合的嬗变轨迹，运用并丰富了信息管理理论和方法。信息管理理论本身就是与时俱进的理论体系，随着社会的进步而不断发展。在信息化、数字化、网络化、智能化全面融入社会各领域和全过程的背景下，信息管理理论成为近年来备受关注的热门课题。以知识服务为目的构建图书馆信息生态网络，在智慧服务发展框架下探讨图书馆信息生态的嬗变轨迹，不仅运用和继承了信息管理的理论基础和原则，在图书情报学领域也进一步丰富和发展了这一理论体系。

第二，拓展了图书馆信息生态理论在智慧社会建设背景下的理论内涵，充实并发展了信息生态理论体系。网络技术和"互联网+"的发展为信息资源共享提供了一个全新的平台。研究智慧社会建设背景下的图书馆信息生态理论，是历史和现实任务，既要紧跟网络时代数字技术发展的历史潮流，又要结合我国信息生态发展的技术水平和现有经验的实际情况，探索新规律、总结新经验、创造新成果。在探索适应智慧社会发展的信息生态新理念指导下，充实并发展我国信息生态理论体系。

第三，从宏观领域着眼于区域层面的图书馆信息生态理论研究，创新并完善了智慧社会建设与图书馆信息生态理论体系相融合的新理论和新方法。研究智慧社会背景下图书馆信息生态的理论和实践，运用智慧社会建设、信息生态和社会计算理论，解决复杂社会环境下的信息共享、信息公平和智慧服务等实际问题，不断总结新经验，形成新理论。这样才能真正把握图书馆适应智慧社会发展的信息生态理论核心和发展规律。

（二）现实意义

首先，本书的研究有利于实现图书馆在智慧时代的跨类型、区域、行业、领域、学科等边界的多方位融合。图书馆信息生态内容框架体系的重构是整合地域性信息资源的根本力量，科学地整合地域性信息资源，加强信息资源社会共享和联盟协作，可为促进和推动图书馆联盟组织的形成和发展提供理论支持和技术平台。信息生态平衡机制的协调，可确立信息资源的分布体系，丰富可利用信息资源的种类，保证图书馆信息生态的稳定性和全面性，推动图书馆联盟组织的健康发展。

其次，本书的研究有利于驱动智慧服务模式的创新，重构智慧的信息生态环境，使图书馆事业处于健康、全面、开放、创新、协同、变革的积极状态中。信息生态系统反映信息主体、本体、介体、环体和链体间的相互关系，运行良好的信息生态系统能够对信息流转起到加速和促进作用。在智慧社会建设背景下，健康智慧的信息生态环境不仅可以密切信息主体和本体间的关系，提高信息资源的流转效率，而且便于信息主体准确把握信息资源的价值，提高信息资源的利用效率。

再次，本书的研究有利于解决信息量剧增与馆藏力不足的矛盾，提高图书馆信息资源的利用率。通过平衡的信息生态体系进行馆际协调，确立各馆的藏书体系，丰富每个馆可利用的信息资源种类，保障文献信息资源学科品种的稳定性和全面性，这是在一定程度上解决信息量剧增与馆藏力不足矛盾的重要途径。此外，重构信息生态的内容框架体系有利于图书馆形成更大的合力，从而有效地利用其资金、设备和人员，建立广泛的合作、协作、协调关系，达到智慧化发展的目的。

最后，本书的研究有利于充分发挥图书馆在智慧社会建设中的知识融合与智慧服务作用，为智慧图书馆的发展和建设提供智慧与方案。通过对图书馆信息生态内容框架体系的重构和平衡机制的探讨，分析人、信息、技术、网络及社会发展的复杂关系，探讨智慧社会建设背景下信息资源开发与利用过程中信息生态失衡问题，可实现移动网络和云计算环境下信息资源的深层次开发及有效利用，为智慧社会建设中图书馆智慧服务提供有效方案。

第二节　国内外研究现状综述

随着信息技术和网络智能化的发展，学界对图书馆信息生态从多个视角开展了研究。国内外关于图书馆信息生态及其相关领域的探讨不断深入，该领域发展的经济手段、技术支持、政策支撑和法律保障体系也逐步完善。研究方向细分为多学科多领域，在研究内容、研究思路和研究方法上都呈现逐步深入的特点，相关研究取得了一定的成果。

一　国内研究现状

对我国学界较受认可的中国知识基础设施工程——中国知网的知识元进行指数检索，可以了解关于图书馆信息生态的国内研究现状及其学术关注程度。以"图书馆信息生态"为主题词进行指数检索，得到如图1-1的结果。可见，学界关于图书馆信息生态的研究从2000年至2020年，在2011年出现第一个研究高峰期，中文文献环比增长率高达50%；

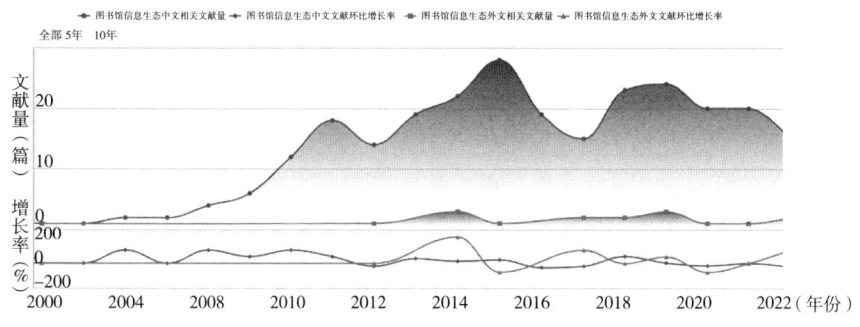

图1-1　1995~2020年图书馆信息生态的学术关注度

说明：由于2000年至2007年文献数量增长态势不明显（2000年~2003年1篇，2004年~2007年4篇），因此，此期间以4年为时间间隔进行文献量的描述。从2008年开始文献数量增长态势明显，因此，从2008年开始，以2年为时间间隔进行文献量的描述，以便于更加清晰地展现相关文献量的变化趋势。

在 2015 年出现第二个研究高峰期，中文文献环比增长率达到 27%；经历短暂的研究低潮，于 2019 年出现第三个研究高峰期。随着 2021 年 "十四五"规划对"数字生态"发展提出明确要求，我们有理由相信，图书馆信息生态研究在未来一个时期将迎来新的研究高峰。

图书馆信息生态相关研究成果主要集中于图书情报与数字图书馆领域，如图 1-2 所示。近年来，学者除了以图书情报与数字图书馆为主要研究领域进行图书馆信息生态研究，在计算机软件及计算机应用、新闻与传媒等领域也广泛地开展了相关研究，这说明关于图书馆信息生态的研究逐步向信息技术、信息环境等方向发展。专门针对图书馆信息生态开展的研究始于 21 世纪初，初始研究阶段相关研究成果较少，主要是对图书馆信息生态的内涵进行界定与辨析。在可查文献中，最早提及"信息生态"的文章是王蕾的《信息构建理念与社区数字图书馆建设》，其阐述了信息生态系统理论对社区数字图书馆建设的重要指导与借鉴意义。①

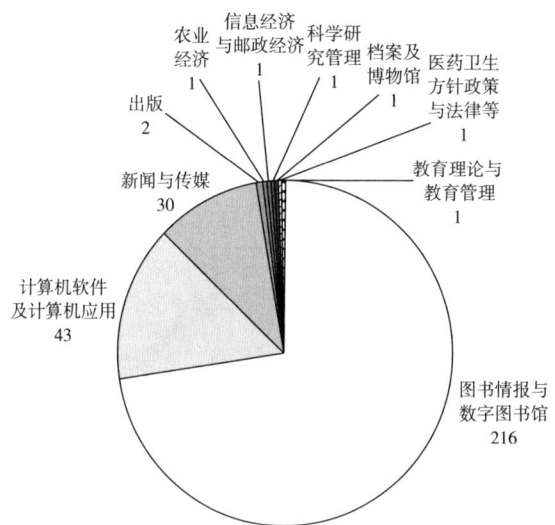

图 1-2　图书馆信息生态相关研究的学科分布

---

①　王蕾：《信息构建理念与社区数字图书馆建设》，《图书情报知识》2004 年第 6 期，第 35~38 页。

2007 年以后，图书馆信息生态相关研究逐步系统而深入，且多数是针对信息管理中信息生态系统的相关问题进行的研究，比较有代表性的是娄策群和周承聪对信息生态链的概念、本质和类型进行的探讨，他们指出，信息生态链是信息生态系统中不同种类信息人之间信息流转的链式依存关系，并从构成主体、功能实质、依存关系三个方面探讨信息生态链的本质，按信息人的组织形式、信息人信息角色的专兼职程度、信息人种类及其职能多少、所流转的信息内容性质四个标准对信息生态链进行分类。① 靖继鹏对国内信息生态的理论研究进行前瞻性阐述，提出信息生态理论提供了一种观察、分析和处理组织内和组织间信息产生、组织和利用的方法论，可以和已有的信息管理理论和工具很好地结合，进而丰富信息管理的理论和方法，指导信息管理实践。② 娄策群等从生态学视角对网络信息生态链的基础理论、发展机制和优化管理进行研究，认为网络信息生态链主要通过链内节点之间的合作竞争进行信息流转，进而实现价值增值和共生互利，并达到网络信息生态链的动态平衡。③ 自 2007 年以后，图书馆信息生态研究进入系统研究阶段，从最初的基于生态学视角对文献链进行探讨，到对图书馆信息生态系统的诠释与现象研究，国内学者的研究主要围绕以下几个方面展开。

一是对图书馆信息生态系统的研究。从系统论视角对图书馆信息生态进行探索是国内图书馆信息生态领域最受关注也是研究最多的主题。对图书馆信息生态系统的含义、结构、运行机制、系统评价、建设策略和系统平衡等方面的研究已取得一定成果，比较有代表性的如王瑶运用信息生态学的理论和研究方法，提出图书馆信息生态系统由信息人、信息资源、信息技术、信息法律及政策与伦理和信息文化组成，对系统中各生态因子的作用进行了论述，为图书馆信息生态系统的进一步研究提

---

① 娄策群、周承聪：《信息生态链：概念、本质和类型》，《图书情报工作》2007 年第 9 期，第 29~32 页。

② 靖继鹏：《信息生态理论研究发展前瞻》，《图书情报工作》2009 年第 4 期，第 5~7 页。

③ 娄策群等：《网络信息生态链运行机制与优化方略》，科学出版社，2019，第 89 页。

供了理论依据。① 肖钠构建了由信息环境支撑层、信息资源存储层、信息人作用层和信息资源交互层组成的图书馆信息组织模式，他提出根据信息生态学理论，图书馆实际上是一个信息生态系统，基于信息生态系统的图书馆信息组织模式在充分发挥信息功能、实现信息价值的同时，有利于图书馆信息生态系统的动态平衡。② 薛卫双通过借鉴自然生态系统的评价模式，从系统结构、系统活力和系统服务力三个层面构建了高校数字图书馆信息生态系统健康评价体系，运用层次分析法和模糊评价法确立评价指标的权重和评价值，并进行了相应的实证研究，最后提出了促进高校数字图书馆信息生态系统健康发展的几点建议。③ 近年来，关于图书馆信息生态系统的研究更是从多维度、多视角展开，如黄友均对信息服务人员、信息用户与信息本体、信息时空、信息技术和信息制度之间的平衡关系进行统计分析，提出高校图书馆信息生态系统平衡优化建议④；王瑶和武含冰构建并提出图书馆信息生态系统的完整性概念及模型⑤；张现龙探讨了新技术条件下智慧图书馆信息生态系统的构成和信息生态因子之间的相互关系⑥。此外，张春春⑦、王猛⑧、董永梅⑨等学者对图书馆信息生态系统也进行了较为深入的研究，并发表了论文。

二是对图书馆信息流转机理的探讨。国内学者在图书馆信息流动方

---

① 王瑶：《图书馆信息生态系统组成因子分析》，《科技情报开发与经济》2008 年第 4 期，第 63~65 页。
② 肖钠：《基于信息生态系统的图书馆信息组织模式研究》，《图书馆》2014 年第 2 期，第 95~97 页。
③ 薛卫双：《高校数字图书馆信息生态系统健康评价研究》，《情报科学》2014 年第 5 期，第 97~101 页。
④ 黄友均：《高校图书馆信息生态系统平衡实证研究》，《科技资讯》2018 年第 31 期，第 216~217 页。
⑤ 王瑶、武含冰：《图书馆信息生态系统的完整性评价研究》，《教育教学论坛》2019 年第 32 期，第 8~9 页。
⑥ 张现龙：《基于社会空间层次的智慧图书馆信息生态系统构成要素研究》，《大学图书情报学刊》2021 年第 5 期，第 71~74 页。
⑦ 张春春：《基于图书馆信息生态系统的阅读困难群体服务路径研究》，《图书馆》2014 年第 5 期，第 81~83 页。
⑧ 王猛：《基于比较研究的图书馆信息生态系统解析》，《图书馆学刊》2011 年第 10 期，第 4~6、19 页。
⑨ 董永梅：《图书馆联盟信息生态系统构建研究》，《图书馆工作与研究》2011 年第 9 期，第 43~45 页。

式、流转特点、运行机理和动力机制等方面也开展了图书馆信息生态链研究，如程彩虹等从信息生态学的角度出发，界定了数字图书馆信息生态链的概念，分析了节点、链接和节点关系三大结构组成要素，探讨了单链型和汇聚链型两类数字图书馆信息生态链模型。[①] 该研究融合了图书馆领域与计算机领域对数字图书馆信息生态链的认知，对数字图书馆信息生态链的理论研究有一定的参考作用。肖钠在概述图书馆牛鞭效应及信息生态链管理的理念和目标的基础上，基于信息生态链的三个构成要素，提出了降低图书馆牛鞭效应的信息生态链管理的三种模式，即信息生态链管理的信息共享模式、信息生态链管理的信息人激励模式和信息生态链管理的信息环境支持模式。[②] 杨瑶认为图书馆信息生态链的功能在于促进信息流转，并且这种流转是双向的，既有正向的信息流动，又有反向的信息反馈。两种图书流转链不仅在链上节点的质量、相互连接方式和协调互动模式上存在区别，在流转速度和流转质量上也存在区别。[③] 这些研究在一定程度上创新了信息流转的管理模式，对于数据传输和信息流转机理研究都具有一定的理论意义。近年来，越来越多的学者开始关注智慧环境下图书馆信息生态链的新特征，如何雨蓉[④]、赵生辉和胡莹[⑤]、高萍和王利文[⑥]等学者从智慧图书馆信息生态链的内涵、结构、类型等视角进行分析，探索智慧图书馆信息流转机理。

三是关于图书馆信息生态位的探索。这方面的文献主要是针对图书馆在由信息制度、信息资源等信息环境因子构成的信息大环境中的信息生态位进行探索性研究，在图书馆信息生态位理论、测评和优化等方面有一定的研究成果。如王滢从信息供求关系的角度分析图书馆信息生态

---

① 程彩虹、陈燕方、毕达宇：《数字图书馆信息生态链结构要素及结构模型》，《情报科学》2013 年第 8 期，第 15~18、22 页。

② 肖钠：《降低图书馆牛鞭效应的信息生态链管理模式研究》，《图书馆论坛》2013 年第 2 期，第 50~54、58 页。

③ 杨瑶：《高校图书馆图书信息服务生态链结构及功效研究》，《图书馆建设》2014 年第 10 期，第 38~42、47 页。

④ 何雨蓉：《智慧图书馆信息生态链的内涵及其构建研究》，《智库时代》2019 年第 48 期，第 5~6 页。

⑤ 赵生辉、胡莹：《多语言数字图书馆信息生态链的结构、类型及启示》，《图书馆理论与实践》2020 年第 3 期，第 73~78 页。

⑥ 高萍、王利文：《智慧图书馆信息生态链的管理与优化措施研究》，《河南图书馆学刊》2020 年第 3 期，第 80~82 页。

位的演化机理，并提出了相应的优化管理策略。① 这项研究探索了信息供求关系演变过程中的图书馆信息生态位优化管理路径。赵玉冬以信息生态位理论为视角，论述了数字图书馆优化与发展的原则和功能生态位、资源生态位、时空生态位等宏观导向。② 这项研究强调了人在信息生态系统中的主体作用，提出系统进化的先决条件是人的主观积极态度，在提高信息生态位的主体认知程度研究方面起到推动作用。周承聪和夏文贵从文献计量学角度对信息生态研究的年度分布、作者分布和主题分布情况进行综合整理，从信息生态位的基础理论研究和应用研究两大方面综述国内信息生态位研究的现状，提出了国内信息生态位研究的不足与展望。③ 徐梅娟基于信息生态位基本理论和概念描述，采取"印象评价"方法调查，依据调查结果分别比较研究公共图书馆、高校图书馆、科学与专门图书馆在文化教育生态位、知识生态位、情报生态位、科技生态位和网络生态位上的共性与区别，宏观分析三大类型图书馆信息生态位各维度的特点。④ 这项研究为图书馆信息生态位研究提供了一种较为新颖的探索思路和方法。

四是对图书馆信息生态的主要构成要素进行阐释。这方面的学术论文为图书馆信息生态在多维度的纵深研究奠定了理论基础。比较有代表性的如郭海明和刘桂珍指出，图书馆信息生态系统由信息服务人员、信息用户、信息资源、技术平台和信息生态环境等要素构成。⑤ 王瑶运用信息生态学的理论和研究方法进行分析，认为图书馆信息生态系统是由信息人因子和信息环境因子组成的，而信息环境因子是由信息资源、信

---

① 王滢：《图书馆信息生态位的优化管理》，《图书馆学研究》2012 年第 17 期，第 15～17、14 页。
② 赵玉冬：《信息生态位视角下数字图书馆的优化与发展》，《图书馆工作与研究》2013 年第 2 期，第 9～12 页。
③ 周承聪、夏文贵：《基于文献计量的国内信息生态位研究现状与展望》，《图书馆学研究》2014 年第 18 期，第 2～7 页。
④ 徐梅娟：《基于"印象评价"调查的三大类型图书馆信息生态位比较研究》，《情报科学》2015 年第 4 期，第 82～86 页。
⑤ 郭海明、刘桂珍：《数字图书馆信息生态分析》，《图书馆理论与实践》2007 年第 1 期，第 12～13 页。

息技术、信息法律以及信息政策与伦理和信息文化构成,[①] 为图书馆信息生态系统的进一步研究提供了理论依据。彭娜简述了信息生态因子的概念,提出信息生态系统的组成要素是信息人、信息环境和信息,探讨了数字图书馆信息生态系统的特性和信息流动与循环原理。[②] 朱如龙和沈烈则从信息生态因子视角构建了图书馆舆情信息服务质量影响因素体系,运用结构方程模型进行实证检验,从崭新视角剖析了协调与平衡图书馆舆情信息服务信息生态系统的相关要素及其内部关系。[③]

2015 年,最不容忽视的大数据扛鼎之作《智慧社会:大数据与社会物理学》在国内学术界掀起了一场研究智慧社会的热潮,以王飞跃为代表的一些学者对智慧社会的基本概念、支撑体系及相关核心问题展开研究,以此开启了包括数字图书馆在内的众多领域对智慧社会的相关探讨。在图书馆学界,关于智慧图书馆的探讨开始于智能图书馆,21 世纪初期,就有学者发表了以"智能图书馆"为主题的论文,如张洁和李瑾的《智能图书馆》[④];周密和董其军的《基于用户信息活动的智能数字图书馆研究》[⑤];陈鸿鹄的《智能图书馆设计思想及结构初探》[⑥];等等。关于智能图书馆的研究更多地侧重于技术层面的探讨,与数字图书馆有异曲同工之处。在智慧社会发展的时代背景下,图书馆界也在理念与实践方面发生创新性变革,智慧图书馆远远超越了技术层面的探讨,延伸至图书馆建设理念、物理空间、网络服务、社会协同、绿色发展等方方面面。图书馆信息生态受这一大环境的影响进入深化研究阶段,开启了智慧图书馆的信息生态研究。

---

① 王瑶:《图书馆信息生态系统组成因子分析》,《科技情报开发与经济》2008 年第 4 期,第 63~65 页。

② 彭娜:《浅析数字图书馆信息生态系统》,《电子技术与软件工程》2014 年第 4 期,第 18 页。

③ 朱如龙、沈烈:《信息生态因子视角下图书馆舆情信息服务质量影响因素分析》,《图书馆工作与研究》2020 年第 6 期,第 5~15 页。

④ 张洁、李瑾:《智能图书馆》,《图书馆理论与实践》2000 年第 6 期,第 12~13、31 页。

⑤ 周密、董其军:《基于用户信息活动的智能数字图书馆研究》,《图书馆学研究》2002 年第 8 期,第 59~62 页。

⑥ 陈鸿鹄:《智能图书馆设计思想及结构初探》,《现代情报》2006 年第 1 期,第 116~118 页。

2017 年，党的十九大报告强调智慧社会建设的划时代意义，图书馆界也迎来了智慧图书馆发展的新境界。一些学者针对图书馆在智慧社会建设中的定位及发展前景进行探讨，同时开展了信息生态链引入图书馆智慧服务的研究，适应智慧社会的图书馆联盟信息生态系统的协同发展也有新的研究进展。如王世伟从三个方面论述了智慧社会是智慧图书馆发展的新境界：一是智慧社会是社会信息化持续深入发展的新形态；二是智慧社会是智慧图书馆创新发展的新境界；三是智慧社会是新时代读者对美好文化生活的新需要。① 文章指出智慧社会体现了新时代社会信息化发展的新趋势和新特点。刘月学将信息生态链的相关理论引入图书馆信息服务研究中，阐释了图书馆信息服务生态链的构成要素，并对图书馆信息服务生态链的节点进行分析，研究了信息传递路径，并揭示了其形成机理。② 于芳探讨了图书馆联盟协同机制的建设，构建了基于信息生态系统视角的图书馆联盟协同发展模型，以促进联盟内部人与环境的协同互动。这种协同模式从信息资源配置出发，整合联盟内部的物流、信息流、业务流和价值流，促进图书馆联盟内部信息和知识资源共享效率的提升。③ 这种协同发展模式为图书馆协同创新服务提供了新的发展路径，对于有效促进图书馆联盟全面可持续发展起到积极的推动作用。严一梅从经济与信息双重生态位视角出发，利用溯源分析法、类比法及推演分析法等，揭示图书馆信息生态位制约等导致的资源建设困境的原因，阐述各生态因子相互依存的本质关系，提出图书馆顺应经济规律、坚守"最小代价拥有"宗旨、保障纸本资源、有所为有所不为的理性资源建设新思路。④ 刘洵和金席卷以"互联网+"为时代背景，探讨了"互联网+图书馆"创新服务模式下的信息生态位原理及内涵，对信息功能生态位竞争力、信息资源生态位竞争力和信息时空生态位竞争力进行了系统阐释，为"互联

① 王世伟：《智慧社会是智慧图书馆发展的新境界》，《图书馆杂志》2017 年第 12 期，第 9~13 页。
② 刘月学：《图书馆信息服务生态链构成要素与形成机理研究》，《图书馆》2017 年第 6 期，第 53~59。
③ 于芳：《信息生态视角下图书馆联盟协同创新模式研究》，《图书馆研究》2017 年第 1 期，第 39~44 页。
④ 严一梅：《生态位视角的图书馆资源建设策略与思考》，《图书馆论坛》2016 年第 7 期，第 67~73 页。

网+图书馆"战略思维在信息生态位领域的研究拓展了思路。[①]

二 国外研究现状

国外关于信息生态方面的研究起步较早，其概念产生于 20 世纪 70 年代的美国，Horton 在 "Information Ecology" 一文中提到信息爆炸和信息污染的概念[②]，引起了学者们对信息生态的关注。此后，Harris[③] 发表了题为 "Information Ecology" 的文章，文中所提的方法被应用于分析信息、知识环境引发的信息生态问题。

对 Web of Science 数据库中 SCI、SSCI、AHCI、CPCI 四个子库进行 "Information Ecology" 的主题词检索，1990~2021 年共检索出 24064 篇科研论文，相关论文的发表趋势如图 1-3 所示。1990 年至 2020 年，关于信息生态的研究成果逐年递增，21 世纪初期，信息生态的外文相关文献量处于稳步增长态势，环比增长率达到 200%。可见，信息生态研究在国际上是处于成长中的研究领域。

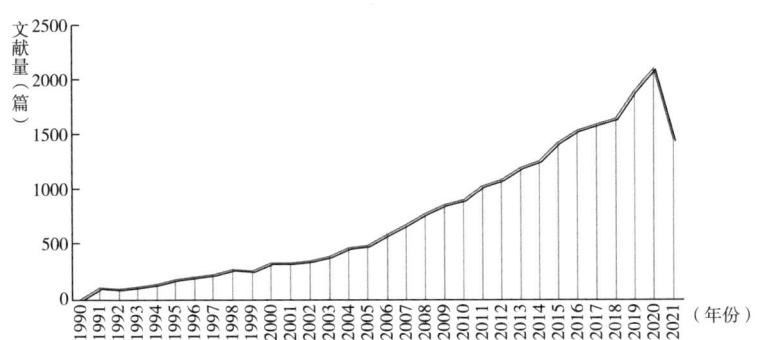

图 1-3 1990~2021 年信息生态的国外学术关注度检索结果

关于信息生态的相关研究成果对应的 TOP10 学科分布情况如图 1-4 所示。生态学领域的信息生态研究成果所占比重相对较大，这是由于生

---

① 刘润、金席卷：《"互联网+图书馆"信息生态位竞争力研究》，《图书馆工作与研究》2016 年第 11 期，第 54~56 页。

② Horton, F. W., "Information Ecology," *Journal of Systems Management* 29（9）（1978）：32-36.

③ Harris, K., "Information Ecology," *International Journal of Information Management* 9（4）（1989）：289-290.

态学是信息生态理论的理论渊源，也是相关理论在信息管理领域的移植和衍生。此外，关于信息生态的理论与实践研究在环境科学、海洋与淡水生物学、生物多样性保护、进化生物学、动物学等领域的研究成果也较多，这表明信息生态研究在多个学科领域受到关注，具有交叉学科研究的特性。

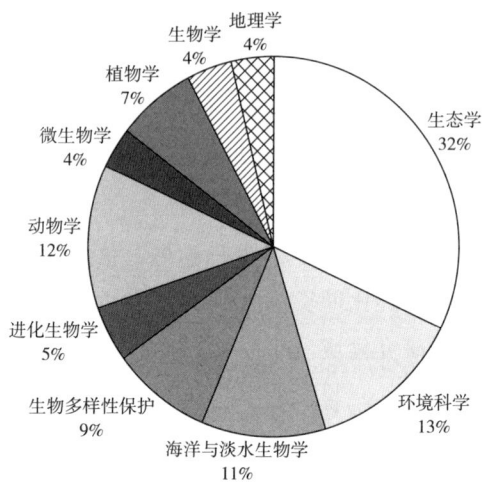

图 1-4　**Web of Science 论文对应的 TOP10 学科分布图**

2011 年以来，国外信息生态应用和方法方面的研究日益丰富，逐渐扩展到信息生态系统、网络环境、电子商务和数字图书馆等不同领域，关于信息生态研究的学术论文数量也多次达到峰值，这表明信息生态研究不断受到学术界的重视，成为国际社会研究领域的焦点之一。目前，在美国、英国、澳大利亚、日本等国家都形成了比较有代表性的科学共同体，如美国麻省理工学院的媒体实验室、澳大利亚昆士兰科技大学、日本东京都市大学，学术界也产生了一些研究成果。

国外关于图书馆信息生态的研究较早的、比较有代表性的是 2009 年 Roy 发表的研究论文，他在 "Indigenous Mailers in Library and Information Science：An Evolving Ecology" 一文中对影响本土图书馆事业的因素进行了概括与论述，指出传统知识文献的发展、国际交流的建立和出版物及奖学金的增加是影响本土图书馆发展的重要因素，提出了可行的图书馆和信息科学课程方案，为图书馆信息生态发展提供了理论研究的契机。[①]
2011 年，García-Marco 提出运用网络信息生态概念解决数字图书馆和信
息服务的冲击及演变问题，认为数字图书馆的演进及发展受社会和经济
功能的影响。[②] 此后，关于图书馆信息生态的研究向纵深方向发展，主
要集中于信息生态系统、国家或社会信息生态环境分析、网络信息生态、
信息生态技术和图书馆信息生态圈等领域，尤其是从技术角度针对图书
馆信息生态系统的研究，目前已成为美国、澳大利亚、日本等学术机构
关注的热点问题。这一阶段的学术论文多侧重于在方法论方面具有指导
意义的研究，如 Showers 在图书馆信息生态建设中探索了一种被称为
"数据驱动"的方法，这种方法能够转换和改进图书馆的服务系统和知
识库，以提升图书馆的基础设施潜力，提高服务系统的工作效率。[③] 这
一方法的有效利用促使图书馆信息生态系统内部要素被重新分配，而更
加敏捷的系统运行有利于图书馆信息生态未来的研究。

　　近年来，国外关于图书馆信息生态的研究较侧重于应用研究，在模
型建构和空间数据分析等方面对图书馆信息生态开展的研究逐渐深入，
比较具有代表性的研究如 Taylor 探讨了移动通信技术对图书馆信息生态
的影响，阐述了使用信息与通信技术（ICT）通过适应用户信息行为而
确保用户获取信息资源的理念和方法，指出图书馆需要提供持续的技术
性专业服务以适应不断变化的信息生态特点。[④] Akinina 等人提出了地理
信息系统（GIS）中基于结构符号的操作可视性和生态风险场景的形成
方法，探讨了关于图书馆信息生态风险涉及的相似问题，如信息结构符
号生态风险、基本图形模型的生态风险等，该研究在一定程度上丰富了

---

① Roy, L., "Indigenous Mailers in Library and Information Science: An Evolving Ecology," *Focus on International Library & Information Work* 40 (2) (2009): 44-48.

② García-Marco, F. J., "Libraries in the Digital Ecology: Reflections and Trends," *The Electronic Library* 29 (1) (2011): 105-120.

③ Showers, B., "Data-Driven Library Infrastructure: Towards a New Information Ecology," *Insights: The UKSG Journal* 25 (2) (2012): 150-154.

④ Taylor, D. M., "The Impact of Mobile Information Communication and Technology (ICT) in Ubiquitous Health Sciences Libraries," *Journal of Electronic Resources in Medical Libraries* 13 (3) (2016): 105-113.

图书馆信息生态圈的理论研究。[①] Elizarov 等学者认为数字知识管理技术的基本思想、方法和结果构成了专门的数字生态系统的基础，设计了基于信息本体、文本分析工具和用于管理数学知识的应用程序的数字图书馆分布式系统，该项目在数字图书馆信息生态系统的技术研究方面具有一定拓展意义。[②]

三　国内外研究现状述评

对国内外图书馆信息生态的相关研究成果进行梳理可以发现，学界关于图书馆信息生态的研究呈现以下特点。

第一，国内外相关研究逐渐形成理论研究与实证研究相结合、定性分析与定量研究相补充的格局。近年来，国外的相关研究以实证研究为主，而国内的相关研究则从基础理论研究逐渐转变为定性与定量研究相结合的综合性研究。国内外学界的基础理论研究较为充分，生态学、系统科学、信息管理、环境科学、图书情报等多领域、跨学科的综合性研究逐步系统而深入，并已从理论研究延伸到信息服务等应用研究领域，从系统论视角对图书馆信息生态开展研究成为图书馆学领域研究的热点。

第二，研究内容集中在信息生态系统、信息生态链、信息生态位及信息生态圈等微观层面。从上述层面对图书馆信息生态的概念、维度、信息管理模式、信息流转机理、信息生态失衡现象及对策等方面进行的研究相对集中，研究成果侧重于如何利用信息生态理论更好地指导图书馆信息生态系统中的主体、本体、环境和技术之间的协调发展。从信息生态技术角度开展数字图书馆、网络信息生态问题的研究呈上升趋势。

第三，研究方法以定性分析和理论阐述为主，相关成果不断充实图书馆信息生态的可持续发展研究。在国内外的相关研究中，除了信息生

---

①　Akinina, N. V., Gusev, S. I., Kolesenkov, A. N., et al., "Construction of Basic Graphic Elements Library for Geoinformation Ecological Monitoring System," *Radioelektronika*, *IEEE* (2017): 1-5.

②　Elizarov, A., Kirillovich, A., Lipachev, E., Nevzorova, O., "Digital Ecosystem OntoMath: Mathematical Knowledge Analytics and Management," *Communications in Computer and Information Science* 706 (4) (2017): 33-46.

态系统的评价研究采用数学模型等定量研究方式,大多数的研究采用定性分析和理论阐述的方法对图书馆信息生态的维度、演化与优化机制进行探讨。近年来,在信息生态位研究中,关于信息生态位的测度是借鉴生态学中的重叠指数等理论,采用定量研究方法进行的深层次定量测度与分析。

关于图书馆信息生态的研究逐步系统而深入,但尚存在以下几方面不足。

首先,在基础理论研究方面,将信息生态学的理论研究成果直接套用到图书馆信息生态理论的分析中,缺少结合智慧社会建设需求、围绕信息公平和知识自动化对智慧图书馆信息生态进行的重构与探讨。

其次,在研究对象上,围绕高校图书馆、学术图书馆和数字图书馆的研究较多,对公共图书馆和图书馆联盟的研究较少,且缺乏图书馆体系的横向联系,研究碎片化现象比较严重,缺乏系统性、全面性和连续性,导致图书馆信息公平和智慧服务研究无法向纵深发展。

最后,图书馆信息生态依然是一个新兴研究领域,针对不同领域、不同类型图书馆的信息生态失衡问题进行的实证研究相对缺乏,结合智慧社会建设的特点和要求,重新定位图书馆信息生态的研究方向与研究领域更鲜有涉及。

四 发展趋势

自党的十九大报告提出建设智慧社会的发展新目标以来,图书馆更加重视对信息组织结构和信息管理模式等的深入探索,致力于发挥信息资源优势,提供智慧化知识服务,努力实现智慧社会所要求的信息公平和知识自动化。智慧社会驱动的图书馆信息生态研究发展趋势如下。

第一,关于图书馆信息生态的研究内容和研究方法呈多元化发展趋势。图书馆信息生态的研究主要包括图书馆信息生态系统、图书馆信息生态链、图书馆信息生态位、图书馆信息生态圈等内容,研究重点倾向于信息生态平衡、信息生态优化和信息公平等方面,研究方法逐步转为定性与定量研究相结合的方式,实证研究也成为近年来的研究热点之一。从时间脉络来看,近年来关于图书馆信息生态的学术论文发表数量呈增长趋势，是图书馆领域的研究热点之一；从研究领域来看，图书馆信息生态研究涉及生态学、信息科学、计算机科学、地理学、经济学、管理学等不同学科领域，体现出明显的学科交融特征；从研究视角来看，从技术角度开展的图书馆信息生态研究呈上升趋势，关于信息生态平衡和信息公平的研究是未来研究的热点。总的来说，关于图书馆信息生态的研究呈多元化趋势，抓住这一学科交融的机遇，从多视角、多维度、全方位研究图书馆信息生态已成为学术界的研究趋势。

第二，适应智慧社会建设的图书馆信息生态研究将逐渐受到重视。随着移动互联网和物联网时代的到来，人们已从信息时代步入大数据时代，图书馆同样面临对海量数据所包含的浅层次信息和深层次知识进行挖掘的挑战。与此同时，遵循用户的信息行为规律，从传统的、粗放的信息服务模式转向精细化、数据化、个性化的智慧服务模式成为当前图书馆界服务模式转型的目标。无论图书馆信息生态的研究内容如何多样化与综合化，围绕知识服务搭建新型信息生态系统，聚合内外部的资源优势推动互利共赢的服务模式转型，为满足日益增长的信息量和信息服务需求提供更实用、更智能的智慧服务，这方面的探索与研究都将成为图书馆信息生态研究进程中不可缺少的重要理论组成部分，也将为适应智慧社会的发展提供更科学、客观的理论依据，推动信息公平和智慧服务的实现。

第三，定性研究与定量研究相结合的研究方法更具有科学性和可行性。智慧社会要求图书馆信息生态系统具有更强的发现能力、决策能力和知识优化能力，图书馆信息生态面临的机遇与挑战并存。智慧服务要求的信息公平，要求图书馆在追求信息生态平衡时具有整体性思维，在研究过程中以定性和定量相结合的科学研究方法为主，将不同区域、不同类型、不同发展程度的图书馆与公平正义原则纳入图书馆信息生态的整体去考量，克服定性方法的主观性，以大量准确的数据作为分析基础，发挥第三方特别是专门机构和专业网站的组织力量为图书馆信息生态的研究战略和具体方案提供可靠依据，这也是图书馆信息生态研究今后所面临的严峻挑战与发展趋势。

第三节　主要研究方法与技术线路

智慧社会对大数据资源的开放流动、信息对称、信息公平、知识组织等有更具体的要求，这为图书馆信息生态的发展带来了新的机遇，也提出了从基础理论到计算方法和内容框架体系的综合需求。

一　主要研究方法

选择科学的研究方法能够更深刻地揭示研究内容的内在规律和本质，智慧社会驱动的图书馆信息生态研究主要利用以下研究方法。

第一，社会计算方法。社会计算是现代计算技术与社会科学的交叉学科。"社会计算是以社会科学理论为指导，以现代计算科学技术为工具，充分利用社会群体的力量，提升计算、信息整合、知识发现、决策支持、社会建模、社会模型分析与实验等方面的能力，进而解决社会科学问题的理论、方法、手段、技术和计算系统。"[1] 社会计算方法是面向社会活动、社会结构、社会组织及其作用和效应的计算理论和方法，利用这种方法基于人与社会信息的深度融合可研究信息主体的信息行为，探究信息不对称现象和信息失衡根源，为信息生态平衡机制和平衡策略的研究提供科学依据。

第二，文献调查法。文献调查法是社会调查研究中收集整理资料的基本方法之一，是指根据研究项目的研究目的而进行收集、鉴别、整理文献资料，储存并传递甄选出来的有用信息，通过对文献的汇总和研究形成对事实的科学认识，从而了解调查对象的本质和特征。本书利用纸质文献、互联网、数据库等查找国内外图书馆信息生态的相关资料，概括其理论探讨与实践应用方面的优势，为我国图书馆信息生态适应智慧社会建设提供参考与借鉴。

第三，比较研究法。比较研究法是寻求研究对象之间相同点和不同点的一种方法，是运用科学的思维过程对研究对象的详细信息进行

[1]　梁循、杨小平、周小平、张海燕编著《面向社会化媒体大数据的社会计算》，清华大学出版社，2014，第4~5页。

逻辑加工和分析整理的初步方法。① 比较研究法就是要根据一定的标准，通过对研究对象的对比确定其异同点，之后对研究的阶段性成果进一步分类，从而反映出事物的内在联系和本质特征。本书一方面，对国内外图书馆信息生态系统的构建理念与应用状况进行比较分析；另一方面，对不同维度的图书馆信息生态发展轨迹与规律进行比较研究。比较研究法得出的结论可为图书馆信息生态平衡策略的选择提供一定支持。

第四，系统科学方法。"系统科学方法的建立为我们处理开放复杂的大系统提供了一个行之有效的方法。把存在于许多人的、对一个客观事物的零星点滴知识一次集中起来，集腋成裘，从而解决问题，这就是系统科学方法。"② 系统科学方法基于社会系统的基本原理和基本观点，从要素、结构、整体、内部原因和外部环境的相互联系与作用中综合考察，揭示研究对象的本质和规律。本书运用系统科学方法，探讨图书馆信息生态构成要素间的协同作用，构建图书馆信息生态内容框架体系结构，探寻信息生态平衡机制和平衡策略，推动图书馆实现知识协同创新的智慧服务。

二　研究的基本思路

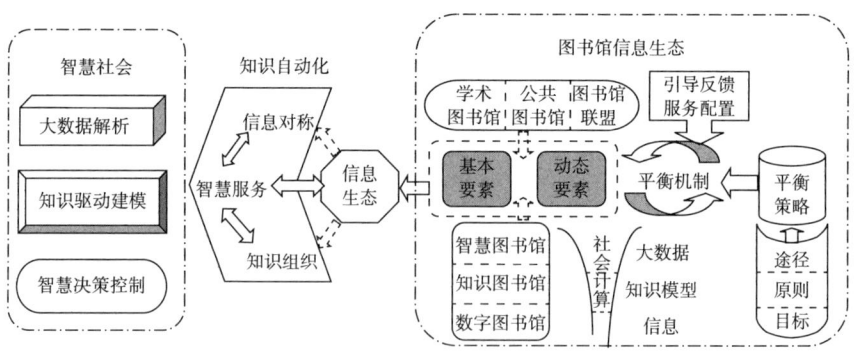

图 1-5　图书馆信息生态研究的基本思路

①　傅利平、何兰萍：《公共管理研究方法》，天津大学出版社，2015，第47页。

②　钱学森：《创建系统学》（新世纪版），上海交通大学出版社，2007，第25~28页。

三　研究的技术线路

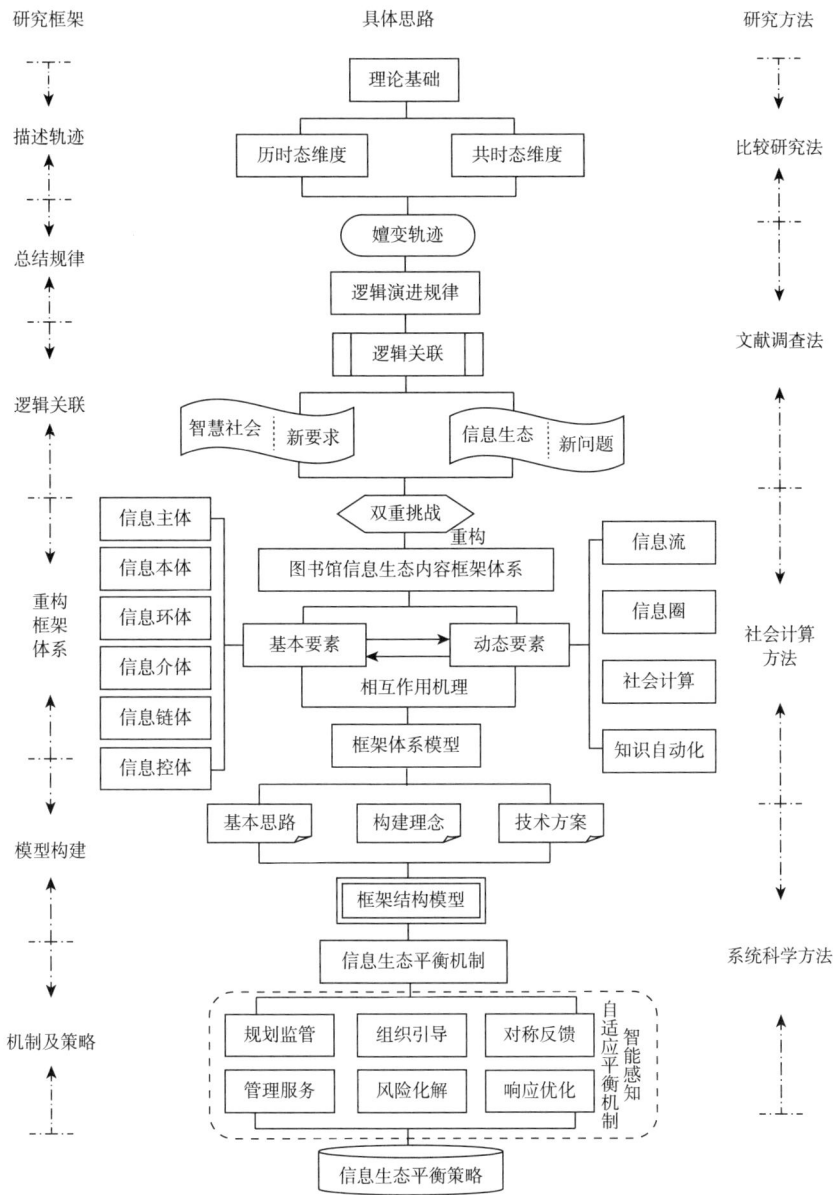

第四节　图书馆信息生态理论内涵

"信息生态学（Information Ecology）是一门世界范围内的新兴学科，是信息科学与生态科学相互交叉而出现的全新的研究领域，其目的在于利用生态学的观点与方法，对人、信息、信息环境之间的关系进行宏观考察与分析，对信息生态系统进行合理规划、布局和调控，解决信息生态失调问题，进而保持信息生态系统的平衡、稳定和有序。"[①] 信息生态学是从整体的视角来研究人、信息及信息环境，以及其共同形成的相互作用关系。图书馆信息生态理论是以信息生态学理论为依据，用信息生态学的观点、立场和方法，指导解决图书馆系统内部及系统之间的人、信息和信息环境的构成、特征、运行机制和发展规律等问题，使之达到一种均衡运动的状态。

一　信息生态学理论

20 世纪 60 年代初期，美国原创媒介理论家马歇尔·麦克卢汉（Marshall McLuhan）提出，媒介作为一种环境结构，制约着我们的感受、思维和表达方式，他首次以比喻的方式将"媒介生态"的概念应用于媒介研究中。1968 年，美国著名的媒体文化研究者尼尔·波兹曼（Neil Postman）公开将"媒介生态"定义为对媒介环境的研究，首次将"媒介生态"确认为媒介研究中正式的学术领域。"媒介生态"从信息传播的媒介角度开展研究，是信息生态学研究的雏形。此后，杰拉尔德·温伯格（Gerald M. Weinberg）、沃杰霍夫斯基（Wojciechowski）、布鲁克斯（B. C. Brookes）等人分别从信息伦理学、知识生态学、社会科学等领域对涉及信息生态学的相关问题进行阐述，提出了一些关于信息生态学的理念和观点。这些研究从多个角度充实了信息生态学的理论基础，推动信息生态学成为一门新兴的交叉性学科。

我国关于信息生态学的研究始于 20 世纪 90 年代，生态学家张新时院士在国内较早提出了信息生态学的概念。这一概念并不是在信息科学

---

① 靖继鹏、张向先主编《信息生态理论与应用》，科学出版社，2017，第 1 页。

领域对信息生态的阐述，而是以自然生态系统为研究对象，强调运用信息技术对其进行建模并加以分析。20世纪90年代中期以后，陈曙等学者针对信息管理领域的信息生态问题进行具体探索。2006年开始，关于信息生态的研究逐步系统而深入，以靖继鹏、娄策群等学者为核心的研究团体开展了关于信息生态的系统性研究，研究成果拓展到信息管理中的信息生态系统、信息生态链、信息生态位和信息生态圈的分析与阐释。其中，比较有代表性的成果是靖继鹏和张向先2017年出版的《信息生态理论与应用》，该著作结合了我国信息生态学的理论和实践，吸收了近年来信息生态学领域的科研成果，系统介绍了信息生态学的理论与应用知识。该著作对信息生态学理论进行了较为具体的论述，指出信息生态学的基础理论包括信息生态系统、信息生态位和信息生态链。信息生态系统从微观上来说是一个生命体，与生物生态系统一样，信息生态系统自身具有各种生态特性，集整体性、多样性、自组织性、层次性、开放性等于一体，能够与环境协同演化、不断发展。信息生态位是信息主体在信息生态环境中所占据的特定位置，即具有信息需求且参与信息活动的个人和社会组织在由其他信息主体、信息内容、信息技术、信息时空、信息制度等信息环境因子构成的信息生态环境中所占据的特定位置。信息生态链是指在信息生态系统中不同信息人之间信息流转的链式依存关系。[1] 信息生态系统、信息生态位和信息生态链分别从信息现象、信息组织模式、信息生存状态和信息流转规律等方面对信息生态学的基本理论进行界定与阐释。

二　图书馆信息生态理论

图书馆信息生态理论是以信息生态学理论为基础，在图书馆领域研究信息组织、信息流动、信息环境、信息技术等信息现象和信息演化机理的理论体系。图书馆作为搜集、整理、收藏、利用、传播图书资料和信息资源供人们在需要时进行查找并利用的机构，以其"人类文献的系统收藏性和人类知识的个别检索性"[2] 区别于其他社会性事业机构。图

---

[1]　靖继鹏、张向先主编《信息生态理论与应用》，科学出版社，2017，第20页。
[2]　桑健编著《图书馆学概论》，辽宁人民出版社，1985，第211页。

书馆的性质、职能和类型等方面因素决定着图书馆信息生态理论的定位与内涵界定。

据《汉书·艺文志》记载，汉武帝开始广泛征集图书，扩建藏书馆舍，并设置专门机构和官职负责管理图书。当时的藏书总量达三万余卷，奠定了西汉国家图书馆的藏书制度。《汉书·艺文志》的记载是我国历史上关于图书馆的第一次正式记载。在此之后，随着我国的朝代更替、战争动乱和民族崛起，图书馆事业也经历了由兴盛到衰败再到重新振兴的发展历程。图书馆类型不断丰富，除了国家图书馆，还有区域图书馆、团体图书馆、学校图书馆和私立图书馆。改革开放以后，我国图书馆事业得到迅速恢复和发展，基本形成了公共、高校、科研三大图书馆系统，这三大图书馆系统在多方面相互协调，进一步推动我国图书馆事业健康发展。随着知识经济和网络经济的蓬勃发展，知识化和生态化席卷各个领域，图书馆在知识经济时代的历史潮流中也发生着巨大的变革，图书馆不再依据简单的类型进行划分，而是从多重视角进行定位，比如：按照资源载体类型可以将图书馆划分为实体图书馆、数字图书馆、移动图书馆和真人图书馆等；按照读者群体类型可以将图书馆划分为儿童图书馆、盲人图书馆和少数民族图书馆等；按照馆藏文献类型可以将图书馆划分为军事图书馆、科学图书馆、音乐图书馆、技术图书馆、专业图书馆、综合性图书馆等。因而，图书馆信息生态理论的研究内容是针对不同类型图书馆的定位及需求，在图书馆系统内部或系统之间，探索信息主体直接或间接的相互依存关系和有规律性的活动，以及信息主体与信息环境通过物质、能量和信息的交换所形成的相互依存、相互作用、相互影响的信息生态环境。在这个过程中，信息本体借助信息流和能量流不断进行信息增值，维持图书馆信息生态系统的存在与运行。

具体来说，图书馆信息生态的理论基础包括图书馆信息生态系统理论、图书馆信息生态链理论、图书馆信息生态网理论、图书馆信息生态位理论和图书馆信息生态圈理论。

图书馆信息生态系统理论是将不同区域、不同类型的图书馆作为一个系统进行研究，从系统论的视角对图书馆的信息主体、信息本体和信息环境所组成的具有一定自我调节能力的信息生态系统结构和功能，以及信息交换行为、信息流转规律和信息生态循环过程进行理论探索。

　　图书馆信息生态链理论强调的是图书馆搜集并整理的信息的传递和利用过程、机理及效能分析。存在于图书馆信息生态环境中的信息本体通过选择、加工、传递和利用，在信息主体之间形成了具有一定流转顺序的链式依存关系，这种动态关系决定了图书馆信息生态中的链状顺序结构。

　　图书馆信息生态网理论是指信息主体在信息提供主体、信息利用主体等不同角色的转换中，形成了复杂的信息流转关系，使得交叉纵横的信息生态链形成了信息生态网，信息生态网的复杂性及功能效率决定着信息生态的稳定性与效能。

　　图书馆信息生态位理论是关于图书馆的信息提供主体和信息利用主体在信息生态环境中所占据的特定位置的理论。信息主体、信息本体等要素在信息生态链和信息生态网中根据其充当的角色与负担的职能占据着特定的位置，这体现了信息主体和本体之间的相互关系和图书馆信息生态系统的多样性及稳定性。

　　图书馆信息生态圈理论强调的是图书馆系统内部及系统之间不断进行信息循环和能量传递活动，且具有一定自我调节能力的图书馆信息生态的动态平衡系统。在信息多样化、流动化、智能化的信息爆炸环境中，用户的信息需求与信息无序增长之间的矛盾日益激烈，信息污染导致的各种矛盾逐渐突出，主体对信息的选择以及信息之间的竞争关系成为图书馆信息生态圈理论研究的主要对象。

第二章 图书馆信息生态的嬗变
轨迹与发展规律

人机结合的互联网技术的出现颠覆了人类的生活，带来了更广泛的参与和更快速的变革。在滚滚而来的信息洪流中，图书馆信息人、信息本体和信息环境之间的协调与可持续发展问题也越来越引起国内外众多学者的关注，他们对这一发展问题的研究就是关于图书馆信息生态的研究。环境卫星、基因数据、GPS 和地图数据、数字图像，以及诸如社交媒体数据等人们有意识产生的大数据为人类社会发展带来了机遇与挑战，图书馆信息生态理论在这一驱动下也呈现全新的面貌，在理论内涵、研究对象、研究内容和研究发展趋势等方面向纵深发展。

第一节 历时态维度下图书馆信息生态的嬗变轨迹

历时态维度是指从历史发展进程的视角研究事物的演变过程，也就是从时间维度考察事物历史发展过程的纵向研究，与历史唯物主义一脉相承。在历时态视野下探讨图书馆信息生态的嬗变轨迹，能够从历史的动态角度探寻图书馆信息生态的发展脉络，科学地把握图书馆信息生态的历史发展进程。

一 联机检索情境下，图书馆信息生态理念雏形初显

20 世纪 40 年代至 80 年代，数字图书馆处于早期发展阶段，联机检索的产生蕴含着图书馆信息生态理念的雏形。20 世纪 40 年代，美国科学家范内瓦·布什（Vannevar Bush）设想的以"缩微"作为信息存储体的信息机（Memex）开创了数字计算机和搜索引擎时代，也被认为是数字图书馆概念的起源。20 世纪 50 年代，马萨诸塞技术学院的 Intrex 项目实现了文献缩微库与计算机目录检索系统相连的自动检索。20 世纪 60 年代，美国国会图书馆（Library of Congress）开发了 MARC 格式，这种

机读目录格式使文献形式、内容的数据描述成为可能。20 世纪 70 年代，IBM 开发的 STAIRS 系统被图书馆应用于流通管理，提供文本存储与检索技术。之后，图书馆出现了联机数据库检索系统，采用主机—终端模式，即少量的信息装载在一台大型计算机上，用户坐在专门的终端前，通过一种低速的通信连接（例如电话线或专用网络）与中央计算机交换信息。[①] 这是一种局域网络连接的雏形。

到了 20 世纪 80 年代，诸如 DIALOG、ORBIT、STN 等大型国际联机检索系统获得普遍应用。此时，计算机信息存储技术得以发展，信息处理能力得到提高，以 CD-ROM 为存储载体的联机检索系统结合局域网络的进一步发展为联机检索服务提供了技术支撑。这一阶段成为早期数字图书馆的启蒙发展时期，数字信息资源处于初期的开发阶段，数字化生产系统、数字化技术、数字形式等是这一时期数字图书馆关注的焦点问题。这一时期的一些数字图书馆项目虽然没有明确提及图书馆信息生态的概念，但是，利用数字信息存储技术节约信息存储空间、提高信息传输速率等理念可以看作图书馆信息生态理念的雏形，为后来的图书馆信息生态理论发展奠定了基础。

二　分布式管理出现，图书馆信息生态研究步入起步阶段

20 世纪 90 年代初期，万维网技术不断普及并发展，推动数字图书馆迅猛发展，也蕴含着图书馆信息生态的萌芽。万维网的开放性、标准化和国际化为数字图书馆的内容发布提供了强大平台。"特别是万维网浏览器存在于所有标准的计算机和操作系统中，数字图书馆不再需要为不同类型的计算机开发特殊的用户界面，这一点也使得数字图书馆技术能够专注于分布式资源存储管理、资源揭示等核心区域，使得大量的数字图书馆项目或数字化项目能够有一个共同的技术基础。"[②] 在网络技术迅猛发展的同时，计算机处理、存储等技术也发生着日新月异的变化，技术壁垒的突破推动了数字图书馆的发展，使数字图书馆成为一个清晰明确的研

① 方晓红、郭晓丽、汪涛、徐大叶、孙浩、刘军军编著《数字图书馆研究》，天津科学技术出版社，2014，第 65 页。
② 方晓红、郭晓丽、汪涛、徐大叶、孙浩、刘军军编著《数字图书馆研究》，天津科学技术出版社，2014，第 67 页。

究领域，得到社会各界的高度重视。1993 年 11 月至 1994 年 2 月，仅四个月内，在美国就连续召开了四次与"数字图书馆"相关的专题研讨会。

在这一发展阶段，学界对数字图书馆的设想更加具体化，并从不同角度提出"电子图书馆""虚拟图书馆"等概念，数字图书馆已经不再是图书馆界的一个专业术语，而成为图书馆未来发展的方向。数字图书馆利用分布式管理技术构建广域网中面向对象的分布式数字资源组织体系，"数字对象""元数据""统一资源命名域"等概念的产生引导着数字图书馆发展和完善。在数字图书馆实现分布式管理的初期阶段，建立资源调度系统、构建资源库访问协议、确立统一元数据等理念实际上是对图书馆信息生态进一步理解的体现，可通过对整个因特网结构的优化调整信息资源组织形式、优化信息资源存取方式、提高信息资源的利用率。

三　数字资源集成视角下，图书馆信息生态理论基本形成

20 世纪 90 年代末至 21 世纪初期，数字图书馆由构建理念的提出转向应用领域的研究，一些图书情报专家领衔进行数字图书馆项目的开发工作，数字图书馆由概念探索阶段演化为项目开发与实际应用阶段。最具影响力的项目是数字图书馆先导研究计划（Digital Library Initiative，DLI）的二期项目，该项目确立了数字图书馆的基本结构，对于环境电子图书馆、分布式数字图书馆、数字视频图书馆、多媒体数字图书馆和综合性虚拟图书馆等的基本框架及构建理念进行了初步探索，极大地拓展了数字图书馆的应用领域。在这个阶段，图书馆在数字资源建设中突破技术局限、拓宽研究范围，数字图书馆在经济、社会、法律和政策框架等方面的研究逐渐系统化，数字资源管理模式被广泛推广。

在 21 世纪初期，图书馆界已经形成了一定规模的基于内容或主题的相对独立的数字化资源，大多数图书馆都拥有符合标准规范以及具有获取、创建、存储、管理、访问、查询、动态发布及后台管理等功能模块的图书馆集成管理软件系统。在网络设施设备和通信技术飞速发展的推动下，图书馆快速步入对海量数字资源进行集成与整合的阶段。当资源数字化的技术屏障被突破以后，图书馆需要做的就是把数字资源更好地组织起来，挖掘更深层面、更细粒度、更小单元的资源，提供更全面便捷的查找、定位和获取信息的途径，更好地满足用户的资源需求。运用

先进的技术、方法和手段对相互独立的各种数字资源进行系统化和优化处理，对相对独立的资源体系进行融合、类聚并重组，形成一个效能更强、效率更高、效益更好的信息资源体系，这种信息资源整合集成理念和技术的推广应用为图书馆信息生态理论的形成奠定了坚实基础。数字图书馆从简单的数字资源处理和人机界面，转变为数字资源整合与信息的网络关联，从而使学者在交流、传播、存储和利用信息资源的领域更加关注对图书馆内部信息利用方式产生影响的复杂问题，并对这些复杂问题采取整体分析的方法，这种从系统观视角分析图书馆信息现象的方法拓宽了信息生态的研究范畴。

四 信息资源共享阶段，图书馆信息生态理论趋于系统化

21 世纪初期，在图书馆经历了如火如荼的数字资源整合之后，另一个概念也随之兴起，那就是"信息资源"。现实中，很多人将信息资源等同于数字资源，认为信息资源就是数字化的资源。本书认为，在概念演变的视角下，图书馆信息资源是图书馆提供服务的资源基础，既包括将文字、图像、声音等数字化后，进而收集、加工、存储、管理、传递和利用，并通过资源整合积累起来的电子信息资源，又包含传统的文献资源。也就是说，图书馆信息资源是图书馆在文献资源建设过程中，随着社会信息环境的巨大变化而衍生出的概念，其宏观意义是指图书馆赖以提供服务的一切内容。信息资源共享是信息资源建设的主要目标。信息资源共享理论为图书馆信息生态理论注入了活力。建设相对完备的信息资源保障体系、着力提高信息资源存取能力、建立高效的信息资源共享系统，这些信息资源共享理论与实践的探索不断充实、发展并引导着图书馆信息生态理论，使图书馆信息生态理论也随之发展起来，以信息资源共享理念为引导，更加关注信息主体方便、快捷地享用"信息空间"的数字化信息资源的体验。

图书馆信息资源共享阶段也是其信息生态的飞速发展阶段。在这个阶段，图书馆信息生态研究被定义为关于人与信息及其周围环境的相互关系的研究，也就是利用信息、人、环境之间的相互影响与相互作用，推理研究整个信息生态系统的生成、演变和发展规律。2009 年，靖继鹏等在《情报科学理论》一书中将信息生态学定义为研究人类生存的信息

环境、社会及组织（企业、学校、机构等）与信息环境相互作用的过程及其规律的科学。[①] 这种信息生态学观点引领着图书馆信息生态的研究方向，在图书馆信息生态构成要素及要素之间的相互关系方面展开探讨，并从系统论的视角，以实现信息资源的生产、开发、传递、共享、利用等为目的，对图书馆信息生态系统的特定结构和秩序进行整体研究。图书馆信息生态的构成要素在信息资源共享研究的推动下趋于系统化，信息主体是图书馆信息生态系统的核心，包括信息的生产者、利用者、分解者、传播者和组织者；信息本体是图书馆信息生态系统的重要组成部分，包括图书馆提供服务所基于的所有信息；信息环境是图书馆信息生态系统的基础与保障，涉及物质技术硬环境和社会人文软环境，其中物质技术硬环境包括硬件基础设施和技术条件因素，社会人文软环境包括与图书馆相关的法律、法规、文化、教育和经济等因素。

五　知识共享平台发展时期，图书馆信息生态理论与应用研究逐步系统而深入

21 世纪 10 年代，随着信息技术的深入发展，开放获取、数据密集型服务和语义技术的发展不断推动图书馆信息资源形态的变化与信息传播利用方式的变革，同时也带动图书馆信息生态的发展变化。图书馆的文献资源经历了最初的数字化之后，形成了离散的、无关联性的数据符号，这些数据符号只体现数字化加工之后的原始文献形式。人们通过经验累积和事实分析，基于主观认知能力对数据加以组织、整理、分析并整合之后，赋予这些数据一定的意义和关联关系，并以需要性为目的提供给用户，这样就形成了信息。随着信息社会的蓬勃发展，在开放的信息环境下，人们的信息需求提升为信息与人的高度关联性，人们通过感应、认知、总结等，对信息进行进一步的推理、凝练、重构及验证，从而推导出系统化的概念或规律，并在实践中提供相应的解决方案和行动指导，这就是知识。知识不只是对信息内容的分析与提炼，还涉及对存在于人脑中具有创新活力的隐性知识的开发与管理。"知识和信息，都是对客观世界的反映和认识，本质上是一致的，但程度上是有区别的，信

---

① 　靖继鹏、马费成、张向先主编《情报科学理论》，科学出版社，2009，第 392 页。

息告诉人们'何时、何地、何人、何事'（When，Where，Who，What），而知识告诉人们'如何、为何'（How，Why）。"①

在知识组织与交流情境下，用户所关注的知识交流模式体现为在开放信息环境中提高信息传输速率，直接为制定决策和行动方案提供知识服务，并实现信息增值，提高信息利用效率。知识服务不断推进，知识共享平台可实现对知识资源的开发和服务创新，这是一种面向用户信息需求的知识服务，通过构建分布式多样化动态资源系统，提供基于结构化、语义化、专业化和个性化的知识服务。知识共享平台在发展时期更注重向用户提供全面、完善的解决方案，因此，开放知识服务模式关注的焦点不再是以序化的方式向用户提供信息的存取位置及方式，而是根据用户的信息需求将信息解析、提取、整合、创新为知识，提高用户应用知识和创新知识的能力，使知识服务具有更高的增值性。与此同时，开放的知识共享系统不断进行信息之间以及信息与环境之间的物质、能量交换，促进图书馆的信息、环境与人的协调发展。因此在知识共享平台的发展时期，关于图书馆信息生态的理论与应用研究逐步系统而深入，研究人数和发表论文的数量大幅度增加，研究视角也向图书馆具体的、微观的信息生态问题演进，对于图书馆信息生态理论的梳理与总结更加具体、清晰，图书馆信息生态研究呈现一派繁荣的景象。

六　大数据背景下，图书馆信息生态理论不断充实与丰富

随着移动互联网和物联网时代的到来，人和万事万物广泛地联系在一起，在相互联系过程中产生了海量数据，由此而生的信息爆炸促使大数据产业应运而生。

进入 2012 年，大数据一词被广泛提及，用于描述大量非结构化和半结构化的数据，并命名与之相关的迅速膨胀的技术发展与创新。《纽约时报》在 2012 年 2 月的一篇专栏中提出，"大数据"时代已经降临，在商业、经济及其他领域中，决策将日益基于数据和分析而做出，而并非基于经验和直觉。② 人类已经无意识地由信息时代进入大数据时代。大数

---

① 贺德方等编著《数字时代情报学理论与实践——从信息服务走向知识服务》，科学技术文献出版社，2006，第 53 页。

② 维科网·百科，大数据时代，https：//baike. ofweek. com/1957. html。

据时代，海量数据包含丰富的浅层次信息和深层次知识，图书馆的知识服务向数据化、精细化、个性化的决策服务转型。"云计算主要为数据资产提供了保管、访问的场所和渠道，而数据才是真正有价值的资产。"①在互联网世界中，人与人之间进行信息交互和知识交流时，人们需要对这些含有特定意义的数据进行专业化处理，通过提高数据加工能力实现数据增值。在这样的情境下，图书馆也面临数据量的大规模增长。

数字资源本身量的增长、开发运营商的交互式信息平台、个性化的知识组织体系、用户的知识需求响应等产生的数据规模是一个不断变化的指标。单一数据集的规模不断增大，数据类型呈现多样性特点，办公文档、文本、图片、音频、视频、网络格式、空间信息、位置信息等形成了新型多维结构关系的数据。数据载体形式包括计算机、互联网、手机、平板电脑、云端、传感器网络等多种类型。大量的表面上不相关的信息表现出价值密度低的特征，高速网络则使数据的创建和移动速度加快，通过软件性能优化和数据挖掘技术创建实时数据流成为趋势。图书馆不仅要了解如何快速创建数据，还要探讨如何快速处理、分析知识流，并实时响应返回给用户。在这种数据—信息—知识—大数据的转化中，图书馆信息生态也拓展了研究领域，在社交网络、电子商务网络、政务网络等领域研究信息生态问题，并在信息生态链结构、信息流转机理、信息传播模式等方面开启了仿真研究，关于信息生态位、信息生态圈的研究也不断深入。2014 年，我国学者娄策群等在《信息生态系统理论及其应用研究》一书中，系统阐述了信息生态系统基本理论、信息生态位理论、信息生态链理论、信息人共生理论、信息生态系统平衡与演进理论，从宏观与微观两个层面全面分析了信息生态系统的构建、优化与运行问题。② 国内外大量学者深入而透彻的研究推动图书馆信息生态步入逐渐成熟的研究阶段，并被不断充实与丰富。

七　智慧图书馆演进时代，图书馆信息生态研究逐渐完善并创新

2015 年，最不容忽视的大数据扛鼎之作《智慧社会：大数据与社会

---

① 梁栋、张兆静、彭木根编著《大数据、数据挖掘与智慧运营》，清华大学出版社，2017，第 31 页。

② 娄策群等：《信息生态系统理论及其应用研究》，中国社会科学出版社，2014，第145 页。

物理学》在学术界掀起了一场研究智慧社会的热潮。作者阿莱克斯·彭特兰从社会物理学的角度对大数据的发展与应用做出展望，提出构建数据驱动的智慧社会概念，认为"创建一个为个人数据提供深度和背景的公共数据公地，可以在使个人数据更有用的同时实现社会效率的目标以及信息和想法的合理流动"。① 我国以王飞跃为代表的一些学者对智慧社会的基本概念、支撑体系及相关核心问题展开研究，包括数字图书馆在内的众多领域以此开启了关于智慧社会的相关探讨，图书馆信息生态进入深入研究阶段，开启了智慧图书馆的信息生态研究。智慧图书馆的研究，离不开关于"智慧"问题的探讨。梁栋等在《大数据、数据挖掘与智慧运营》一书中，构建了问题、数据、信息、知识、智慧的"金字塔"模型，区分了数据、信息、知识与智慧的含义。② 数据是最原始的、未被加工解释、没有任何意义但可以被鉴别的符号；信息是经过加工处理、具有逻辑关系、含有一定意义的数据；知识是对信息进行过滤、提炼及加工而得到的有用资料，且基于推理和分析还会产生知识增值；智慧则是收集、加工、应用、传播知识的能力，以及对知识应用发展的前瞻性看法。在海量数据、信息爆炸时代，知识使信息的有效性得到加强，智慧又提高了对知识的传播和应用能力。图书馆在演变历程中实现了从数字图书馆到智慧图书馆的演进，图书馆的服务理念和服务模式也从基于知识信息传递的社会大众服务升华为以人为本的高度智能化的智慧个性化服务。

2017 年，党的十九大报告强调了智慧社会建设的划时代意义，图书馆界迎来了智慧图书馆发展的新境界。智慧社会体现着新时代社会信息化发展的新趋势和新特点，学者们针对图书馆在智慧社会建设中的定位及发展前景进行探讨，同时开展信息生态链引入图书馆智慧服务的研究，适应智慧社会的图书馆联盟信息生态系统的协同发展研究也有新的进展。在这种更加主动化、个性化、智能化范式的驱动下，图书馆信息生态构成要素的视角更新颖、范围更宽阔、内容更全面、描述更具体。信息技术形成以虚拟技术、智能技术、空间技术、智慧计算等为核心的技术群，

---

① 〔美〕阿莱克斯·彭特兰：《智慧社会：大数据与社会物理学》，汪小帆、汪容译，浙江人民出版社，2015，第 186 页。

② 梁栋、张兆静、彭木根编著《大数据、数据挖掘与智慧运营》，清华大学出版社，2017，第 31 页。

信息环境进化为物理空间、虚拟空间、共享空间和感知空间交互一体的多维智慧空间，信息主体与信息本体的交流增强了社会网络的激励与驱动作用，推动了主体想法的流动，汇聚主体共享学习与群体智慧。图书馆信息生态在这个阶段的演进从对信息主体和信息流动本身的关注，升华为与动态社会发展密切相关的服务范式转变及发展理念重塑。

第二节　历时态维度下图书馆信息
生态的轨迹描述

在历时态维度下，图书馆信息生态从基本理念的雏形期经历了起步阶段，发展到基本理论的形成时期，随着基本理论不断系统化，其理论和实践研究逐渐系统而深入，步入发展的繁荣期。在大数据背景下，图书馆信息生态理论得到充实与丰富，步入智慧社会驱动的智慧图书馆发展阶段，图书馆信息生态理论也不断完善与创新。图书馆信息生态在历时态维度下的嬗变轨迹的直观描述如图 2-1 所示。

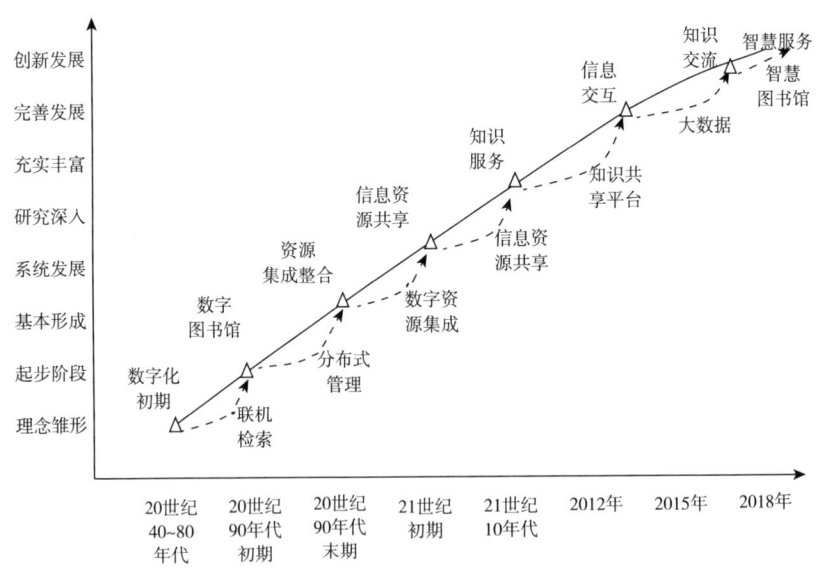

图 2-1　图书馆信息生态在历时态维度下的嬗变轨迹

第三节 共时态维度下图书馆信息
生态的嬗变轨迹

共时态维度是对同时存在于历史发展进程中某一阶段的一个或多个事物的逻辑关系状态进行研究，即对事物从空间维度进行横向研究，与辩证唯物主义一脉相承。在共时态视野下探讨图书馆信息生态的嬗变轨迹，即从空间的横向维度考察不同类型图书馆信息生态发展的逻辑关系，有利于理解和把握图书馆信息生态的空间逻辑关系。

现行图书馆划分标准一般都综合考虑多种要素，如国际标准化组织1974年颁布的"国际图书馆统计标准"（ISO2789）将图书馆类型划分为国家图书馆、高等学校图书馆、其他主要的非专门图书馆、学校图书馆、专业图书馆和公共图书馆六大类型。我国图书馆界按照图书馆的管理体制，结合图书馆的目标、功能、用户群体等要素，将图书馆划分为国家图书馆、公共图书馆、高等学校图书馆、科学与专业图书馆、学校图书馆、工会图书馆、盲人图书馆、军队图书馆等，并通常把公共图书馆、高等学校图书馆、科学与专业图书馆称为"图书馆事业的三大支柱"。这两种分类方式在信息社会的高速发展中逐渐显现出缺乏系统性和清晰性且较为繁杂的缺陷。因此，本书在横向定位图书馆类型的时候，综合上述通用的分类方式，基于信息社会图书馆专业化服务对象和服务功能特点，结合图书馆的服务目标与宗旨，对图书馆类型进行了重新划分，将图书馆横向划分为学术图书馆、学校图书馆、公共图书馆、机构图书馆和图书馆联盟，以期更加清晰地展现图书馆的类型特点和发展趋势，探讨不同类型图书馆的不同特点和信息生态发展状况，从而把握图书馆信息生态在横向维度上的变化轨迹。

一 学术图书馆信息生态关注数字学术领域的信息速率提高

学术图书馆是学术信息资源的收集和管理中心，为科学研究活动提供支持与服务。简单地说，学术图书馆是为大学或高等学习机构的科学研究提供服务的图书馆，如大学图书馆、学院图书馆等。具体来说，学术图书馆包括一般性的研究图书馆、科学院图书馆、大学图书馆、学院图书馆，以及医学、农业、林业、法律、经济与技术等学术性专业图书馆。学术图书馆的使命是通过最大范围地接触思想和信息，为学术研究提供进一步学习和研究的知识，其发展支持学术机构的使命和研究计划，而不是以文献收集和管理者个人的价值观念为重。随着人类的科学研究在信息技术的蓬勃发展中不断发生着范式的变革，学术图书馆也在数据密集型科学研究的推动下进行信息资源的重新定义与再造。孙坦教授早在 2013 年就指出，学术图书馆信息资源建设面临开放信息环境的要求和数字图书馆服务边缘化的挑战，为了构建网络开放信息环境中的信息（知识）资源设施信息共享空间（Information Commons），学术图书馆需要转变信息资源建设模式，重构业务布局，重新定义业务交互模式，重新定位资源建设人员的角色。[①] 在学术图书馆的开放信息环境里关注学术交流中信息速率的提高是学术图书馆信息生态发展的趋势与潮流。

美国大学与研究图书馆协会（The Association of College and Research Libraries，ACRL）发布的《2016 年学术图书馆发展趋势：高等教育学术图书馆的发展趋势及相关问题综述》表明，数字学术（Digital Scholarship）正在成为学术图书馆研究与实践的新对象。学术图书馆通过与其他校园单位合作并应用地理信息系统、可视化、大数据等新技术，实现拓展传统研究方法、推动教育和研究发展的目标。[②] 可见，数字学术是学术图书馆发展的新引擎，驱动图书馆信息生态转型与变革。为了适应学术图书馆创新发展的需要，学术图书馆信息生态的集成化、关联化、语义化、移动化、知识化、智慧化等发展理念不断深化。在开放学术环境下，信息主体的参与性更加智能化，网络与主体的互动能力增强，语义网络、移动网络、智能代理等推动信息主体与信息本体的交流及互动趋于智慧化。信息资源更加注重本身的数据化、关联数据化和开放与共享，信息单元扩展为数据集、模拟、软件和动态知识的表述，以及不同形式、不同区域的学术交流产物。在知识资源内容层面上，知识关联

①　孙坦：《开放信息环境：学术图书馆信息资源建设的重定义与再造》，《中国图书馆学报》2013 年第 3 期，第 9～17 页。

②　ACRL, "2016 Top Trends in Academic Libraries: A View of the Trends and Issues Affecting Academic Libraries in Higher Education," *College & Research Libraries News* 77（6）(2016): 274-281.

和推理功能逐步加强，信息本体的复杂性、异构性和资源体量增加，极大地提升了信息的利用价值和增值能力。大数据、物联网、移动互联、智慧计算等信息技术持续推动学术图书馆服务模式变革，学术图书馆的服务内容向上延伸到数字出版、智库咨询，向下拓展到信息素养服务、情报研究、知识服务、科学数据管理等领域。数据密集型科学研究推动学术图书馆信息生态环境发生根本性改变，形成开放获取、实时传输、语义互操作的知识资源生态环境。数字学术所表征的数字技术环境、数字服务环境、开放学术交流环境、跨学科研究环境等共同构成了数字化、网络化、新媒体化的数字学术生态环境，建立了更普遍、更广泛、交互性和功能性更适合研究机构的学术互联空间，包括人、数据、信息、工具、仪器以及高水平的计算操作、存储和数据传输能力。在此基础上，学术图书馆的物理生态环境也经历了信息共享空间—学习共享空间—知识共享空间—创客空间—数字学术空间的演变。可见，在学术图书馆信息生态中，数字学术驱动信息主体和本体的互动更加智慧化，信息技术的直接转化和应用拓展了服务体系的内涵与外延，信息生态环境的创新、开放、多元、共享的学术化格局促进了学术图书馆的可持续发展。

二 学校图书馆信息生态立足于以人为本的信息生态平衡

学校图书馆是学校教育、教学的辅助机构，为学校的教学、育人和科学研究提供知识储备及服务，是学校实施素质教育的重要阵地，也是学校不可缺少的办学条件之一。按照现行教育体制的实践，教育分为基础教育、职业教育、高等教育和继续教育四大模块，学校图书馆按其类型也可分为中小学图书馆、职业院校图书馆、高校图书馆和成人教育图书馆等四种类型。中小学图书馆是收藏、利用文献等信息资源、服务教育和教学、拓展学习视野的重要场所，是社会文化资源的传承媒介、聚集场所和传播渠道。2018 年教育部印发的《中小学图书馆（室）规程》中明确指出，图书馆是中小学校的文献信息中心，是学校教育教学和教育科学研究的重要场所，是学校文化建设和课程资源建设的重要载体，是促进学生全面发展和推动教师专业成长的重要平台，是基础教育现代化的重要体现，也是社会主义公共文化服务体系的有机组成部分。① 职业院校图书馆是职业院校的信息资源集结中心，也是职业教育的重要内容之一，为技能型专业人才提供以知识信息学科种类为体系的多元化全方位知识信息服务，以此延伸和补充课堂教育内容，完善学生的知识结构。高校图书馆是为高等学校教学和科研服务的专门机构，与师资、教学设备并称"现代化大学的三大支柱"。2015 年教育部印发的《普通高等学校图书馆规程》中明确指出，高等学校图书馆是学校的文献信息资源中心，是为人才培养和科学研究服务的学术性机构，是学校信息化建设的重要组成部分，是校园文化和社会文化建设的重要基地。② 高校图书馆的建设和发展与高等学校的建设和发展水平相适应，体现高校的总体水平和发展趋势。成人教育图书馆是为满足成人学员的阅读需要和知识需求，采用现代化的信息技术与科技手段，为成人教育提供图书资料和情报信息而专门设立的外向型、群体型参考咨询与情报服务机构。

中小学图书馆信息资源建设本着实用性原则，从实际使用需要出发，规划、选择、搜集、整合、组织和管理符合青少年阅读水平并有利于学生理解吸收的信息资源，并适当收藏教师用书。中小学图书馆遵循全面发展的教育方针，以教学计划为基础，以教学大纲为依据，以新课程标准为准则，不但为教师教学提供参考资料，促进教师自身学习积累，提高教育教学质量，而且对青少年的思想行为、道德情操、人文素养、心理成长等方面的隐性教育发挥不容忽视的作用。中小学图书馆在信息资源建设中注重宏观和微观的信息资源系统各要素之间的联系，通过完善信息资源共建共享体系，发挥各种类型信息资源的优势，形成系统、完整、协调、统一的信息资源体系，保证了图书馆信息生态系统良好的新陈代谢和协调可持续发展。

职业院校图书馆信息资源建设具有专业针对性强、实用价值大、实践指导性强等特点，服务对象是高等职业技术人才，定位于职业特色和实践特色。在信息化的潮流中，职业院校图书馆的信息资源建设由最初

---

① 《教育部关于印发〈中小学图书馆（室）规程〉的通知》，教育部官网，2018 年 5 月 28 日，http://www.moe.gov.cn/srcsite/A06/jcys_ jyzb/201806/t20180607_338712.html。

② 《教育部关于印发〈普通高等学校图书馆规程〉的通知》，教育部官网，2015 年 12 月 31 日，http://www.moe.gov.cn/srcsite/A08/moe_736/s3886/201601/t20160120_228487.html。

的自我保障方式转变为共建共享方式，很多省份甚至区域都成立了高职高专院校图书情报专业委员会，以此为平台开展信息资源共建共享项目。大部分职业院校都有自己的学科、专业和教学特色，职业院校图书馆围绕本校学科专业特点积累相当数量的特色资源，并建设数字特色馆藏，为职业教育提供针对性较强的信息化服务。

高校图书馆通过系统搜集、加工整理、科学分析信息资源，形成有秩序、有规律的为高校教育教学和科学研究提供支持的信息流，在信息的传递与流动过程中实现信息共享和创新增值。近年来，高校图书馆信息资源建设面临大数据、互联网+、无线通信等信息技术的严峻挑战，高校图书馆的信息生态问题也成为越来越多学者关注的焦点。高校图书馆因其高等教育背景，信息主体层次较高、需求较大和利用能力较强；信息本体与高等教育教学发展相适应，知识增值价值较大；信息流转载体创新与变革速度更快，更容易被处于时代前沿的大学生们所接受并传播；信息技术的升级具有更大的利用与发展空间，自由、开放、共享的信息生态理念为高校教师与科研人员提供知识挖掘和资源获取的便利。相比而言，高校图书馆在与读者的信息互动和交流中，不仅可以开展学术创新，还能够增强图书馆的核心竞争力。

成人教育图书馆根据成人教育的学科特点、研究方向和发展规模进行个性化数字资源建设，从社会组织系统的宏观层面有计划地协调成人教育图书馆数字化服务与科技、教育、经济等专网之间的网络关系，立足于社会大学的特殊环境实现更大范围的信息资源共建共享。"成人教育图书馆不能搞'大而全''小而全'，只能走'专而精'的路子。"① 由于成人教育图书馆面对的读者是社会成员中的成年人，其资源建设是为增长能力、丰富知识、提高技术和专业资格而服务的。因此，成人教育图书馆信息资源的建设发展方向更注重针对性和系统性，如党校图书馆要注重马克思主义经典著作、哲学、党史、党建及党的方针政策和政治理论等方面的信息资源可持续发展，而远程教育图书馆则可利用网络信息优势，充分利用知识资源共享平台，促进成人教育信息的优化组织与协调。

---

① 刘学丰主编《图书情报工作多维透视论》，吉林大学出版社，1991，第326页。

通过对上述不同类型学校图书馆信息资源建设发展状况的阐释可见，无论是中小学图书馆、职业院校图书馆，还是高校图书馆、成人教育图书馆，其信息资源建设的立足点和信息服务的主体都是"人"，即信息主体，也是学校教育的出发点和落脚点。以人为本是学校图书馆信息生态的核心价值，学校图书馆信息资源建设应以教育主体和教育本体的健康发展为目标，满足学校用户群体的知识需求，引导个人充分挖掘自身潜力而产生知识增值，关注人与信息之间的关系，将教育者、学习者、信息、信息环境和信息政策等诸多方面的价值和利益合为一体，抑制因主体意识偏差而产生的信息失衡现象，努力形成教育主体、教育本体与图书馆信息生态环境相适应，且图书馆系统中信息流转畅通高效的相对稳定状态。

三　公共图书馆信息生态在公共文化信息制度的规范中渐进式发展

2017 年 11 月 4 日第十二届全国人民代表大会常务委员会第三十次会议通过的《中华人民共和国公共图书馆法》对公共图书馆进行了界定：公共图书馆，是指向社会公众免费开放，收集、整理、保存文献信息并提供查询、借阅及相关服务，开展社会教育的公共文化设施。[①] 公共图书馆的本质特征是公共性和公益性，为读者提供平等的、无偿的信息资源。也就是说，公共图书馆是面向社会公众开放的图书馆。它由中央或地方政府管理和支持，为公共所有，面向整个社会，免费为每一个进馆的社会成员提供服务。[②] 公共图书馆作为社会文化教育机构和文献信息中心，服务群体具有广泛的社会性，信息资源种类繁多，信息服务覆盖面广，具有典型的信息生态系统特征。公共图书馆在其面向社会服务的特定信息空间中，通过信息传输和信息反馈连接信息主体、本体与信息环境，并在信息反馈的过程中积累经验和知识，同时运用信息技术，推动信息主体、本体与信息环境进行信息资源的交互流转，实现知识增值及服务创新，形成相对完整的信息生态循环过程。可见，公共图书馆信

---

① 《中华人民共和国公共图书馆法》，中华人民共和国中央人民政府官网，2017 年 11 月 5 日，http://www.gov.cn/xinwen/2017-11/05/content_5237326.htm。

② 马家伟、杨晓莉、姜洋主编《图书馆与图书馆学概论》，吉林科学技术出版社，2016，第86页。

息生态系统是以服务和满足社会成员的信息需求为目标，在信息技术的支撑下，在公共图书馆的组织结构和管理秩序中，信息主体和本体间进行的与信息获取、处理、传输、存储、管理、反馈等相关联的一切信息活动及其相互作用关系的总和，是多元、互动、动态的信息循环体系。

快速发展的信息技术从宏观上影响着人们的生活和工作模式，也有效拓展了公共图书馆的信息服务模式和服务渠道。面对大众用户日益增长的个性化服务需求，公共图书馆不断优化信息生态环境，迎合社会发展与市场经济需求，实现可持续发展的战略目标。公共图书馆的信息生态系统在信息流动、转化和共享的过程中，对信息链的流转能力提出了更高的要求，要求其提升信息主体的能动性和主动性，促进人与技术的高效结合，合理地管理和运用知识，并通过信息流动和发酵实现知识增值，推动非营利性服务的创新发展。公共图书馆的用户服务属性决定了公共图书馆信息生态系统的信息服务主体既包括承担公共信息服务的个人，也包括具有公共信息服务职能的社会组织；既包括信息的生产者和消费者，也包括信息的组织者和传播者。而信息利用主体的涵盖范围更广，包含接收公共信息服务的所有对象。公共图书馆信息生态系统的信息本体是各行各业的多种类型信息资源，这些信息资源除了自身所蕴含的专业知识与技能，承载更多的是不同时期、不同地域的人类文化精华，它们在公共文化服务体系中的价值表现为文化资源获取与推广的便捷高效。公共图书馆信息生态系统的信息环境由信息技术与实体物理空间和网络虚拟环境支撑，但更多地受公共文化信息制度的制约。其在维护社会政治制度稳定的前提下，满足人民群众的信息需求，约束公共文化服务体系中主体的信息行为。

自图书馆信息生态研究广泛开展以来，关于公共图书馆信息生态的理论研究逐渐系统而深入，专门针对公共图书馆信息生态的研究涉及信息生态位理论、信息生态价值评估、信息生态治理、信息生态环境优化和信息生态化程度测评等诸多方面。武庆圆结合了信息生态位的相关理论，探讨了公共图书馆信息生态位的内涵及主要内容，分别从信息功能生态位、资源生态位和时空生态位的不同维度展开讨论，指出公共图书馆的情报职能主要是开发信息资源，为社会公众传递信息资源，提供信

息服务，最终优化公共图书馆的工作。① 不同级别的公共图书馆在不同
社会职能中发挥不同的作用，其信息生态位的主要定位内容也各有侧重。
赵宇翔基于条件价值评估法对公共图书馆的信息生态价值进行评估，设
计了具体的评估策略，针对公共图书馆信息生态环境的复杂性和多样性，
提出对信息生态进行合理分类和界定，然后在各个子集中开展价值评估
工作。条件价值评估法的引入，为信息生态环境非使用价值的度量提供
了强有力的工具。② 王雅薇从功能、结构和环境三个角度对公共图书馆
信息生态治理进行探讨，通过优化服务流程、重组组织管理及业务结构、
完善机构制度等方式提升公共图书馆运作的有序性和规范性，同时结合
公共图书馆的服务性和非营利性，对实施信息生态治理、增强 IT 应用能
力、提升服务创新绩效提供了参考和建议。③ 李彦等以网络信息生态系
统生态化程度测度指标体系为依据，运用层次分析法和德尔菲法，构建
出由公共数字图书馆信息、公共数字图书馆信息人、公共数字图书馆信
息环境、公共数字图书馆系统协同和公共数字图书馆可持续发展潜力五
个一级指标组成的公共数字图书馆信息生态系统生态化程度测度指标体
系，并探讨了各指标的测度方法，以此衡量公共图书馆信息生态系统是
否具有信息生态属性。④

　　大量研究表明，公共图书馆是一个典型的信息生态系统。在这个系
统中，信息主体对于信息种类和数量等方面的要求变化性更大，系统的
动态性导致其不稳定性和不平衡性表现更为突出。因此，公共图书馆在
飞速发展的信息社会条件下想要满足智慧、和谐发展的需要，就必须更
加注重公共文化信息制度的匹配与完善，通过制度规范广大信息活动参
与主体的信息行为，优化公共信息生态环境。信息主体利用智能信息终
端不受时间和地点限制地任意获取公共数字化信息，信息转换相对准确，

① 　武庆圆：《浅析我国公共图书馆信息生态位理论及定位标准》，《情报杂志》2011 年第
　　2 期，第 184~188 页。
② 　赵宇翔：《基于条件价值评估法的信息生态价值评估——以城市公共图书馆为例》，
　　《图书情报工作》2007 年第 8 期，第 58~61 页。
③ 　王雅薇：《公共信息服务机构信息生态治理、IT 应用能力与服务创新绩效关系的研
　　究》，博士学位论文，吉林大学，2017，第 150~152 页。
④ 　李彦、胡漠、王艳东：《公共数字图书馆信息生态化程度测评研究》，《情报科学》
　　2015 年第 2 期，第 35~40 页。

全时空公共信息服务使公共图书馆信息传播渠道畅通、信息流转加速、信息输入输出相匹配，使信息生态平衡在较长时间内不会发生显著变化。

四　机构图书馆信息生态依托面向行业的专深服务遏制信息供需失衡

机构图书馆是指为政府、机关团体和企事业单位等机构提供图书情报服务的资料信息中心，主要针对国家公务人员和企事业单位工作人员的思想政治学习、进修计划、继续教育、技能培训、自学活动和其他终身教育活动提供文献资料、信息资源、学习空间和相关服务，包括政府系统、各部所属专业图书馆，机关团体图书馆，以及厂矿、企业等的工会图书馆和工矿企业技术情报图书馆等。首先，机构图书馆通过提供专业的参考馆藏和参考咨询服务以及对人文、社会、法律、政治等学科情报的收集、整理，发挥着机构情报中心的功能；其次，机构图书馆的文献资源体系建设和信息资源服务内容针对性更强，基本理论著作、最新科学著作、政策性文件、法律法规性资料和相关解密数据及内部资料等是收藏重点，具有更加显著的参考咨询性和专业服务性特征；再次，机构图书馆的服务目标是为社会政治、经济、文化等领域的发展提供构建方案或优化方案的资料支持，为决策者判断运筹提供咨询参考，在某种程度上也具有"资料智库"的职能；最后，机构图书馆部分文献资料老化周期短，馆藏新陈代谢较快，因而对信息资源的需求与建设要求更高。

机构图书馆为专门领域的部门提供信息咨询与服务，在科学研究、经济建设和行业发展等方面发挥着核心作用，其战略规划的流程、组织和实施具有典型的专业特征，为特定群体提供特定领域的专深服务。机构图书馆围绕政府部门及企事业单位开展整体发展战略、学科化服务、情报研究、信息资源建设、信息技术发展、文化传播及文稿档案等方面的业务工作，不断提高知识发现、知识分析、知识交互和知识服务的核心能力，逐步建立可靠、权威的行业发展态势监测与集成分析平台，改变各机构较为单一的知识化信息服务能力，逐步实现智慧化文献情报服务的全面转型。机构图书馆服务于所属机构，服务领域专业而深入，因此，针对各机构专业领域的特征而制定专业化的目标体系服务于本领域和本行业，并进行多部门的参与及合作至关重要。机构图书馆面向本行业的所有学科领域组织信息资源的共建共享，完善机构文献资源保障体系，组织联合资源服务，建立面向本行业网络环境的开放动态资源与服务集成机制，构建与相关专业文献情报系统联合的服务系统，充分依托国家资源和第三方资源推动及参与政府与科技文献平台建设，提升专业化服务能力并保障专业信息资源的可持续发展。

智慧社会建设的时代环境为机构图书馆信息生态的发展带来了机遇与挑战。以企业图书馆为例，其根本价值在于为企业的创新研究、生产经营和文化传播提供优质高效的信息服务，并根据企业员工的需求开发信息服务产品，为领导决策、促进生产经营等活动的开展提供专业性的知识、情报和技术文化支撑。随着云存储、大数据技术在企业图书馆的运用，企业图书馆步入文献数字化与服务网络化阶段，各行业数据库信息资源庞大，行业内部及行业间跨库检索面临严峻挑战。林丽红对我国大型企业图书馆的数字化发展现状与问题进行了系统分析和梳理，通过对上海飞机制造有限公司等国内六家大型企业的图书馆数字化现状的调查能够间接看出，企业图书馆信息生态系统受到大数据的冲击较为严重，存在数据库信息更新慢、资源不兼容、跨库检索困难、资源缺乏整合等问题。① 随着《中国制造 2025》的实施，企业图书馆信息生态问题逐步引起关注，跨界合作、推进智能化建设、发挥智库功能等方式可提高信息的可用性与开放性，优化"互联网+"的信息生态环境，科学、精准、有效地开发网络信息资源，使企业员工能够及时了解和掌握国内外有关的技术动态，推进信息资源全面、及时、简洁、经济的表达与呈现，实现最大效益。

大数据时代，医院图书馆的信息生态也显现新特征。医院图书馆借助信息技术，在图书馆信息管理系统的运行、用户管理、读者借阅服务等领域融合开放数据，构建开放数据平台，推动信息共享与公平获取。如清远市中医院图书馆通过建设文献信息资源共享平台，在医联体范围内实现信息资源社会效益最大化，扩大图书馆服务外延，将信息服务客体由医务人员推广至患者及其家属。此外，医院图书馆也注重优化开放数据服务结构，开发医学领域有价值的大数据资源，在智慧服务与信息

① 林丽红：《大型企业数字图书馆跨库检索问题研究》，《图书馆学刊》2017 年第 4 期，第 117~120 页。

资源整合中广泛使用大数据，提供多方共享的开放数据，节省数据使用成本，为信息生态平衡提供保障。

总工会图书馆在信息资源整合的基础上，与企业工会图书馆、职工书屋合作建立资源共享体系，提供无须保密的图书、技术资料、文献信息等资源的共享，同时为职工及各企业提供图书、信息、情报、技术咨询、市场调查等一系列服务，充分发挥工会图书馆的社会效益，提升其文化感知力，提高信息的流转和利用效率，改善信息链流转结构。

可见，机构图书馆信息资源的建设与发展专业性较强，信息服务主体借助信息技术不断扩大服务外延，推动行业内部及行业间的信息共享，信息利用主体利用社会化效益高的知识资源时具有较强的目的性，信息生态环境在智慧社会建设大环境的驱动下以满足供需平衡为主要优化目标，融合各领域、各行业的信息资源以有效遏制信息冗余和信息垄断等问题。

五　图书馆联盟信息生态在知识联盟驱动下优化信息链流转路径

1972 年，在《图书馆合作指南：大学图书馆联盟的发展》和《大学图书馆联盟名录》出版之后，图书馆联盟（Library Consortium）这一概念被广泛接受。[①] 图书馆学与情报学在线词典（ODLIS）对图书馆联盟的定义是，由独立的图书馆或图书馆系统通过正式的协议建立起来的一种组织，通常是出于资源共享的目的，其成员也许被限制在一个特定的地理范围内、特定类型的图书馆内（如公共图书馆、大学图书馆、专业图书馆）或者在一个特定的学科范围内。[②] 21 世纪初，随着信息技术和网络技术的发展，图书馆联盟在世界范围内蓬勃发展，美国、英国、德国、中国等多个国家和地区的图书馆联盟组织多达 200 余个。"作为一种实际而有效的组织模式，图书馆联盟开展的资源共享活动包括合作编目与联合目录、公共检索、馆际互借与文献传递、集团采购、建设特色数据库

---

① Evans, L. T., *A History and Organizational Development Analysis of the Formation of OhioLINK: A Statewide Inter-Organizational Library Consortium*, *1986 – 1992* (Pittsburgh: University of Pittsburgh, 2004).

② 赵洁等编著《高校图书馆信息资源建设研究》，海洋出版社，2018，第 487 页。

和资源导航、合作保存、参考咨询、培训等。"① 图书馆联盟发展的根本目标是促进信息资源共享活动的积极开展，但在实践中，由于成员馆之间不同的办馆特色、文化冲突以及贡献资源不平衡等诸多不稳定因素的影响，联盟运行过程中成员馆的共同利益难以得到长期保证，图书馆联盟信息生态失衡在所难免。近年来，图书馆联盟不断完善运行机制以规范和指导联盟成员的行为，保障了图书馆联盟系统的整体良性循环和持续健康发展。

图书馆联盟是由馆际横向合作和联盟内纵向分工构成的协同合作体系，在管理和运行过程中能够产生海量的复杂信息，凸显图书馆联盟的信息协同问题。图书馆联盟的信息协同是指应用协同理论和系统论原理，依据图书馆联盟的特点，综合考虑其生命周期中各个要素的相互关系，及其运行过程中各个成员馆或子系统之间的动态影响关系，采取各种现代信息技术和手段对联盟内的信息进行整合和控制，使得联盟成员馆或子系统能够相互协调和整体优化，达到图书馆联盟整体最优的目的。② 图书馆联盟的信息协同体现了信息流转情况，是图书馆联盟信息生态的基础和前提。信息技术和智慧计算等手段可提高图书馆联盟信息介体的信息集成度，是提高信息协同效率的重要技术手段。

早期的图书馆联盟在运行中，由于各成员馆的信息资源建设、信息共享和信息交流水平存在差异，出现了信息不对称、不完全的情况，同时难以达到资源共享联盟真正的优化效果。因此，信息的准确、高效传递与交流反馈对于整个联盟的信息生态起着至关重要的作用。随着云时代的到来，图书馆联盟实现了真正的信息资源共享，各成员馆可以实时获得共享资源，用户在全球的图书馆中漫游，信息需求得到极大的满足。此外，云计算提供了无限的存储空间，海量数据的智能化存取为信息爆炸和信息污染问题提供了有效的解决途径，超强的计算能力也为信息高速、高效流转提供了技术支持，提高了信息流动的安全性与可靠性。最为典型的一个实例：2009 年，联机计算机图书馆中心（OCLC）首创了数字图书馆云服务平台，整合了全球联盟成员的文献信息资源，消除了

① 王丽华：《图书馆联盟运行机制研究》，世界图书出版公司，2012，第 2~3 页。
② 唐虹编著《图书馆联盟协同管理研究》，湖南大学出版社，2012，第 70 页。

分散在世界各个数字图书馆的资源的异构性和局限性，真正实现了全球文献资源的共建、共知、共享。2010 年，OCLC 推出云计算 ILS 服务，并不断扩展新的云计算服务应用。不断成熟的云服务平台呈现服务泛在化、个性化、全球化的特征，世界范围内的所有互联网用户均可不受时间和地点限制，获得满足其日益增长的互动体验和个性化服务需求的交互性共享资源。OCLC 运用云计算开展信息资源互利合作的成功经验，推动了图书馆联盟组织内部信息资源的共建共享。基于动态数据的云服务促进了信息生态向趋于平衡的态势发展。图书馆联盟机构之间通过构建云平台加强合作，实现信息本体、信息技术和信息环体的集成与共享，优化了信息链的流转路径，最大限度地提高了信息流转效率。

中国高等教育文献保障系统（China Academic Library & Information System，CALIS）是我国的教育文献联合保障体系。CALIS 一期和二期项目服务范围限于"211"院校及少数本科院校。三期项目建设目标是为全国近 2000 个高校成员馆提供数字图书馆统一服务和集成平台。王文清和陈凌基于 CALIS"十五"建设成果、三期建设目标和未来发展方向，结合云计算、SaaS、Web2.0、SOA 等技术进行规划，构建了多级 CALIS 数字图书馆云服务中心，提出了 CALIS 数字图书馆云战略：设计和开发 CALIS 数字图书馆云服务平台，即 Nebula Platform。CALIS 数字图书馆云服务平台适合于构建大型分布式的公共数字图书馆服务网络，能将分布在互联网中各个图书馆的资源和服务整合为一个整体，形成一个可控的自适应的新型服务体系，通过对各种服务进行动态管理和分配，来满足不同层次和规模的数字图书馆需求，支持馆际透明的协作和服务获取，支持各馆用户的聚合和参与，支持多馆协作的社会化网络构建，支持多馆资源的共建和共享，具有自适应扩展的能力。[①] 这种云平台的建模方法为我国图书馆联盟的信息资源整合与共享提供了云计算解决方案，其系统架构以 SOA 规范为基础，提供统一的服务功能和通信方式，在私有云的基础上架构了公共云和混合云，使各成员馆的信息资源在深度集成的基础上进行整合，信息流方向更加清晰，信息能量的消耗减少，解决

① 王文清、陈凌：《CALIS 数字图书馆云服务平台模型》，《大学图书馆学报》2009 年第 4 期，第 13~18 页。

了泛在信息环境中因信息资源离散而导致的信息生态失衡问题。[1]

图书馆联盟的一种重要表现形式是区域图书馆联盟，它是一定区域内相同性质或不同性质的图书馆，通过一定的组织形式构成的区域联合体，在区域范围内开展信息资源共建、共知、共享，既可以是基于文献信息资源实体的联盟，也可以是数字网络资源的联盟，还可以是二者相结合的复合形式。区域图书馆联盟强调地域性和特色性，将分散在区域内的图书馆集成一个纵横交错的图书馆网络，区域服务的灵活性更高、针对性更强、信息流动速度更快。为了适应知识经济时代区域用户的需求，区域图书馆联盟从信息资源服务联盟向知识服务联盟转型，以共享知识资源、促进知识流动和创新知识为目标，以特定的知识结构重新布局并展示信息，通过知识过滤进行知识筛选、匹配或传递，实现知识服务。在保证客观知识资源从分散无序到集中有序的转化中，作为知识源的信息本体在各种显性与隐性的信息资源中被提炼和组织，有序组织成信息单元或信息结点，在信息链中以一定的方向进行循环流转，增加了信息生态系统内的有序度和组织度，通过实现知识创新规避信息链节点触发的信息生态失衡。区域图书馆联盟作为与区域用户联系紧密的信息机构，正朝着异质性、数字化、集群化、相互渗透和知识联盟方向发展。[2] 联盟的信息利用主体的多元化决定了用户需求的复杂性，移动互联技术的进步使用户与信息之间的互动性增强，区域内跨行业的信息流转使信息利用主体与信息服务主体的界限逐渐模糊，信息利用主体参与信息与知识创造的特点更为显著。信息主体参与到信息生产、传播、组织等信息活动中，在信息链的信息节点中影响信息流动，并随之产生能量流动和转化，优化信息消费形式，驱动信息生态系统平衡发展。

第四节 图书馆信息生态的发展规律

在历时态维度下，图书馆信息生态经历了联机检索、分布式管理、数字资源集成、信息资源共享、知识共享平台发展、大数据冲击和智慧

① 董琴娟:《中国图书馆联盟发展研究》，光明日报出版社，2013，第 162 页。
② 许军林编著《地市级区域图书馆联盟建设研究》，西南交通大学出版社，2011，第 134 页。

图书馆的演进,从理念的雏形期步入研究起步阶段,在基本理论形成的基础上,研究趋于系统化,不断深入、充实、丰富,逐步成熟与完善,并处于创新发展之中,在纵向维度上呈现循序渐进、螺旋式上升的发展轨迹。

在共时态视野下,学术图书馆信息生态关注数字学术领域的信息速率提高,学校图书馆信息生态立足于以人为本的信息生态平衡,公共图书馆信息生态在公共文化信息制度的规范中渐进式发展,机构图书馆信息生态依托面向行业的专深服务遏制信息供需失衡,图书馆联盟信息生态在知识联盟驱动下优化信息链流转路径。不同类型图书馆的信息生态表现出不同特点和发展状况,在横向维度上呈现内涵式发展轨迹。

从历时态与共时态辩证关系的视角考察图书馆信息生态的逻辑演进,其体现出以下四个方面的规律。

一 信息生态系统的协同演化规律

信息生态系统是信息主体、信息本体和信息生态环境等要素构成的具有一定自我调节能力的有机整体,各要素之间相互制约、相互促进、协同进化,具有自适应的运行机制和规律。从广义来看,信息生态系统中的信息主体之间、信息本体之间、信息主体与信息本体之间、信息主体与信息环境之间,以及信息本体与信息环境之间在长期的相互适应过程中共同进化或演化,体现出协同演化的规律。具体来说,信息生态系统的协同演化规律体现为"信息时空分布链的结构合理性,信息运动链中的信息流偏离度,信息生态链中的政治文化的适应性、科学技术的基础性、政策法规的保障性,信息生态位和信息场的协同性,以及信息生态链要素之间的协同性"[①],这些都决定着信息生态系统的协同发展与演进。协同演化是图书馆信息生态的最基本的原始推动力,图书馆信息生态是在遵循信息生态系统的协同演化规律基础上形成并发展的。

从数字图书馆早期发展阶段的联机检索到数字资源的分布式管理,图书馆信息生态经历了理念的雏形期和研究起步期,充分体现了图书馆

---

① 裴成发:《信息运动生态协同演进论纲》,《图书情报工作》2009年第20期,第43~46页。

信息生态系统中各生态因子之间的相互协同作用，资源服务和利用主体及数字资源在信息环境的变化发展中协同互动，推动图书馆信息生态系统演化变迁。数字资源通过集成与提炼，协调各种资源在相对独立的资源体系中进行融合、类聚并重组，形成信息资源体系，图书馆信息生态在此过程中经历了适应与补偿的协同进化，为图书馆信息生态理论的基本形成奠定了坚实基础。在信息资源共享理论与实践不断充实、发展的基础上，图书馆信息生态具体涉及信息、人、环境之间的相互影响与相互作用，各种生态因子产生协同作用，形成了强大的信息共享联盟，以提供信息服务为目标，增强了图书馆信息生态系统的功能性和竞争力。开放信息环境的发展加快了对信息的推理、凝练、重构和验证，从而推导出了系统化的概念或规律，形成了知识服务，这种由信息共享服务到知识服务的演化进程充分体现了信息与人的高度关联性，信息与环境的物质、能量交换加强也体现了信息时空分布链的结构合理性。进入大数据时代，图书馆信息生态在新型多结构数据的冲击下，加强了信息生态链结构、信息流转机理、信息传播模式等方面的仿真研究，注重信息生态位和信息场的协同性及信息生态链要素之间的协同性研究。在智慧社会的驱动下，图书馆联盟信息生态系统的协同发展也体现出信息生态链中的政治文化的适应性、科学技术的基础性和政策法规的保障性，充分展现了图书馆信息生态诸要素与环境因子的协同演化，生态环境因素在不同程度上影响并推动着图书馆信息生态的演进。在图书馆信息生态历时态维度的逻辑演进过程中，每一个演进节点都表现着信息、人与环境相互适应和选择的协同进化规律，遵循信息生态系统的发展规律，并逐渐走向科学、系统与完善。

二　信息技术的更新倍增规律

信息技术是人们获取、存储、传输、处理、检索和利用信息的技术及手段，也包括人们利用信息进行决策、组织和协调的原理及方法。信息技术是社会进步的核心动力，是人类进行高效率、高效益、高速度社会活动的理论、方法与技术手段。1965 年，英特尔创始人之一戈登·摩尔（Gordon Moore）在担任仙童半导体公司研究开发实验室主任期间，在从事的一项研究中提出：价格不变时，集成电路上可容纳的元器件的数目，每隔 18~24 个月便会增加一倍，性能也将提升一倍。这就是著名的摩尔定律。摩尔定律揭示了信息技术进步的速度。人类利用科学的方法、先进的设备、熟练的技能和丰富的经验推动信息技术不断更新，信息技术在融合创新中相互碰撞、交叉、借鉴，对信息的处理与利用效率变得更高，作用效果倍增。

信息技术是图书馆信息生态演进的直接推动力，正如娄策群等所指出的，信息生态系统整体是从低层次平衡状态向高层次平衡状态发展的过程，外部信息环境的变化可以带动或推动信息生态系统的进化，社会信息结构变化、信息技术更新、信息制度创新、与其他信息系统关系的改变等外部信息环境的变化是信息生态系统进化的根本动力。在内外部动力的共同驱动下，图书馆信息生态系统经过循环往复的适应与调整，形成突变式进化和渐变式进化、直线进化和波浪式进化等进化形式，各种进化形式交替甚至同时进行。①

图书馆信息生态在历时态维度上的每一个演进节点的渐进式演化都是以信息技术的创新发展为动力，并以此推动信息环境因子发生质的变化，跃升到新的生态位，从而引起整个图书馆信息生态系统以倍增的速率向更高层次推进。在数字图书馆发展早期，数字信息存储与检索技术的发展推动数字资源建设的开展。随着万维网技术的普及，专注于分布式资源存储管理、资源揭示等核心区域的数字图书馆技术拓宽了信息本体因子的范畴，资源形式由数据到信息发生质的飞跃。信息资源存储、整合与共享技术的发展开启了面向用户需求的知识服务，开放的知识共享系统不断进行信息之间以及信息与环境之间的物质、能量交换，由信息服务到知识服务的提升使图书馆服务的效率和效果倍增。人类步入大数据时代，云计算、互联网+、移动互联技术等蓬勃发展，图书馆信息生态在不断优化中实现理念与模式的飞跃。智慧社会驱动下，信息技术形成了以虚拟技术、智能技术、空间技术、智慧计算等为核心的技术群，推动图书馆信息生态创新与完善。可见，信息技术的发展推动图书馆资源实现了数据—信息—知识—智慧的转化，引导着图书馆信息生态系统

①　娄策群、杨小溪、王薇波：《信息生态系统进化初探》，《图书情报工作》2009 年第 18 期，第 26~29 页。

升级，使图书馆信息生态系统发生质的变化，信息生态位发生质的飞跃，图书馆信息生态发展进入新的阶段或新的时期。从图书馆信息生态发展历程来看，信息技术成为其发展的阶段性标志。

在共时态维度上，学术图书馆对于信息技术的依赖性较高，其在大数据、物联网、移动互联、智慧计算等信息技术推动下发生服务模式的变革，拓展服务体系的内涵与外延，形成数字学术生态环境，这个过程是对于信息技术的直接转化和应用，在信息主客体相互作用的智能化程度方面实现了效果的倍增。学校图书馆因其类型和资源建设定位的差异性，对于信息技术的建设和利用程度不同，信息活动空间和信息技术在很大程度上影响着信息利用主体获取信息的效率。学校图书馆信息生态遵循"木桶效应"原理，其总体发展状况取决于各种类型学校中信息生态发展最滞后的因子。一些欠发达地区的学校或对图书馆建设不重视的学校，信息基础设施不完善，信息技术开发与应用不充分，导致数字鸿沟呈现扩大趋势。学校图书馆信息生态系统内部的信息发展不均衡导致其外部整体的不稳定。公共图书馆面向整个社会的信息需求进行信息资源建设，对于信息链的流转能力要求更高，因而其信息服务模式和服务渠道的拓展对于信息技术的依赖性更为显著，信息技术的合理有效运用在优化信息生态环境、迎合市场需求方面产生的作用也更大，能够达到效率和效益倍增的效果。机构图书馆为专门领域的部门提供信息服务，服务具有专业化特点，各领域各行业信息共享技术的应用更广泛，信息技术的有效渗透对于遏制信息冗余和信息垄断效果显著，直接影响着信息资源配置效率的改进。图书馆联盟中的各机构馆形成了共同生存、协同进化的关系，通过构建云平台加强合作，实现了信息本体、信息技术和信息环体的集成与共享，而云技术优化了信息链的流转路径，最大限度地提高了信息流转效率。因此，信息技术的合理应用能够破解图书馆联盟中的信息资源利用瓶颈，降低信息获取成本，提高网络信息的整体运作效率，减少信息交流成本。

综上所述，无论是在历时态维度还是在共时态维度，信息技术的更新都决定着图书馆信息生态的发展机遇与变革。信息技术以无比强大的渗透力影响着图书馆信息生态的各个方面，改变信息主体的信息利用方式，提高信息利用效率，决定信息本体在信息流转过程中的信息增值，增强信息环体的保障和支撑效果，使图书馆信息生态在信息技术的不断更新中呈现新局面。此外，信息技术也是促进图书馆信息生态平衡能力跃升的关键技术和倍增器。信息链流转程序的优化是图书馆信息生态实现平衡的重要因素，因此，可利用信息技术的倍增性，以增强信息主体的信息利用能力和信息本体的信息流转能力为根本目的，对图书馆信息生态系统的结构进行调整和优化，引导图书馆信息生态形成与信息社会发展相适应的格局。

三　信息能量的转化守恒规律

认识图书馆信息生态的发展规律离不开对信息组织与运动过程的分析。信息论的创始人香农认为信息是用来减少随机不定性的东西；控制论的创始人维纳认为信息就是信息，既非物质，也非能量；而我国学者邓宇等人则认为信息是事物属性标识的集合。信息与物质、能量一起构成了人类社会赖以生存、发展的三大基础。[1] 信息在传递和流动过程中表现出具有事物属性的生命力，并且伴随能量的消耗。因此，信息只有与能量结合才具有流动、转换、传递、增值等信息运动的能力。完成信息运动必须借助于一定的能量，并且可以借助不同形式的能量，如机械能、物理能、动能等。信息运动中各种形式的能量之间可以相互转换，在转换过程中保持能量守恒。

信息学第一定律认为，信息和信息处理能力是不守恒的。[2] 信息主体不断学习接受新事物，信息技术飞速发展，信息环体会发生与之相适应的变化，信息本体在流转中实现信息增值，图书馆信息生态诸要素都具有与时俱进的特征，尤其在大数据时代，信息量成倍加速增长，信息从本体角度而言的不守恒性表现得更为明显。但是，信息与信息能量决不能等同。虽然信息和信息处理能力是不守恒的，但是信息运动过程中能量的变化却可以依据物理学中的能量守恒定律进行理解。

热力学系统的能量守恒表达形式是热量从一个物体传递到另一个物体时，与其他能量相互转换，且总值保持不变。信息在传递与流转过程

---

①　刘玲主编《现代科技》，同济大学出版社，2013，第 78 页。

②　金新政、李宗荣：《理论信息学》，华中科技大学出版社，2014，第 132 页。

中具有创生与增长的倾向，且信息技术的飞速发展推动信息量呈指数增长，人们对海量信息进行组织与提取后形成知识，在实现信息增值的同时会发生信息创新。可见，在信息运动过程中一定伴随信息能量的增长。与此同时，信息传递与流转中既伴随信息损失，如信息真实性的降低、信息权威性的减弱、信息本体数量的相对减少等，也伴随信息技术的应用和信息介体的消耗，信息能量随之损失减少。可见，在信息运动过程中，信息技术应用和信息介体消耗的能量转化为信息流转的动能和信息增值的能量，信息损失的能量在数值上也会对信息增长的能量有部分抵消，总体看来，信息能量趋于守恒。图书馆信息生态的主要研究对象是人、信息及环境所构成的有机整体，强调图书馆信息主体、信息本体、信息环体的相互作用及信息组织、信息加工与管理等信息活动。从系统论的角度来看，我们一直强调图书馆信息生态系统是一个开放的系统，这个开放的系统关注的是信息流转过程，一定伴随信息能量的相互转化。而且随着智能概念的泛化，智能增长驱动信息熵减，智能趋于极大就是信息负熵趋于极小，这个过程也体现了信息能量的守恒。

在历时态维度下，图书馆信息生态由最初的数字化萌芽阶段，历经分布式资源组织体系、集成管理模式，步入系统化发展阶段，信息资源共享推动信息生态系统整体发展水平提高到一个新的高度。在这个进化过程中，信息处理能力的提高推动着信息生态的演变，信息共享驱动信息流动更加活跃，图书馆信息生态由简单的数字资源管理演化为相对复杂的信息资源共享，信息生态系统结构和功能的复杂性随之增加，信息介体和信息环体的能量转化为信息动能，系统内部能量守恒。随着信息服务理念的转变，开放获取、语义技术等带来信息传播与利用方式的变革，图书馆信息生态步入知识服务时代，对信息的推理、凝练、重构及验证推动信息增值，在这个过程中信息动能转化为信息能。信息产业蓬勃发展，大数据、云计算开启了图书馆智慧服务新时代，信息的传播与复制能力更强，信息创生能力达到更高水平，信息本体的自组织能力和信息环体的自适应能力增强，信息动能与知识增值的能量相互转化。总之，历时态视域下，图书馆信息生态演变的总体趋势是进步，信息的增长无上限，信息量越大表明信息系统能力越强，信息自组织与自适应能力提高，信息负熵趋小，信息能趋大，信息自组织过程中的信息动能与信息本体能量之间相互转化，信息生态系统能量趋于守恒。

在共时态维度下，不同类型的图书馆信息生态发展呈现不同特点。无论是学术图书馆、学校图书馆、公共图书馆、机构图书馆，还是图书馆联盟，其信息生态发展都关注信息活动中信息流转速率的提高。在开放的信息环境中，信息技术驱动信息主客体之间的信息流转产生信息动能，信息动能转化为知识关联及信息本体资源体量的增加，能量在转化中趋于守恒，这样才能遏制信息冗余和信息垄断，保持信息生态系统的平衡。各类型图书馆的信息生态系统也可以看作宏观信息生态系统中的一个子系统，各子系统之间不是独立存在的，信息生态子系统间既相互竞争，推动信息生态系统的演化，又存在协同，联合作用产生量变。系统间竞争的动能转化为信息量的增加与信息流转能量的补充，宏观系统内部能量守恒。

综上所述，图书馆信息生态探讨的是在图书馆这个特定的信息空间中，信息主客体与信息本体在信息环境的影响下形成的信息生态循环系统，所追求的信息生态平衡更加关注信息的流转与运动，即信息在信息链网状节点间存储、复制、传播与创新，发生信息损耗的同时实现了知识增值。在图书馆信息生态系统中，能量是信息运动的最原始驱动力。在自然界中，能量既不会凭空产生，也不会无端消亡，只会发生转化，总能量守恒。图书馆信息生态系统也是如此，作为一个开放的系统，若要保持生态平衡，就必须不断有新的信息和能量输入，并不断排出无效信息与能量。信息在传递过程中伴随物质和能量的消耗，也伴随信息本体能量的增加；伴随信息技术驱动信息生态发展而发生的信息动能转化，也伴随信息环境影响信息生态演变而产生的信息质能转化。因此，在图书馆信息生态系统中，信息动能与质能在流动过程中相互转化，且信息低质能转化为信息高质能，总能量守恒。

四　信息产业的创新发展规律

信息产业是一个涉及信息技术产品的生产、销售和信息服务等领域的庞大产业群，是一种专门为信息经济提供信息类资本和消费品、横跨信息制造与服务并且具有强大的外溢性的智慧型新兴产业。① 信息产业具有其自身的特点和发展规律。首先，信息产业是知识、智力密集型产业。运用知识、发展技术、创新意识是信息产业的核心问题，也是信息服务业的知识、智力支撑点。其次，信息产业是具有创新性且发展迅速的产业。信息需求推动信息技术创新，信息资源建设和服务体系在组织结构和管理方式上也实现了一系列的创新。再次，信息产业具有较强的渗透性。信息产业既是一种相对独立的产业，具有独立的产业形态和发展趋势，又具有较强的渗透性，能够与其他产业融合，提高自身的使用价值和价值。最后，信息产业是高增值型产业。信息产业以较少的资源消耗服务于社会经济各个领域，提供高附加值的服务，起到经济发展倍增器的作用。图书馆的信息服务无疑是信息产业中信息服务业的重要组成部分，不但具有上述信息产业的显著特征，而且具有信息资源建设与发展的独特优势。因此，从信息事业发展的宏观角度来看，图书馆信息生态的发展与嬗变体现了信息产业发展的基本规律。

在图书馆信息生态发展的历时态维度下，信息规律体现在两个方面。第一，信息需求及服务呈现集中与分散状态。知识需求较为集中，数据信息较为分散，共享信息的需求则分布更为广泛；知识经济时代的数据密集型服务相对集中，数字信息资源建设初期的分布式管理服务较为分散，信息资源集成与共享阶段的信息共享服务更为广泛；智能范式驱动下的信息渠道较为集中，基于信息资源集成与整合的信息渠道较为分散，知识组织、共享和知识创新则分布更为广泛。第二，在信息生态系统中，信息本体遵循开放性原则，而信息主体对于信息本体的获取与利用遵循省力原则。图书馆信息生态在数据—信息—知识—智慧的转化中嬗变，开放的信息环境推动信息生态系统结构化和秩序化。同时，信息主体一般选择便于利用的有用信息源，这也是智慧图书馆演进的最直接动力。

在图书馆信息生态发展的共时态维度下，信息规律体现在三个方面。第一，关联性规律。在相同时间维度下，不同类型图书馆的用户信息需求各不相同，信息需求的个性化、系统性和过程化构成了信息需求结构的层次，而不同类型图书馆对需求的满足程度也存在差异性，这种信息

---

① 张显龙：《自主·可控：信息产业创新之中国力量》，清华大学出版社，2016，第7页。

需求的层次性与满足程度的差异性相互之间存在联系与影响，构成了不同类型图书馆信息生态发展的关联关系。第二，非均衡性规律。学术图书馆、高校图书馆的信息资源需求学术性较强，机构图书馆的信息资源需求专业性较强，公共图书馆的信息资源需求具有大众性，而图书馆联盟的信息资源需求则具有广泛性。可见，不同类型图书馆的信息资源需求和对这种需求的满足情况具有不均衡性，图书馆信息生态的发展态势也不均衡。第三，复杂性规律。不同类型图书馆的信息资源发展源于社会实践活动，用户具有信息利用主体和信息服务主体的双重身份，其信息需求较为复杂，对于信息终端设备、信息获取途径、信息流转环境的重塑性要求较高，希望获取及时、准确、有用的信息。这种复杂性推动图书馆信息生态不断向更高层面跃进，并成为信息生态系统中信息本体嬗变的核心。

　　上述信息规律体现了信息产业发展的基本规律——微笑曲线理论。微笑曲线是一条两端朝上的曲线，将产业链分为研发、制造、营销三个环节，其中附加值更多体现在两端，即研发和营销环节，而处于中间的制造环节附加值最低。[①] 引入空间维度的微笑曲线，能够形象地描述图书馆信息生态发展的价值链模型。从全球范围看，美国等发达国家主导着信息技术发展的趋势和格局，致力于信息技术的研究、开发与应用，并不断推出新技术，处于信息价值链的高端；而中国等发展中国家则以利用领先国家输出的成熟技术为主，信息技术的创新研发步伐稳中有升，总体相对较慢，因此处于信息价值链的低端。信息生态环境优越的国家从一开始就占据了信息价值链的高端位置，而信息生态环境和格局仍有较大提升空间的国家则通过后发优势不断向信息价值链的高端晋级。微笑曲线也可以描述我国不同类型图书馆在共时态维度上的信息价值链模型，如图2-2所示。学术图书馆、高校图书馆主导着图书馆信息生态发展的格局，致力于新技术在图书馆的应用与推广，处于信息价值链的高端；公共图书馆、中小学图书馆等则以比较基础的文献资源服务为主，信息生态环境较为简单，处于信息价值链的低端。

---

　　① 　毛蕴诗：《重构全球价值链——中国企业升级理论与实践》，清华大学出版社，2017，第41页。

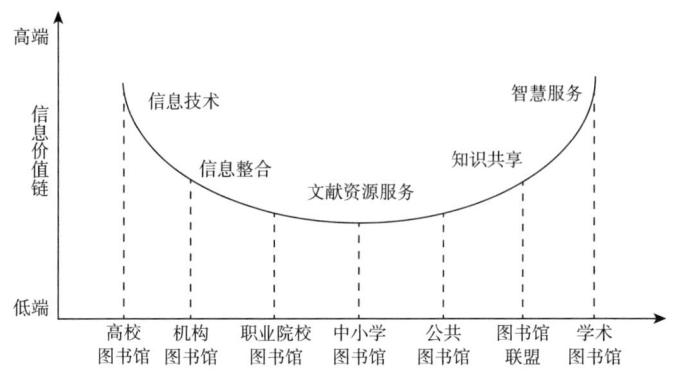

图 2-2　不同类型图书馆的信息价值链模型

　　图书馆信息生态在全球信息技术创新和信息服务进程加快的大形势下嬗变，信息生态系统内部呈现技术与服务融合发展的态势，信息聚集效应更加凸显信息服务附加值。我们可以引入微笑曲线模型来描述图书馆信息生态的基本格局，如图 2-3 所示。信息资源从文献资源的最初形态，经过数据的收集创建、存储管理、分析提炼，数字化为数字资源，再经过集成整合形成信息资源，信息经过优化提取成为知识，在大数据的潮流中提升为智慧服务。在整个过程中信息附加值呈现两端高、中间低的态势，即最初的资源创建、存储、分析阶段需要较高的信息技术，相应的信息附加值也较高，到了后期的知识开发和大数据时代，信息技术推动了智慧图书馆信息生态的发展，图书馆信息服务向高技术、高品质、高附加值的智慧服务转化，大数据、智能计算、移动互联、云计算等信息技术所转化的信息附加值也更高；在信息资源发展的数字化和联机检索的中间阶段，核心信息技术参与程度较低，信息附加值也相对较低。随着信息技术的创新发展，曲线弧度变得更加陡峭。此外，不同的信息技术会产生高低不同的信息附加值，信息技术创新体系是一种链式网状立体创新结构，技术的创新发展会优化信息生态基础环境，带动整体信息服务附加值提高，如图 2-3 所示的左侧的信息技术 1、信息技术 2、信息技术 3；而不同的信息服务应用也有高低不同的信息价值，如图 2-3 所示的右侧的信息服务 1、信息服务 2、信息服务 3。信息技术应用于单一的信息服务中所获得的信息附加值用一条曲线表示，若干信息技术融合应用于信息服务中则叠加形成较为复杂的信息附加值，其信息服务价值往往高于原来单一信息服务的价值。

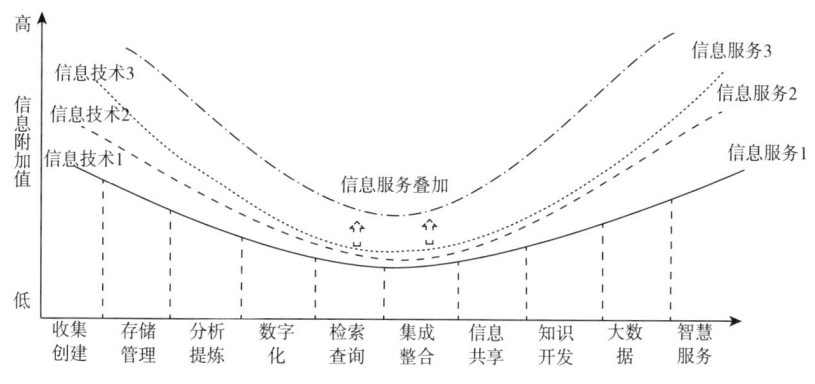

图 2-3　图书馆信息生态的微笑曲线模型

第五节　本章小结

　　图书馆信息生态理论是以信息生态学理论为依据，用信息生态学的观点、立场和方法，指导解决图书馆系统内部及系统之间的人、信息和信息环境的构成、特征、运行机制和发展规律等问题，使之达到一种均衡运动的状态。图书馆信息生态理论基础包括图书馆信息生态系统理论、图书馆信息生态链理论、图书馆信息生态网理论、图书馆信息生态位理论和图书馆信息生态圈理论。

　　在历时态维度下，图书馆信息生态经历了联机检索、分布式管理、数字资源集成、信息资源共享、知识共享平台发展、大数据冲击和智慧图书馆的演进，从理念的雏形期步入研究起步阶段，在基本理论形成的基础上，研究趋于系统化，不断深入、充实、丰富，逐步成熟与完善，并处于创新发展之中，在纵向维度上呈现循序渐进、螺旋式上升的发展轨迹；在共时态维度下，学术图书馆信息生态关注数字学术领域的信息速率提高，学校图书馆信息生态立足于以人为本的信息生态平衡，公共图书馆信息生态在公共文化信息制度的规范中渐进式发展，机构图书馆信息生态依托面向行业的专深服务遏制信息供需失衡，图书馆联盟信息生态在知识联盟驱动下优化信息链流转路径。不同类型图书馆信息生态表现出不同特点和发展状况，在横向维度上呈现内涵式发展轨迹。

从历时态与共时态辩证关系视角考察图书馆信息生态的逻辑演进，其体现出信息生态系统的协同演化规律、信息技术的更新倍增规律、信息能量的转化守恒规律和信息产业的创新发展规律。

第三章 智慧社会理念与图书馆信息生态理念的逻辑关联

智慧社会是以大数据为主要驱动力量，智能技术与产业和资本之间高度耦合、深度叠加，形成具有跨媒体性质的自主智能系统，并以社会群体智能形式为表现特征的一种更为高级的社会形态。2020年，《政府工作报告》做出了"全面推进'互联网+'，打造数字经济新优势""促进生态文明建设""加强公共文化服务"等一系列重要部署，为智慧社会建设提供新契机与动力。在智慧至上的时代，图书馆信息生态在开放的网络环境下体现为信息主客体、信息环境、信息介体等诸多方面的协同互动与智能响应，增加了数字图书馆服务的深度和广度，也促进了图书馆信息生态的演化与发展变革。智慧社会因其开放、共享、多元互动、协同治理和去中心化等特质对图书馆信息生态的发展提出了新的要求。与此同时，图书馆信息生态在智慧社会的影响与驱动下出现诸如信息不对称、信息污染、信息超载、信息茧房等新的问题，使信息生态的稳定与平衡难以得到保障。上述新要求和新问题对图书馆信息生态提出双重挑战，从不同维度驱动图书馆信息生态重构。

第一节 我国智慧社会建设对图书馆信息生态提出新要求

智慧社会是习近平总书记在党的十九大报告中就加快建设创新型国家所提出的发展新目标，也是科学判断信息社会发展趋势所做出的战略部署。数字化、网络化和智能化融合发展的新态势驱动图书馆主动参与社会的信息化发展、数字化转型、网络化重构、智能化升级，图书馆信息生态在信息主客体、信息介体、信息环体等多元融合中体现出高度智能化，智慧社会建设对图书馆信息生态的建设要求更加具体。

一　智慧服务需求提升要求图书馆信息生态系统创新发展

智慧社会建设是构建合作、高效并富有创新性的社会结构。在经济全球化、竞争多元化和环境挑战加剧的时代背景下，数字移动网络的创新发展要求图书馆主动参与并推动智慧社会建设的发展进程，开辟图书馆信息生态系统适应智慧服务的新境界。智慧服务是智慧社会建设的动力和目标，是为满足智慧管理需求提供的智能化、精细化服务。智慧社会建设驱动服务理念和服务模式的智慧化转型，确定服务目标精确化、服务内容细致化、服务方式智能化的服务理念，优化主动服务融合个性化服务的社会化协同服务模式，从而推动社会运行核心系统的整合，实现智慧社会所要求的安全、舒适与便利。

智慧社会建设驱动社会服务升级为智慧服务，智慧服务需求的提升呼唤图书馆的总体发展。正如上海社会科学院信息研究所王世伟研究员所指出的，"'智慧社会'呼唤公共图书馆创新发展。在全球社会信息化进程中，智慧社会将推动中国智慧图书馆的创新发展，也将给全球图书馆事业发展提供中国经验和中国智慧"。① 智慧社会所注重的创新资源、创新环境、创新空间的服务战略驱动图书馆汇聚用户的智慧力量和潜在智力资源创新智慧化的服务理念；智慧服务所要求的体现城乡结合、区域协同的全方位覆盖型服务网络推动图书馆向构建智能化、泛在化、协同化的综合服务体系转型；智慧服务所依赖的智能技术和网络通信技术的不断升级引领图书馆构建标准统一、多方交互的数字服务与移动服务相结合的服务网络。

"随着大数据、云计算、物联网、移动互联网、人工智能等新一代信息技术波浪式的持续推进，'智慧社会'向公共图书馆提出了更高的要求，呼唤公共图书馆再出发，在智慧社会的更高起点上再信息化、再数字化和再网络化，破除信息和数据鸿沟，实现包容性发展。"② 智慧社会追求智慧技术的全社会覆盖，力图弥补图书馆在区域和行业发展不平衡

① 王世伟：《智慧社会是智慧图书馆发展的新境界》，《图书馆杂志》2017 年第 12 期，第 9~13 页。

② 王世伟：《智慧社会是智慧图书馆发展的新境界》，《图书馆杂志》2017 年第 12 期，第 9~13 页。

的短板。然而，智慧技术所影响的人们信息思想、信息行为和信息活动的变化对图书馆信息生态系统提出了新要求。物联网和移动互联网飞速发展，个性化和异质性的智慧服务需求上升，智慧服务赖以支撑的信息技术利用信息网络为人类构建了智慧化的信息空间，提供了丰富、便捷的信息服务，大大增强了信息网络的服务能力。随着信息技术的社会化发展，互联网、手机通信技术、点对点网络、移动通信、有线无线接入技术、遍布式传感网络、网格计算、云计算、智慧计算等技术推动产生无线自组织网络、泛在网络、物联网络等新型网络模式，提高了人们感知信息网络的能力。人们在信息空间中的感知、通信、响应等控制能力的增强对信息生态环境产生了巨大影响，从而导致信息生态系统结构、功能、组织形式和系统内个体与外界的相互作用关系及信息流转状况等都发生了相应变化。

　　图书馆信息生态系统就是在特定的图书馆信息空间中，信息主客体与信息环境之间产生相互作用关系，在其内部及与外部的信息处理与流转过程中，形成的一个相对完整的可调控的信息生态循环系统。首先，图书馆信息生态系统的物质基础是信息本体。随着智慧服务需求的提升，图书馆信息本体的内容表现形式呈多形态、多类型的分布式存储结构，信息类型及分布形态呈现空间差异性和复杂多样性，这就增加了信息生态系统的异构性负担，极易造成信息生态失衡。因此，图书馆信息生态系统要依据智慧服务赖以支撑的大量信息源和服务过程中所产生的离散信息单元或信息结点建立起立体网状结构，横向表示不同信息结点间的关系，纵向表示信息组织模式和流转机制，纵深表示图书馆内外部系统的信息流转状况。其次，图书馆信息生态系统的执行与参与主体是信息主体，即信息服务主体和信息利用主体。智慧服务能够对信息主体产生巨大影响。借助智能设备和智慧技术，信息服务主体的信息处理能力增强，在信息生产、组织、管理、传播等环节中产生相对于原来倍增的信息能量。与此同时，信息利用主体的信息需求更加复杂具体，这些高端的信息需求是驱动图书馆信息生态系统平衡发展的动力，推动信息服务主体不断调整信息流量和方向进而校正能量流动，以适应图书馆的智慧服务要求。再次，图书馆信息生态系统有效运行的重要支撑是信息环境。信息环境是信息流转的背景和场所，包括信息政策、法律、法规及信息伦理等软环境和信息基础设施、信息技术、信息服务等硬环境。智慧社会要求的均等、便捷、个性的智慧服务推动图书馆信息软环境进一步完善，规范、调节并控制图书馆信息生态系统中信息主体的信息行为和信息流转过程；智慧服务驱动的安全、统一、开放的信息整合与应用平台要求图书馆信息硬环境进行技术优化和系统升级，提供更智慧、高效的管理与服务。最后，图书馆信息生态系统运行的核心内容是信息流和能量流在信息链中的流转。信息流转的规律与方式是信息生态系统平衡的主要问题，智慧服务对信息组织方法、原则和策略有更高的要求，使信息流动速度加快、信息链节点上信息主客体的构成及分工协作关系重组，要求图书馆信息生态链不断优化以适应内外部的变化，突出系统的稳定平衡发展和自主创新特征。总之，智慧服务加强了信息生态系统各要素之间的相互依存、相互影响关系，推动各构成因子共同作用、相互协调与兼容共生。以智慧服务为支撑对图书馆信息资源进行合理组织，能够形成有序的信息结构和优化信息链，实现信息资源优化配置和信息服务智能化升级。

二　信息共享程度提高要求图书馆健全基于信息公平的服务保障体系

智慧社会万物互联，便捷的通信方式、丰富的服务形式助力社会产生了庞大的数据资源。提高数据资源的流动效率，推动信息资源开放共享，提高信息资源的共享程度，是智慧社会建设的关键。正如彭特兰所指出的，"推动提出'数据新政'的一个关键动机在于，数据在共享时的价值更大，因为它们能够告诉我们公共卫生、交通和政府等系统可以有多大的改进"。[①] 提高信息共享程度能够促进更大的"想法流"的产生，提高人们在社会信息交往中的公平性、信任度和稳定性，推动智慧社会建设。

美国是最早启动信息开放共享的国家。2009年，美国政府实施开放数据战略，启动国家级政府开放数据平台 Data.gov，引领了以用户为中心、面向用户的信息服务理念。同年，英国也实施了数据开放共享政策，

---

① 〔美〕阿莱克斯·彭特兰：《智慧社会：大数据与社会物理学》，汪小帆、汪容译，浙江人民出版社，2015，第171~172页。

由 Data. gov. uk 共享平台提供政府、民众和民间机构上传的数据，促进信息资源的社会化利用。2011 年，美国、英国、巴西、墨西哥、印度尼西亚、挪威、菲律宾、南非等八个国家联合签署《开放数据声明》，成立开放政府合作伙伴（Open Government Partnership，OGP）。2013 年，美国、英国、法国、德国、日本、意大利、加拿大、俄罗斯等八国签署《开放数据宪章》，承诺进一步开放可机读的政府数据。2014 年，我国国家发展改革委、工业和信息化部、科学技术部等八部委联合印发《关于促进智慧城市健康发展的指导意见》，指出要切实加大信息资源开发共享力度，明确提出"加快推进信息资源共享与更新。统筹城市地理空间信息及建（构）筑物数据库等资源，加快智慧城市公共信息平台和应用体系建设。建立促进信息共享的跨部门协调机制，完善信息更新机制，进一步加强政务部门信息共享和信息更新管理"。① 从全球实施开放数据和信息共享策略的现状来看，信息资源通过共享实现信息流转过程中的信息增值，通过信息的广泛获取及易用，优化社会信息生态环境，从而创造出更大的价值。2013 年，美国麦肯锡公司发布了开放式数据的全球最新报告，指出开放式数据能产生巨大经济价值，将开放式数据单纯地应用于全球经济七大领域，就足以产生超过 3 万亿美元的附加值。② 信息资源开放共享是经济增长的有力推动因素，智慧社会的发展越来越重视信息资源的共享，以加速知识增值和效益转化。

　　图书馆是社会信息资源的重要集散地，建设理念随着智慧社会建设迈入智慧图书馆创新发展的新境界。从某种意义上讲，图书馆在一定程度上决定着信息资源的分配机制，保证用户拥有公平获取信息的机会。智慧图书馆建设趋向智能化、泛在化、可视化、覆盖范围空前广阔的融合图书馆发展方向，其信息资源共享建设也趋于智慧化、精准化、协同化和一体化。在数据驱动、智能覆盖的信息环境下，智慧图书馆汇聚人类智慧和知识资源，激发图书馆潜在的创造力与活力，引导图书馆向适应智慧社会信息高度共享要求的协同合作与包容发展方向升级。在适应

---

① 《关于促进智慧城市健康发展的指导意见》，国家发展和改革委员会官网，2014 年 8 月 27 日，https：//www.ndrc.gov.cn/fzggw/jgsj/gjss/sjdt/201408/W020190911379558642082.pdf。

② 《开放式数据：流动性信息开启创新、提高效率》，中国经济网，2013 年 12 月 11 日，http：//intl.ce.cn/specials/zxgjzh/201312/11/t20131211_1901280.shtml。

信息共享程度变化的过程中，图书馆势必会面临信息公平问题。

信息公平并不是指对图书馆信息资源的平均分配，而是力求建立一种保障信息主体自由获取信息的机制，使信息资源的流转与利用能够达到相对公正、合理的状态，用户能够自由获取满足其基本生存、研究及创新发展需要的信息资源，实现信息资源配置的公平和信息渠道利用的公平。智慧图书馆驱动的较高的信息共享程度要求图书馆健全满足这种信息公平的服务保障体系。中国图书馆学会 2008 年 2 月 15 日通过的《图书馆服务宣言（2008）》指出，"图书馆向读者提供平等服务""图书馆开展信息资源共建共享。各地区、各类型图书馆加强协调与合作，促进全社会信息资源的有效利用"。① 在这种理念的指引下，优化图书馆服务保障体系要兼顾信息获取机会公平、信息资源配置公平和信息利用渠道公平。

信息获取机会公平是实现信息公平的前提，图书馆首先要在信息公平理念的指引下开展各项工作，树立平等服务与知识自由的最高目标，完善保障信息公平的图书馆法律、法规与制度，建立使用户能够通过图书馆公平获取信息的服务保障机制，构建支持用户自由、平等、均衡获取信息及知识资源的图书馆服务系统。信息资源配置公平是实现信息公平的基础，图书馆要为信息服务主体创造提供信息服务的软硬件条件，为信息利用主体提供获取信息资源的途径，保障用户对信息资源的各取所需和所需可取的状态。信息共享平台是保障信息资源最大化共享和可被获取与利用的有效途径，有助于实现信息资源的公平配置。大数据时代，图书馆信息共享平台建设注重信息资源共享与协作的交互作用，充分利用数据挖掘、云共享等技术优化图书馆信息资源共享模式，既有助于保证信息资源不被滥用，又有助于建立更加精细的保护用户信息隐私的机制，提高了图书馆信息资源公平配置的科学性与可行性。信息利用渠道公平是实现信息公平的保障，主要是指信息技术手段和信息流转途径的公平。现代信息技术是破除信息孤岛与信息垄断的有力武器，可利用先进的信息技术加强对信息资源的开发、利用与共享，在信息技术手

---

① 《中国图书馆学会·图书馆服务宣言（2008）》，《图书馆建设》2008 年第 10 期，第 1 页。

段的使用上实现信息公平。无论是发达地区还是落后地区的图书馆，无论是有条件使用现代信息技术的还是技术能力比较薄弱的图书馆，都应当充分借助信息技术手段尽最大可能使用户获得所需的信息资源、公平地使用信息资源。图书馆的信息流转路径设计，要力求使信息在最短的时间内、经过最少的环节流转到用户端，为用户提供自由获取信息的途径和场所。总之，图书馆要健全服务保障体系，适应智慧社会建设驱动的信息共享要求，使用户能够公平、公正、自由、便捷地获取并利用信息资源，实现信息公平。

三 信息技术飞速发展要求图书馆信息生态环境智能化升级

智慧社会是将智慧城市、智慧社区、智慧服务、智慧运营等多种社会组成部分及治理单元结合起来的、智慧化发展的新型社会，智慧社会建设的重要驱动力是以人工智能为核心的新一代信息技术的集成应用。信息技术渗透到社会的各个领域，其发展变革和趋势转变是智慧社会建设的有力支撑，推动人类社会形态向智慧社会转变，引领智慧社会的建设方向，决定智慧社会的建设进程。"十三五"规划纲要提出，将培育人工智能、移动智能终端、第五代移动通信（5G）、先进传感器等作为新一代信息技术产业创新重点发展，拓展新兴产业发展空间。信息技术发展的总趋势是从典型的技术驱动发展模式向应用驱动与技术驱动相结合的发展模式转变。[①] 信息技术的发展趋势及模式转变指引着智慧社会建设的方向，推动社会信息环境发生与之发展需求相适应的变革，同时对图书馆信息生态环境提出新的要求。

图书馆在智慧社会建设赖以支撑的庞大信息体系中起到搜集、保存、挖掘、传播、利用信息的重要作用，图书馆信息生态环境影响着社会信息环境的发展状况。当图书馆信息生态环境趋于平衡时，其能够满足用户的信息需求，进而促进社会、政治、经济、文化和生态的进步及可持续发展；而当图书馆信息生态环境趋于失衡时，就会导致信息爆炸、信息超载、信息污染等众多问题，产生信息主体与信息本体的对抗，进而

---

① 中国科学技术协会主编《2012—2013 电子信息学科发展报告》，中国科学技术出版社，2014，第 8 页。

引起社会信息环境的紊乱与失序。"构建我国和谐信息生态保障体系信息化建设的实质，就是为人们营造良好的信息生态环境，实现信息社会人类信息需求的和谐发展。"① 目前，图书馆信息生态环境建设面临的最大问题是信息生态环境建设模式不能完全适应智慧图书馆及智慧服务的发展需求。一方面，图书馆信息服务主体在信息生产、传递等环节加强对信息污染的控制，信息利用主体则在信息消费环节注重信息的甄别与提炼。无论是信息服务主体，还是信息利用主体，在图书馆信息生态环境建设中一般都将提升主体职业修养和信息素养、伦理道德对主体的约束力、法律法规等手段的管理力等，作为构建信息生态环境的基本路径。另一方面，信息技术、信息政策、信息法律法规、信息管理等也是提高信息抗污能力、控制信息失衡的重要途径。从这两个方面来讲，当前图书馆信息生态环境的建设模式和现状不能满足图书馆智慧服务所要求的智能化、个性化和灵活性的全方位信息化高标准要求。因此，在信息技术飞速发展的万物互联时代，图书馆信息生态环境的智能化升级势在必行。

图书馆信息生态环境智能化升级的主旨是充分借助人工智能、云计算、互联网+、智慧计算、移动通信、物联网等技术手段，构建全方位智能化、自适应的信息生态环境，建立图书馆信息生态监测系统，针对图书馆智慧服务需求，对信息主体、信息本体和信息生态环境及其关系进行宏观分析，合理规划、布局和调控信息生态环境，通过智能化升级使之保障信息生态系统有序、稳定、可持续发展。图书馆信息生态环境的智能化升级需要健全适应智慧社会建设需要的图书馆信息生态环境智慧管理体制，要求形成具有智慧感知和智能反馈的工作机制，信息生态环境基础设施整体配套完善，移动互联和物联网等信息网络系统覆盖全面，信息环境智能调节与知识挖掘紧密融合，信息生态环境得到合理开发，环境信息服务覆盖智慧服务全流程，实现图书馆信息生态环境业务管理精细化、信息管理智能化和智慧服务规范化。在智能化升级的具体实施路径方面，技术环境要重点关注智能技术对图书馆信息生态系统的冲击和侵害，如数据冗余、大数据堆积、网络病毒植入等，加强对信息生态

---

① 罗义成：《和谐信息生态探析》，《情报科学》2006 年第 7 期，第 1069~1072 页。

系统的过滤和保护，提高计算机、移动通信设备、网络系统等物理设备的安全技术水平，升级网络的访问控制能力，由原始的数据加密、网络隔离、信息过滤等访问控制功能升级为 P2P 网络访问控制技术、无线网络访问控制技术、云计算访问控制技术等新型访问控制技术参与的信息监管机制，改进图书馆信息生态系统中信息流转循环链上的每一个环节，减少信息缺失、堵塞、干扰等负面效应，提高信息流转效率，控制信息生态失衡。总的来说，智慧社会驱动信息技术飞速发展，要求图书馆信息生态环境发生与之相适应的变革，以充分发挥新型信息技术的手段性保障和工具性要素功能，促进图书馆信息生态系统的平衡。

第二节　我国图书馆信息生态存在新问题

智慧社会建设驱动互联网、人工智能、云计算等技术不断成熟及广泛应用，也推动图书馆智慧化发展，引领图书馆进入由人工智能驱动的自动化时代。随着数字技术、移动互联网、物联网等的飞速发展，图书馆面临对人们复杂信息行为的分析和对海量数据的处理，信息爆炸、信息泛滥、信息超载、信息失真、信息失衡、信息茧房等问题更加突出，因数据主权、信息隐私、信息安全、信息流动规则等带来的信息摩擦也无可避免。这些挑战冲击着图书馆信息生态系统的平衡与稳定，导致图书馆信息生态在智慧社会建设背景下呈现新老问题相互交织的严峻形势。

一　图书馆信息不对称现象日益突出，信息公平难以实现

在我国智慧社会建设步入新阶段的新时代背景下，开放流动的大数据资源对图书馆的信息服务主体、信息环境、信息媒介、信息技术、信息组织和信息管理方式等提出了更高的要求，推动图书馆的信息服务向知识服务升级，进而向更高层次的分布式、集约化、智能化、全方位响应的智慧服务转变。为此，要求图书馆以信息生态链网络为基础，以高性能分布式智慧计算为支撑，以知识挖掘和人工智能技术为核心，以知识共享平台和信息生态平衡系统为依托，加强对用户信息行为的全面感知、解析及决策的执行，从而使图书馆信息生态系统的信息循环传递、信息能量流动和信息链流转皆处于稳定及通畅状态，全面提升智慧图书

馆的功能和智慧服务水平。

为了适应上述的发展要求，图书馆面临向智能化、网络化、泛在化、可视化的融合性图书馆服务体系转型。面对智能互联技术在图书馆领域的全方位渗透，图书馆信息生态系统发生了一定的变化，存在一些问题，其中最突出的问题就是数字落差所凸显的图书馆信息不对称现象。

数字落差是指能近用数字科技与不能近用数字科技的族群之间的鸿沟，它存在于国家内的不同族群及全球层次上的不同国家及区域之间。数字落差会造成不同族群在取得信息和参与民主社会上的机会不平等。[①]信息通信科技的资源分配不均衡，数字科技利用条件、程度和能力存在差异，会在整个社会层面上形成信息等级，进而造成对信息资源利用的不平等和信息生态结构的不均衡。智慧社会加快了信息技术的发展速度，而信息技术发展越快，数字落差就会越大。

2018年8月，中国互联网络信息中心发布第42次《中国互联网络发展状况统计报告》，报告指出，截至2018年6月，中国互联网网民规模达到8.02亿，互联网普及率为57.7%；手机网民规模达到7.88亿，普及率高达98.3%。城镇网民规模为5.91亿，占整体网民的73.7%；农村网民规模为2.11亿，占比为26.3%。与2017年末相比，城镇网民增加2764万人，增长率为4.9%；农村网民增加204万人，增长率为1.0%。[②]随着我国城镇化进程的不断推进，农村人口大量向城市转移，城镇人口不断增加，预计城镇网民规模将持续增长。

可见，网络的利用和普及程度是具有区域差异的。随着我国互联网基础设施不断优化与升级，网络信息服务向着扩大覆盖范围、提速增效、降费减压的方向发展，同时驱动图书馆的信息服务与互联网深度融合。但是，这种网络普及程度的区域差异导致图书馆尤其是区域图书馆的信息共享平台所承载的服务能力受到限制，互联网、大数据、人工智能与实体图书馆的深度融合能力的区域差异显著，使得具备优势地位的群体享有更多的信息资源利用与知识挖掘的机会，而处于弱势地位的群体则

---

① 郭玉锦、王欢：《网络公共领域建构研究》，北京邮电大学出版社，2015，第218页。

② 《第42次〈中国互联网络发展状况统计报告〉》，中共中央网络安全和信息化委员会办公室网站，2018年8月20日，http://www.cac.gov.cn/2018-08/20/c_1123296882.htm。

被排除在这个庞大的"数字世界"之外。这种由于区域数字落差导致的信息不对称现象，使图书馆信息公平难以实现。

图书馆的信息不对称现象除了表现为因区域差异而产生的数字落差，还表现为因信息主体年龄、受教育水平和知识处理能力等方面的差异而造成的对信息资源应用的差距。第 42 次《中国互联网络发展状况统计报告》显示，中国网民主要以青少年、青年和中年群体为主，截至 2018 年 6 月，10～39 岁网民群体占整体网民规模的 70.8%。其中，20～29 岁网民群体占比最高，占比为 27.9%；30～39 岁网民群体占比排名第二，占比为 24.7%；10～19 岁网民群体占比排最末，占比为 18.2%。网民群体中，中等受教育水平的网民占比较大，初中、高中（中专或技校）学历网民群体占比分别为 37.7% 和 25.1%，大专、本科及以上学历的网民占比分别为 10.0% 和 10.6%。因信息技术、网络知识、受教育水平、英语使用等因素而导致网络利用受限的人员占比为 81.5%，因无兴趣或无需求而不使用网络的人员占比为 10.2%，因基础设施建设或硬件设备缺失等其他客观因素造成网络使用受限的人员占比约为 10.0%。上述因素都在一定程度上影响了网络在社会中的渗透，使得信息传播和利用存在不均等的问题。在整个社会网络的影响下，在收集、处理、传递、应用信息资源的过程中，各参与主体拥有信息的质量与程度各不相同，在用户的信息行为中，不同用户对信息的了解、提取和利用是有差异的，一部分用户能够获取并利用其他用户无法获得的信息资源，由此也导致出现信息不对称现象，阻碍信息公平的实现。

二　图书馆信息资源协同干扰因素较多，信息生态稳定难以保障

智慧社会建设致力于信息技术的变革与应用，为图书馆发展开辟了新境界。智慧计算、数据挖掘、人工智能等技术提升了图书馆信息资源的利用率，促进了信息资源的共建共享与协同配置，信息资源协同是图书馆实现智慧服务的关键，也是图书馆信息生态平衡的保障。图书馆通过信息资源的协同配置、协同管理和协同服务等实现优势互补，使信息资源在信息生产、流转、利用等环节的消耗最小，实现信息利用率的最大化，达到保持信息生态稳定的目的。

图书馆信息资源协同可分为数据协同、行为协同和系统协同三个层

次。"数据层次的信息协同指的是利用关联数据将无序信息有序化,通过建立有效的系统来达成信息协同。行为层次的信息协同则是指信息用户通过协同信息行为来满足自身的信息需求,协同信息行为开始于协同需求的产生,终止于协同需求的消散。系统层次的信息协同则分为图书馆系统内部信息协同与系统外部信息协同。"① 这三个层次相互影响、相互渗透,信息主体通过与信息本体和信息环境的交互提高信息传递效率,满足自身信息需求,提升信息价值,获得协同效应。

在智慧社会理念下,图书馆信息资源建设更加注重面向区域的一体化发展,更加关注图书馆、用户、政府、市场及社会各方协同参与的智慧管理模式,更加重视智能互联技术与图书馆和社会各行业的统筹发展与协同应用,努力构建覆盖全社会的图书馆服务体系。智慧服务要求图书馆在最短的时间里和海量的信息中做出服务决策及快速响应,目前,图书馆信息资源协同面临区域及馆际协作的多环节管理协同决策困难。首先,图书馆系统缺乏对信息资源协同网络的整合。图书馆信息服务仍限于针对本馆或合作馆用户的信息需求提供服务,缺乏区域网络之间以及图书馆系统与政府、媒体等外部系统的交流与合作,与智慧社会所要求的全方位共享的发展趋势不协调。其次,图书馆服务缺乏多环节协同决策机制。图书馆在从知识服务向智慧服务升级的进程中,缺乏从多主体、多环节、多层面、多手段等角度出发的协同决策机制,也亟须构建基于信息生态环境复杂影响因素的信息资源协同网络组织架构模式,缺少能够优化服务机制的多元化、适应性、可弹性的协同决策机制。再次,图书馆协同服务程序不符合智慧服务的客观要求。由于图书馆信息资源协同服务在资源共享与知识挖掘方面的特殊要求,其服务响应势必会涉及图书馆多层级的服务流程。然而,在实际操作过程中,服务决策会受到主体主观意愿、服务能力和群体利益等多种因素的影响,造成信息链节点的流转不畅、决策响应效果受限等现实问题,不能满足智慧服务的客观要求。最后,图书馆缺乏对协同决策的系统认识和对决策模式与偏差的系统研究。图书馆在信息协同中面临的问题除了资金匮乏、人员素

---

① 马捷、张云开、蒲泓宇:《信息协同:内涵、概念与研究进展》,《情报理论与实践》2018 年第 11 期,第 12~19 页。

质参差不齐、经验与手段缺乏等，还有理念的落后与研究的滞后，很大一部分信息主体缺乏对协同决策的系统认知，少数核心个体及其团队成为协同决策的关键性因素，抑制了协同决策模式的推广。此外，目前关于利用协同学理论探究各图书馆的有效分工与协作、构建信息资源配置协同制度等方面的研究相对滞后，阻碍了信息协同决策的优化进程。

图书馆信息资源协同除了受上述多环节管理协同决策的影响，还受信息资源协同机制的缺位和其他非协同因素的干扰。在智慧社会的背景下，图书馆信息资源表现出海量、异构和动态性强的特点。在实际的信息流转过程中，跨馆或跨平台协作的现象已经比较普遍，但是，由于各馆的信息资源管理模式和服务方式各有特色，信息共享平台的标准和运行准则存在差异，图书馆信息资源协同机制相对缺位，导致信息的流转程序长、渠道少、损耗大、质量低等多种问题，不能满足快速响应异构信息、深入挖掘知识资源的协同决策需求。此外，信息主体的观念、能力和相关制度等其他非协同因素也是影响图书馆信息资源协同的重要因素。图书馆是一个工作性质相对常规化、固态化和模式化的组织体系，在协同管理模式下开展信息资源智慧服务，客观上要求信息服务主体具备较强的适应能力、协作能力和灵活应对突发事件的能力，也要求信息利用主体具有一定的沟通能力和创新能力。信息资源协同过程是一个博弈的过程，要求不同区域、不同类型、不同层次的图书馆克服狭隘的局部利益偏见，以社会和整体的公共利益价值为标准，突破传统思维，形成协同共识。当前，在各图书馆协同责任不明确、协同合作约束与激励机制尚不健全的情况下，图书馆的信息资源协同建设现状无法满足信息生态平衡的内在诉求，非协同因素成为影响信息生态稳定的又一因素。

三　图书馆信息资源复杂性呈指数级增长，智慧服务压力较大

社会信息化深入持续发展推动社会形态发生变化，智慧社会应运而生。智慧社会推动了智慧图书馆的发展，智慧图书馆要求对整个图书馆体系运行的核心进行监控和分析，充分整合互联网与物联网的信息，基于智能技术和智慧基础设施促进图书馆信息资源共享平台的协同运作，鼓励图书馆、社会机构和个人进行知识挖掘与创新应用，达到信息生态平衡的最佳状态。适应智慧社会的智慧图书馆要构建一站式的服务体制，

面向用户设计模块化的业务内容，以标准规范、法律法规、体制机制等为支撑，赋予图书馆以"智慧"的信息基础架构。为了使图书馆达到一个更高的智慧水平，信息技术渗透到图书馆业务的各个层面，帮助其处理各种各样的信息问题。从提高信息流转效率到帮助用户快速获得所需信息、减少信息损耗，信息技术的应用和数据挖掘的普及为图书馆信息资源共享带来的价值越来越大，并产生了新的海量数据。据国际数据公司（International Data Corporation，IDC）预测，到 2025 年，全球数据将增长到 2017 年的 10 倍以上，更重要的是数据的复杂性也将呈指数级增长。

不论是智能技术在图书馆领域应用的新进展，还是图书馆信息共享系统的新突破，智慧图书馆对实时、高效、完整、准确的知识整理与整合要求是前所未有的。实际上，流动于图书馆中的纷繁复杂的数据大多数情况下在信息环境中呈现沉寂和分散状态，要想将这些数据有序地组织起来，使之形成相对稳定的信息链路，由数据主权、隐私保护、数据安全和信息链规则带来的数据摩擦是不可避免的。在智慧图书馆时代，智慧服务为社会发展提供支持的重要体现并不在于对大量数据信息的搜集和掌握，而在于对这些海量数据进行专业化处理、挖掘，从中迅速提炼出有效信息，最大化发挥信息价值。从技术层面讲，这种对数据的处理和加工与云计算有着密不可分的关系。"大数据必须要依靠分布式结构进行大规模数据挖掘，这是不可能依靠单台计算机来完成的。所以，云计算的分布式处理、分布式数据库及存储、计算等诸多技术就会为大数据所用。"① 图书馆需要有专业人员在适当的时机对数据进行跟踪、加工和处理，对数据的无用价值和有用价值进行区分，这是一个具有一定难度的过程。

从当前图书馆信息资源建设的实际情况来看，相当一部分图书馆拥有大量的信息资源，但其只是对信息资源的搜集和简单堆积，这种现象通过各大图书馆网站可窥见一斑。大多数图书馆将所购买的数据库罗列于网站上的相关专题中供用户浏览使用，一些图书馆自建了特色数据库，但供用户所查询利用的也多为简单书目信息，且缺少对各种类型数字资

---

① 胡华成：《颠覆 HR："互联网+"时代的人才管理变革》，中国铁道出版社，2016，第86 页。

源的整合利用。这种现状阻碍了图书馆对信息资源的分析利用与深入挖掘，使信息资源的获取与利用效率低下，信息价值难以充分发挥。在这样的时代背景下，一些数据应用商意识到了上述问题，相继开发了辅助资源整合与知识挖掘的应用平台。图书馆领域存在一些拥有这样特征的知识服务平台，如超星发现系统利用数据仓储、资源整合、数据挖掘、知识分析、文献计量学模型等相关技术，解决复杂异构数据库群的集成整合问题，实现了高效、精准的跨库检索；维普知识资源系统以整合多种类型文献数据库为基础，通过标准的元数据整合规范和数据挖掘、大数据分析、文献计量、对象建模等技术，将各种类型数据资源的元数据进行重新清洗、补充与标引，实现分面聚类、引文追踪、知识关联图谱等服务；万方智搜整合中外文优质学术资源，集成期刊、学位、会议、报告、视频等多种资源类型，实现用户精准发现、获取与沉淀的智慧搜索。

随着大数据技术的发展，针对图书馆系统开发的知识服务平台层出不穷，它们各有优势、各具特色。这些知识服务平台虽然在跨库检索、海量存储等方面已经消除了技术壁垒，但是，各平台系统受元数据标准不统一、馆藏元数据不规范、底层链接不畅通、知识产权、经济利益、区域差异等限制，在内容获取和跨平台协作方面仍存在很大漏洞，资源建设大规模重复。这些问题使图书馆信息资源呈现简单堆积的状态，图书馆系统在宏观层面的资源整合理念下实质上是信息资源的分散状态，信息过剩致使分散在信息空间中的外围知识和重复知识与日俱增，信息资源的累积量越大，其复杂性越高，最终导致知识内容的大众化和浅层化，以及知识存储状态的无序化，无法满足用户进行深度学习、知识增值的需求，增加了图书馆智慧服务的压力。

四　图书馆信息污染问题依然存在，信息生态伦理意识需不断加强

随着智慧社会建设进程的推进，图书馆对网络空间的依赖与影响也越来越大，而网络信息资源一直以来存在的最大问题就是信息污染。图书情报领域定义的信息污染又称"情报污染"，是指无价值与错讹情报大量出现并危害科学研究工作的现象。由于文献类型的多样性和各学科的交叉渗透，重复刊载、内容雷同的论文增多，同时质量不高、内容不

可靠乃至错误的论文也混杂其中。据分析，在大量出版发行的文献中无用甚至有害的情报不少于50%，在个别科技领域甚至达到80%。"情报污染"比"情报爆炸"给科学技术的发展带来的困难更大，它使研究者以讹为真、迷失方向、延误时机，甚至会造成严重的后果。[1] 从当前图书馆的整体状况来看，图书馆在技术上的网络安全保护手段不完善，不能完全防范计算机病毒、黑客等的攻击和侵犯，信息资源管理存在漏洞，管理者缺乏安全意识、责任意识及业务能力，使图书馆信息资源被无用信息、虚假信息、失真信息、老化信息，甚至污秽信息所污染。目前，国内外已有多起大学图书馆及公共图书馆被黑客攻击导致信息污染的案例，影响比较大的如2008年温岭市图书馆网站一个月遭黑客攻击500次；2009年华北电力大学图书馆被称作iSKORPiTX的土耳其黑客攻击；2011年哈尔滨师范大学图书馆网站多次遭黑客攻击并篡改页面内容；2018年河南新乡市封丘县图书馆网站遭到黑客攻击，致使网页被篡改。

除了上述通过攻击图书馆网站篡改内容、发布不良信息或获取隐私数据而形成的信息污染，还有利用无用信息、虚假信息、重复信息、失真信息、老化信息、非法信息等造成的图书馆信息污染。网络的开放性随着信息技术的飞速发展而发生了翻天覆地的变化，开放的信息环境必然导致杂乱无章、冗余无序的信息充斥在网络上，从而使图书馆信息链流转的负荷加重，干扰用户对有用信息的辨析与获取。在复杂网络环境中，一些机构或个人出于不同的意图或需要制造出一些不真实的信息，甚至编造一些数据，并通过网络使这些虚假信息广泛传播，带来了信息的负效应。有些真实信息在传播过程中，因信息主体的主观因素或其他客观因素，产生了某种程度的失真，使信息转化为知识的内容实质发生偏离，知识增值受到影响。图书馆还充斥着一些失去时效的、老化的、价值低的信息资源，这些资源无法被深度挖掘再利用，长期滞留于网络空间中，影响着信息的流转速度，降低了信息的服务效率。还有一些潜藏于图书馆文献资源中的迷信信息、暴力信息等非法信息，如果不及时被发现并清除，会严重污染图书馆的信息生态环境，带来很多潜在的不安定因素。信息污染对图书馆信息生态发展的危害是显而易见的，不但

---

[1] 王绍平等编著《图书情报词典》，汉语大词典出版社，1990，第857~858页。

会造成无价值信息泛滥，带来信息获取、筛选和利用的困难，阻碍科学研究的进步和理论创新的推进，而且会导致人力与物力的无端损耗和浪费，造成信息空间的拥挤无序，降低信息资源的利用效率。

信息污染产生的最根本原因是人们意识观念的影响和认识规律的制约。信息泛指人类在认识和改造世界过程中所传播的一切内容，所以信息污染与人们的思想意识和认识规律有着密切联系。人们对于客观世界的认识是一个由现象到本质、由个别到一般、由片面到全面的过程，在认识的不同层次上对同一事物的理解和把握存在深浅及正误的差别。人们认识结果的差别造成了传递信息的差异性，使得信息资源必然受到行为主体认识水平和意识的影响而存在深浅、正误之别。特别是当前，学术成果要通过公开发表来获得社会认可，媒体和出版界的唯利是图更是导致剽窃、一稿多投等学术不规范现象，以及过分炒作、大量发行等媒体不良现象的发生，这些不良现象产生的不良信息充斥于图书馆，致使图书馆信息污染问题雪上加霜。随着信息化水平的不断提高，信息污染也更具复杂性和隐蔽性。因此，智慧时代依然存在的图书馆信息污染呼唤信息生态伦理意识。正如美国计算机科学家尼古拉·尼葛洛庞帝在《数字化生存》中所说："正因为数字化的本质，数字世界应该比模拟世界安全得多，但是前提是我们必须想把它变得安全，我们必须有意识地塑造一个安全的数字化环境。"[①] 生态伦理意识在保持图书馆信息生态网络整体性、结构性的动态平衡中是必需的。

第三节　智慧社会新要求与图书馆面临的新问题
对图书馆信息生态提出双重挑战

智慧社会数字化、网络化和智能化融合发展的新态势驱动图书馆主动参与社会的信息化发展、数字化转型、网络化重构和智能化升级，对图书馆信息生态系统的创新发展提出了阶段性要求，从信息公平视角对图书馆智慧服务保障体系提出了更高要求，也对图书馆信息生态环境智

---

① 〔美〕尼古拉·尼葛洛庞帝：《数字化生存》，胡泳、范海燕译，海南出版社，1997，第 275 页。

能化升级提出了具体要求。与此同时，图书馆面临对人们复杂信息行为的分析和对海量数据的搜集、处理与保存，信息不对称现象日益突出、信息资源协同干扰因素较多、信息资源复杂性呈指数级增长，且信息污染问题依然存在，导致图书馆信息公平难以实现、信息生态稳定难以保障、智慧服务压力较大，图书馆信息生态在智慧社会建设背景下呈现新老问题相互交织的严峻形势。在社会发展中产生的上述新要求与新问题对图书馆信息生态提出双重挑战，智慧社会的发展与图书馆信息生态相互影响、相互促进，有着密不可分的逻辑关联。智慧社会的支撑体系和核心问题从不同维度驱动图书馆信息生态重构。

一　智慧社会的数据新政与图书馆智慧服务支撑体系具有内在关联性

人机结合的互联网模式颠覆了图书馆的文献服务模式，带来了更广泛的读者参与和更快速的知识更新，让知识增值的演变速度越来越快。在庞大的数字洪流中，图书馆不再局限于对文献信息资源的搜集、整理、转化和应用，还拓展为对读者信息行为的关注与分析，以寻求一种科学的方法测量用户在图书馆知识服务网络中的思想交流和变化，并形成有效的对现实情境中社会学习模式的激励，构建更加灵活、富有创造力、高效的图书馆信息生态系统。

阿莱克斯·彭特兰在《智慧社会：大数据与社会物理学》一书中对"使用社会网络获取想法和信息"这一观点进行了阐述："社会学习是关键：仿效他人的成功与个体学习相结合，要比仅依靠个体学习好得多。……多样性是重要的：当每个人都选择相同的方向时，你的信息和想法来源极有可能不够多样化，这时你应该做进一步的探索。……特立独行者是重要的：当人们的行为与他们的社会学习无关时，他们很有可能拥有独立的信息并充分信任这一信息以抗拒社会影响效应。"[①]　在智慧社会的图书馆信息网络中，信息交流与学习、激励与促进、协同与创新是实现知识增值的最大动力。图书馆信息管理系统在仔细分析用户的信息获取渠道、信息偏好、信息关联等数据的前提下，不断汇聚用户共享

---

① 〔美〕阿莱克斯·彭特兰：《智慧社会：大数据与社会物理学》，汪小帆、汪容译，浙江人民出版社，2015，第37页。

学习和群体智慧。用户在图书馆信息网络中的信息活动是高层次和有意识的，很多信息行为本身是高度熟练和具有自觉性的，这些信息活动主要依靠用户自身的信息利用经验和对其他用户的信息行为观察的关联来驱动其信息习惯或直觉。当这种信息行为转化为自动模式时，以图书馆为支点的外部环境所驱动的群体智慧优势就能最大限度地显现出来。

以智慧社会为基础的图书馆与用户之间的互动模式是支配、汇聚、参与、互助等信息行为协同作用的互动模式。图书馆既为群体成员提供了所需的知识资源，又为具有知识需求的群体成员提供了信息交流与知识共享的场所，群体成员通过图书馆这个中转站交流大量多样性的知识资源，借助密集的互动凝聚集体智慧，最终转换为社会智能。社会物理学认为，人们之间直接的、强烈的、积极的互动对于促进合作行为、推动新想法的产生至关重要，而动员社会成员中的每一个人都进行合作的方法是使用社会网络激励，关注改变他们之间连接的方法和措施，从而增加合作行为的价值。图书馆作为社会网络中信息交流的重要渠道，其服务模式的与时俱进能够加速这一过程，使信息交流行为中的合作与激励效应更加显著。这种服务模式的变革是由智慧社会的发展要求所驱动的，因此图书馆智慧服务支撑体系必然包括信息感知模块、数据统计模块、信息行为分析模块和应用反馈模块四方面内容。信息感知模块是信息需求相关数据收集的核心，利用智慧计算方法或知识图谱了解用户的信息需求特征、信息接近度网络和互动模式；数据统计模块对用户的自我感知、要求、关系、团队隶属和互动以及信息行为习惯等方面的数据进行规则性管理；信息行为分析模块对相关的信息要求和信息行为进行定性与定量分析，描述其规律，展示所呈现的信息特征；应用反馈模块则是应用基于数据分析所得出的信息服务策略，并对服务效果进行阶段性反馈，通过不断调整具体措施来优化完善智慧服务策略。可见，图书馆智慧服务支撑体系的核心是通过大数据和智能技术近乎实时地监测服务策略的运行，试图通过提高透明度帮助图书馆更有针对性地控制服务策略的调整和修正。

智慧社会在某种程度上可以看作数据驱动的社会形态，必须建立更有力和精细的数据新政才能保证图书馆智慧服务的支撑数据既易于获得，又能被有效保护，使数据在共享时的价值更大。在宏观角度上，数据新政的核心是必须能够同时提供监管标准和经济激励以引导数据所有者共享数据，并同时服务于个体和整个社会的利益。① 本书所涉及的数据新政特指既便于用户获取信息，又能有效保障个人数据价值，实现更大知识增值的措施。数据新政强调的不仅是对数据的利用，还有对数据的控制，以保证数据的公平性，并使可用数据不因这种合理性控制而降低其使用价值和利用率。数据新政驱动的智慧图书馆发展趋势可以凝练为融合、开放、智能与敏捷，与此同时，这些趋势也给图书馆智慧服务带来了新的变化和要求。首先，融合的趋势不局限于信息技术本身，逐步趋向于服务产业和服务体系的融合；其次，开放是智慧服务体系整体进步的基础，是用户感知与激励互助的支撑；再次，智能是智慧社会与智慧服务的联结纽带，使用户获取信息的形式与过程更加具有现实基础；最后，敏捷使图书馆能够适应智慧社会飞速变化的时代要求，从而以更敏捷的方式提供知识服务，为智慧服务支撑体系提供强大的源动力。融合、开放、智能与敏捷形成了驱动图书馆智慧服务体系焕然一新的四个基本元素。

二　智慧社会的基础与必然呼唤图书馆信息生态的优化

智慧社会追求的是对开放流动的大数据进行有效管理、控制与应用。在社会层面上，综合协调人、地、事、物和组织等各种要素，在信息层面上，协同整合信息主体、信息本体、信息环境、信息介体和信息链体等各信息要素，旨在形成信息公平、权利对等的社会结构，推动分布式、集约化、智能化、全响应的创新型社会管理模式的构建。在以大数据为主要标志的智慧社会背景下，信息作为核心资源，是提高社会经济竞争能力、科学能力和教育能力的决定要素，也是标志一个国家综合国力的重要因素。图书馆作为社会系统中的知识文化信息中心，是信息社会复杂网络的主要成员之一，也是信息交流的骨干节点，图书馆所提供的深层次、多载体、多样化的信息服务和所发挥的综合优势是其他社会组织或部门无法比拟的。

---

① 〔美〕阿莱克斯·彭特兰：《智慧社会：大数据与社会物理学》，汪小帆、汪容译，浙江人民出版社，2015，第173页。

　　智慧社会借助新一代信息技术对虚实互动的社会空间进行管理，在信息交流层面上实现从数据、信息、知识到智慧的转变。"互联网+"产业不断升级，人们通过各种移动终端设备及可穿戴式设备成为信息行为的传感器，为社会发展提供了大量的交互数据，产生了大规模、多样性、开放性和流动性的信息资源，在对信息的有效管理与利用过程中，推动了图书馆主动参与、协同作用、以服务为导向的构建理念的优化及升级。可见，智慧社会在数据采集与解析、信息处理与预测、知识拓展与深化等方面都发生了巨大变化。然而，在大数据的处理过程中，信息量大却缺乏针对性、信息组织强度高却杂乱无序、信息趋于协同却联系微弱、信息流转速度快却隐藏大量有效信息、新技术日新月异却带来信息噪声困扰等问题对图书馆信息生态的影响重大而深远。与此同时，人们对信息行为的分析和挖掘逐渐深入，使得信息领域中的"长尾效应"成为常态，由此导致信息服务范围、资源分配效率等面临严峻挑战。

　　智慧社会管理的最大变革就是利用大数据解析的思路挖掘信息资源，突破物理世界资源有限的概念，构建人、需求、行为有效关联的虚实互动的知识社会系统，通过互动演化、反馈调节为社会系统的管理和控制提供决策依据和智力支持。图书馆在这样的环境中，同样面临对人与信息行为交互作用的虚拟世界的信息流动过程及其决策分析进行建模的挑战，以期有效地预测信息运行规律，引导信息行为模式，影响信息生态状况。图书馆对用户信息行为的主动感知、科学分析、积极响应及引导决策是适应智慧社会智能管理和知识自动化的基础，也是全面解析、反馈智慧社会泛在信息需求的必然趋势。"智慧社会将极大地推动传统的中央集权、信息非对称、交互不对等的社会管理结构向权利平等、信息对称、位置对等的创新社会管理结构的转变。"① 智慧社会的基础是基于社会行为的数据搜集与建模，驱动图书馆信息生态环境处于开放、互动、智慧的新常态，要求图书馆信息生态主客体因子、信息生态环境因子、信息生态技术因子等围绕用户的信息行为进行信息生态系统的优化与重构；智慧社会的必然趋势是基于知识的智能推荐与基于决策的智慧服

---

① 王飞跃、王晓、袁勇、王涛、林懿伦：《社会计算与计算社会：智慧社会的基础与必然》，《科学通报》2015 年第 Z1 期，第 460~469 页。

务，要求图书馆对信息、人和信息环境进行综合性的重新定位，使信息流在新的信息生态链中有秩序、有规律地流动，实现知识共享和创新增值，改善图书馆与用户互动关联的知识服务模式。

综上所述，智慧社会管理借助信息技术手段，对虚实互动的复杂社会空间中信息主体的信息行为进行大数据统计与分析，为图书馆提供一个描述及管理用户信息需求的接口。同时，图书馆综合已有信息资源和用户信息行为数据进行协同分析，通过社会共享平台及智慧服务功能将分析结果反馈给社会系统，实现对社会系统中人、物、信息、环境的动态建模、知识决策和智能管理，增强图书馆信息服务对社会信息需求的主动感知与自适应调整能力。在移动互联网、物联网等新一代信息技术的支撑下，人们的信息行为显性或隐性地表述着社会结构和管理模式的变化，大规模、多样性的数据充斥于图书馆信息生态系统中，使图书馆信息链触发节点的开放性和动态性增强，对图书馆信息生态系统整体的稳定性要求提高。因此，智慧社会的发展必然要求图书馆信息生态整体功能优化。

三 智慧社会支撑体系与核心问题驱动图书馆信息生态向多维化综合协同发展

党的十九大报告提出"建设智慧社会"，为科学判断信息社会发展趋势做出战略部署。智慧社会管理针对虚实互动的复杂社会空间，借助互联网、物联网及移动互联网等技术，基于大数据分析的手段，为社会成员提供一个反馈、描绘及管理社会问题的接口，有利于构建信息对等、权利平等、扁平化组织的社会结构，有利于实现创新民主化、管理民主化、引导民主化的众包式的管理。[①] 移动互联网、物联网、大数据、云计算和人工智能是建设智慧社会的基础技术支撑，与智能化基础设施体系、互联互通的共享平台和智慧化社会管理及服务体系共同构成了智慧社会的支撑体系。实现智慧社会目标的核心技术是知识自动化，以新一代人工智能为核心的智能化技术和大数据技术产业的创新发展为知识自

① 王飞跃、王晓、袁勇、王涛、林懿伦：《社会计算与计算社会：智慧社会的基础与必然》，《科学通报》2015 年第 Z1 期，第 460~469 页。

动化带来了新的机遇，加速了知识自动化的融合创新与聚变发展。2019年5月26日，中国国际大数据产业博览会在贵州省贵阳市开幕，习近平主席在贺信中指出，"当前，以互联网、大数据、人工智能为代表的新一代信息技术蓬勃发展，对各国经济发展、社会进步、人民生活带来重大而深远的影响。各国需要加强合作，深化交流，共同把握好数字化、网络化、智能化发展机遇，处理好大数据发展在法律、安全、政府治理等方面的挑战"。[①] 因此，未来要通过不断探索新技术、新业态、新模式，探寻智慧社会建设新的增长动能和发展路径。

在我国网络购物、移动支付、共享经济等数字经济新业态新模式蓬勃发展的时代背景下，各行业都在努力构建高速、移动、安全、泛在的新一代信息基础设施，统筹规划社会数据资源，完善基础信息资源和重要领域信息资源建设，致力于形成万物互联、人机交互、天地一体的网络空间。图书馆信息资源共享、移动服务、虚拟空间紧密围绕大数据价值链和生态系统，以数据整合、集中、共享为途径，挖掘用户信息行为数据，发挥其基础资源作用和创新引擎作用，推动图书馆与社会其他产业的技术融合、业务融合、数据融合，接入覆盖全社会的数据共享大平台，构建图书馆信息资源社会共享体系，实现跨地区、跨系统、跨部门的协同管理与智慧服务。这就要求图书馆信息生态系统提高综合分析风险因素的意识，提高对图书馆系统融入社会大系统的风险因素的感知、预测、评估和防范能力。在图书馆系统与公共服务领域的协同合作中，实现智慧服务的均等化、普惠化、便捷化成为图书馆信息生态建设面临的重大挑战。大数据导致的规模巨大、类型多样的数据资源积累形成海量数据，信息进化产生的大数据资源在体现巨大潜力的同时不断衍生新的信息爆炸、信息污染、信息失衡等信息生态问题。

智慧社会的支撑体系拓展了信息生产、利用、创新的范围和形式。随着智慧社会建设的深入推进，互联网用户激增，图书馆开启了与社会网络信息平台的对接服务，信息的获取方式和分析方式发生变革，信息提炼为知识的方式和知识的表达形式更加丰富，图书馆的移动服务、虚

---

① 《习近平向2019中国国际大数据产业博览会致贺信》，央视新闻网，2019年5月26日，http://news.cctv.com/2019/05/26/ARTIFjqrMr6hW5bJFaAANX0d190526.shtml。

拟空间、互动网络呈现多样化特点。智慧社会支撑体系作用下的智能挖掘、协同创造、虚拟服务等应用模式拓宽了图书馆的信息服务领域，图书馆信息资源呈现泛在互联性、交互协同性、智能虚拟化和极端数据化等全新特征，这些新特征是智慧社会基础技术支撑体系与社会产业相互融合、螺旋式演化发展到更高阶段的必然结果，也是图书馆信息生态演变和进化的主要驱动因素。在数据—信息—知识—智慧的转化过程中，图书馆的信息组织形式和组织结构不断优化，驱动知识产生与知识增值，推动知识服务向智慧服务升级。图书馆的智慧服务体系是对用户的信息利用方式、价值理念和服务感受的重塑，是综合协调信息主体、信息本体、信息技术、信息制度、信息组织形式等各种要素，实现智能化管理、个性化服务、多元化参与，以及知识自动化的信息生态系统管理形态。

智慧社会的支撑体系和核心问题驱动的图书馆信息生态系统借助移动互联网、物联网、大数据、云计算和人工智能等技术手段全面感知用户的信息行为特征，凝聚区域图书馆和图书馆联盟组织的综合力量，融合集成特色资源，科学管理信息生态链流转过程。智慧社会建设理念下重构的图书馆信息生态本质上是信息向知识再向智慧的飞跃，是分散向集约的提升，是自动化向智能化的拓展，是被动获取向主动响应的升华。在新一代智能技术的支撑下，移动终端设备、移动端 App、虚拟设备及可穿戴式设备越发普及，人们的信息行为成为灵敏的社会活动传感器，实时提供大量的时间数据、空间数据、信息需求数据和信息行为数据，描绘着其信息行为轨迹。虽然信息的采集、解析、预测在广度、深度和规模上都较之前有很大进步，但信息交互的复杂性也随之提高，信息量巨大且组织杂乱导致一些有效信息隐藏于数据噪声之中。因此，适应智慧社会的图书馆信息生态系统，以社会需求为导向，以图书馆信息资源和虚拟空间为中心，以智能技术和大数据分析为核心，针对虚实互动的复杂社会空间，为智慧服务提供交互、描绘、管理信息资源的接口，要求构建信息对等、权利平等、系统平衡的信息生态环境，同时要求图书馆信息生态向区域一体化、交互协同化和智能创新化方向协同发展。

四　智慧社会的可持续发展对图书馆信息公平的要求更加迫切

2018 年 4 月 22 日，由工业和信息化部、国家互联网信息办公室、国家发展和改革委员会、福建省人民政府主办的"中国智慧社会发展与展望论坛"在"首届数字中国建设峰会"期间开幕。论坛研判了我国智慧社会发展的内在规律和时代特征，首次明确了智慧社会的定义：智慧社会是继农业社会、工业社会、信息社会之后一种更为高级的社会形态。数字化、网络化、智能化的新一轮科技与产业革命蓬勃兴起是推动智慧社会产生的根本动力，智能成为企业、行业、地区乃至国家核心竞争力的关键构成要素是智慧社会到来的重要特征。[①] 智慧社会的社会关系打破了空间和时间的限制，国家和地区的核心竞争力向信息空间持续延伸，分析和运用数据成为新型的生产方式，在着力打造信息资源集约布局、互联互通的社会共享数据平台进程中，信息安全与信息公平面临的挑战更加严峻。在智慧社会发展的新形势下，图书馆面临的信息生态问题，无论是在事实层面上还是在价值层面上都发生了显著变化，有效应对信息公平问题有助于全面推动社会体系的智慧化发展。

智慧社会要满足可持续发展的需要，其标志性技术就要向智能化演进，这种技术基础更容易产生信息生态问题。一方面，信息的生产和传播变得非常容易，信息不受时间和地点的限制不断地被创造出来；另一方面，不断产生的信息以更快的速度参与到信息生态系统中进行流转，信息爆炸与信息过度利用问题更加突出。智慧社会对信息技术和信息产品的依赖使人们在信息交流与信息共享的机会上产生不公平的问题。随着大众传媒信息的社会功能增强，信息对社会体系运行的影响越来越大，社会组织中具有较高社会经济地位的群体会接收更多信息，产生信息富区、信息富地和信息富人。正如韦尔伯·施拉姆在《大众传播媒介与社会发展》一书中所指出的，"信息不仅在国家间流动失衡，在国家内的流动也很不平衡，信息水平总是随着与城市距离的增加而迅速下降，大城市比农村地区更容易得到信息。大报、图书馆、杂志摊、大学、专家

---

① 《中国智慧社会发展与展望论坛在"首届数字中国建设峰会"期间胜利召开》，《电子世界》2018 年第 9 期，第 2 页。

和学者、演讲、会议、俱乐部、美术馆、成人教育与夜校——这些都很容易在伦敦、巴黎或莫斯科找到,但在200英里之外的山村中却并不是那样唾手可得。这种差距在发达国家要小一些,在不发达国家则非常明显"。① 智慧社会的构建目标与体系结构在一定程度上能够缩小区域间的信息传播与利用差距,互联网的普及与发展也在现实生活中为缩小信息差距提供技术基础,但是,在社会发展进程中,由于信息服务主体传播、分配信息资源的方式和结果具有多样性,信息利用主体所具备的智力、教育、技术等掌握信息的先决条件具有差异,人们获得信息的机会不平等。

党的十八大提出:"逐步建立以权利公平、机会公平、规则公平为主要内容的社会公平保障体系,努力营造公平的社会环境,保证人民平等参与、平等发展权利。"② 公平反映的是人们对物质、文化、制度等资源配置的合理性要求,其基于个体发展需求形成了多维度的社会范畴。党的十九大针对基本实现社会主义现代化的重要依据,提出"人民平等参与、平等发展权利得到充分保障"③。在中国特色社会主义新时代,社会信息公平在社会公平保障体系中的重要性愈加凸显。随着移动互联网和人工智能技术对生产生活的影响越来越大,人们对信息获取和利用情况判断的价值尺度及评价标准发生变化,个体平等获得有价值的信息的机会成为评判社会信息公平保障体系的重要尺度。与此同时,我国仍面临贫困地区和贫困人口的问题,城乡区域发展存在差距,基本公共服务体系发展不均衡,信息服务行业的不均衡尤为明显。从触及本质的视角来看,图书馆信息生态与社会发展的关联性体现为,图书馆信息生态系统的运行有利于社会系统内部的信息交流所产生的知识传播,以及这种信息流动有助于提升知识团体、知识组织甚至整个社会的知识创新能力。图书馆信息公平利用的社会意义,是保障智慧社会中的社会信息公平和公民信息权利。

---

① 〔美〕韦尔伯·施拉姆:《大众传播媒介与社会发展》,金燕宁、蒋千红、朱剑红译,华夏出版社,1990,第71~74页。

② 胡锦涛:《坚定不移沿着中国特色社会主义道路前进 为全面建成小康社会而奋斗——在中国共产党第十八次全国代表大会上的报告》,人民出版社,2012,第14~15页。

③ 习近平:《决胜全面建成小康社会 夺取新时代中国特色社会主义伟大胜利——在中国共产党第十九次全国代表大会上的报告》,人民出版社,2017,第28页。

图书馆在社会信息公平保障体系中能够发挥重要作用。在信息流通环节中，智慧服务可以通过对用户信息行为的分析挖掘潜在的信息需求，主动为用户提供可自由选择的信息资源。此外，图书馆的信息环境、基础设施和服务政策也对信息的公平利用有一定影响。图书馆提供的文献资源、信息资源、信息分析服务、定题服务、阅览空间和能够获取并利用信息的一些设施设备都是无偿的，从社会意义来讲，图书馆的无偿服务消除了用户进入图书馆的身份限制，为信息弱势群体提供了相对公平的获取信息的机会，在一定程度上实现了保障社会信息公平的目的，能够增加公众真正参与社会管理与改革发展的可能性。信息公平制度的完善也有利于智慧社会民主制度的健全。图书馆在保障社会信息公平方面的价值在智慧社会建设的视野下表现得更加突出。在信息资源建设与服务方面，智慧图书馆所追求的知识共享性、服务高效性、使用便利性使信息资源在最大程度上被有效利用，在资源与服务方面更倾向于大众化，推动社会形成知识网格的信息共享机制，并通过高级的图书馆虚拟化社区推动信息的有效联结与交流，保障信息的公平利用。

五 图书馆信息生态因子协调优化是推动信息成为社会发展战略资源的重要依托

图书馆是整个社会系统中的一个子系统，为公众提供文献资料和信息资源。"图书馆不是自然界给予人类的恩赐，它是在人类社会形成以后，人们在实践活动中，由于共同的需要而创造出来的。这种创造是一种综合作用的结果，它既需要人们主观上的需求，也需要客观提供的物质条件。所以说，图书馆一诞生就带有人类社会的胎记。"[①] 可见，图书馆随着社会的发展变革而发生与之相适应的变化，图书馆的本质属性、管理模式、服务能力等方面的演化也影响并制约着社会系统的发展。图书馆信息生态的主要构成因子包括信息主体、信息本体、信息环体、信息介体、信息链体和信息控体等，信息生态的构成因子及各因子的相互作用关系决定着整个图书馆信息生态系统的平衡稳定状态，这种平衡稳

---

① 马家伟、杨晓莉、姜洋主编《图书馆与图书馆学概论》，吉林科学技术出版社，2016，第 66 页。

定状态的核心是社会信息行为和信息链流转的融合，信息资源与社会物质、能量资源不断协同，智慧社会的经济和社会信息活动将以信息生态空间为依托。

图书馆的信息主体是指图书馆系统中负责收集、处理、传递、利用信息的自然主体，包括信息服务主体和信息利用主体。信息服务主体是图书馆信息生态构成主体因素中的信息行为施动方，是图书馆系统中信息加工、传递、交流活动的组织者和实践者。作为信息服务主体的个体或机构通过对用户信息行为的分析获得信息需求数据，为用户提供信息挖掘与知识服务。信息利用主体是图书馆信息生态构成主体因素中的信息行为被动方，是复杂社会系统中的复合信息资源的需求者和使用者。作为信息利用主体的个人或组织向图书馆提出信息需求，成为信息链流转的主要驱动力量。信息服务主体是智慧社会大数据分析的主要参与主体，发挥着引导功能和主体作用。这种引导功能使信息活动成为推动生产关系和社会发展的强大动力，提高了图书馆的信息决策能力；这种主体作用能够有意识地、主动地进行信息选择、加工与传递，是驱动社会信息活动的主观因素。信息利用主体并非仅仅是信息的接收者，他们也具有主体意识，会按照自己的需要和习惯挑选使用特定的信息内容，并对信息做出积极响应和反馈，以此实现信息在流转过程中的增值。因此，信息利用主体也是智慧社会数据挖掘的推动力量。无论是信息服务主体，还是信息利用主体，信息主体的信息交互能力及水平，影响着对客观世界的感知能力，制约着人们对有用信息的价值提取能力，决定着智慧社会的信息流转速度和流转效率。

图书馆的信息本体是相对于信息主体而言的概念，是信息主体获取、选择、管理、传递并利用的信息对象，主要分为信息服务本体和信息利用本体。信息服务本体是信息服务主体基于用户需求选择并提供的信息资源；而信息利用本体则是信息利用主体的个性化信息需求及深度加工的信息资源。智慧社会的信息本体具有大数据的基本特征。《大数据与智慧社会：数据驱动变革、构建未来世界》一书将大数据定义为 5V 特征和十字特征。5V 即数量（Volume）、多样性（Variety）、速度（Velocity）、价值（Value）和真实性（Veracity），用来刻画大数据的规模庞大、形态多样、高速动态流转、价值巨大但价值密度低，且能够真实客观地还原事物情态和预测发展规律的数据表现形式；十字即"大""杂""全""多""快""久""活""简""稀""联"，用来概括描述大数据从产生、存储、处理到应用这一全生命周期内区别于传统数据的特征。① 图书馆的信息本体需要与智慧社会大数据特征相适应的全新思维方式、基础设施和分析体系，形成相对复杂的数据生态系统。数据形式、数据构成和数据增值对社会治理、社会发展和社会组织之间的博弈方式有系统性影响。

图书馆的信息介体特指保障信息活动和信息生态链流转的信息技术媒介，用于开发、传递、管理并利用信息资源的技术方法、手段和设备都可以归为信息介体。图书馆信息介体既包括在图书馆系统中流动信息的生产、收集、表示、处理和存储等方面的技术，又包含图书馆系统与社会系统间信息的识别、提取、控制、传递、变化、增值和利用等方面的技术。"人类社会存在和发展的需要推动了信息技术的发展，信息技术的发展又提高了人们彼此的联系、交往能力，提高了对社会进行自组织的能力、自控制的能力、自调节的能力，推动了社会和经济的发展。"② 信息技术促进自然智能加速转化为人类智能，其应用渗透到社会发展的各个领域和各个层次，提高了人们在社会活动中获取、利用和管理信息资源的能力，同时促进了各领域信息生态系统的改善。

图书馆的信息环体是指信息生长、传播、利用等环节有序进行的信息环境，包括信息制度、法律法规、管理模式、运行机制等内容。信息主体和本体在信息环体中有效沟通，信息流转机制、信息服务模式、信息管理方式和信息活动过程在信息环体中良性运行。随着智慧社会信息化、智能化程度的不断提高，信息环体在社会系统中的作用逐渐凸显。当前，全球信息资源的分布与流通存在不均衡，不同国家之间、同一国家不同区域之间的信息差距仍然存在，发展中国家与发达国家的矛盾在信息交流中激化，信息摩擦时有发生。在这样的社会信息形势下，建立公正、均衡的信息交流新秩序是智慧社会信息环境管理的重要保障与最佳策略。

---

① 张克平、陈曙东主编《大数据与智慧社会：数据驱动变革、构建未来世界》，人民邮电出版社，2017，第3~6页。

② 靖继鹏、张向先主编《信息生态理论与应用》，科学出版社，2017，第24页。

在图书馆信息生态系统中，信息在图书馆内部以及图书馆之间通过加工、传递、利用等一系列活动进行流动，信息主体利用信息介体在信息环境中对信息本体加以干预，信息在图书馆系统中流转形成链式依存关系，不同信息节点的信息流转关系构成交叉纵横的信息链生态网。信息链生态网上各节点的动态适应性和协调发展能力会导致信息流转状态的改变，对社会环境中的信息传递与扩散产生影响。信息链流转中的信息创新和信息价值发挥将帮助信息适应智慧社会发展变化的要求，推动社会信息共享与高效流转。

综上，图书馆信息生态的构成因子不是孤立存在的，它们相互影响、相互促进、相辅相成，共同作用于社会系统的信息单元。信息主体是社会信息发现与传播的主体力量，也是信息创新与增值的主导因素；信息本体是社会发展所依赖信息的基本单元，也是图书馆与社会系统的联结纽带；信息介体是信息资源参与社会发展的手段与方式，决定智慧社会发展的进程；信息环体是信息资源生存发展的保障，驱动形成公平、健康、有序的信息生态环境；信息链流转产生信息能量的流动，推动社会知识能力的创新；信息控体在道德规范和精神活动等伦理层面和价值观层面调控图书馆信息生态系统的运行。图书馆信息生态的主要构成因子在各自发挥最大优势和作用的基础上，有机结合、彼此协调，既体现出了智慧社会对信息生态的发展要求和时代特征，又成为社会系统进行信息决策与信息利用的重要依托。

第四节　本章小结

智慧社会发展的新态势驱动图书馆主动参与社会的信息化发展、数字化转型、网络化重构和智能化升级，从信息公平视角对图书馆智慧服务保障体系提出了更高要求，也对图书馆信息生态环境智能化升级提出了具体要求。与此同时，图书馆信息不对称现象日益突出，信息资源协同干扰因素增多，导致图书馆信息公平难以实现，智慧服务压力较大。在智慧社会发展中产生的新要求与新问题对图书馆信息生态提出双重挑战，智慧社会建设与图书馆信息生态相互影响、相互促进，有着密不可分的逻辑关联。智慧社会的数据新政与图书馆智慧服务支撑体系具有内在关联性；智慧社会的基础与必然呼唤图书馆信息生态的优化；智慧社会支撑体系与核心问题驱动图书馆信息生态向多维化综合协同发展；智慧社会的可持续发展对图书馆信息公平的要求更加迫切。此外，图书馆信息生态因子协调优化是推动信息成为社会发展战略资源的重要依托。

第四章 智慧社会驱动的图书馆信息 生态内容框架体系重构

我国社会的发展格局已经由信息社会迈向智慧社会。2018年12月2日，《人民日报》整版探讨了如何建设智慧社会。智慧社会应该是信息网络泛在化、规划管理信息化、基础设施智能化、公共服务普惠化、社会治理精细化、产业发展数字化、政府决策科学化的社会。[①] 在构成智慧社会的各种智慧系统中，图书馆以信息存储中心、信息传播中心、信息整合与共享中心，以及知识发现中心等角色参与社会信息活动。在可以预见的未来，图书馆将存在大量数据和智能体，数据质量与数据管控、数据开放共享与数据安全、人与智能体、智能体与智能体之间的关系将更加复杂。可见，智慧社会对图书馆信息生态提出了新的发展要求，而图书馆信息生态在智慧社会背景下也面临很多新的问题，这些新要求和新问题对图书馆信息生态提出双重挑战，从基本要素和动态要素两方面驱动图书馆信息生态内容框架体系重构。

第一节 图书馆信息生态基本要素的重构

图书馆信息生态的基本要素是表征图书馆信息生态构成因子的必要因素，是组成图书馆信息生态系统的基本单元，也是实现信息合理流转、保持信息生态平衡必不可少的条件。从智慧社会对图书馆信息生态发展提出的新要求来看，图书馆信息生态的基本要素包括信息主体、信息本体、信息环体、信息介体、信息链体和信息控体等六方面内容。这些基本要素不是孤立存在的，它们相互联系、相互影响，构成图书馆信息生态的基本内容框架体系。

---

① 单志广：《智慧社会的美好愿景》，《人民日报》2018年12月2日，第7版。

一　图书馆信息生态主体

通常意义上，"主体"是指事物的主要部分。在哲学角度上，"主体"是相对"客体"而言的，指对客体有认识和实践能力的人。图书馆学中的"主体"借鉴哲学视角下的主体概念，是指对文献或信息资源有认识和实践能力的人。"信息主体"指的是对人类社会活动中所产生和传播的一切数据进行加工处理的人，反映了对客观世界中各种事物的相互联系和运动状态及规律的认识，信息主体实践了数据经过加工处理后形成有逻辑的、对决策有价值的信息的过程。"图书馆信息主体"特指在图书馆信息资源建设与管理活动中参与信息活动的人的总称。"图书馆信息生态主体"是自然生态概念引入图书馆信息领域后产生的，指在研究图书馆信息构建、信息组织和信息系统论等问题时，参与信息行为的图书馆信息主体。在生态学、信息学与图书馆学相融合的观点和理论视角下，研究图书馆信息生态相关问题时，图书馆信息生态主体简而言之是指识别、筛选、处理、传递或利用图书馆信息资源的自然主体，亦可简称为"信息主体"。

信息主体可以分为信息服务主体和信息利用主体。

信息服务主体是信息传递活动的组织者和实施者，是指根据个人、组织或社会的信息需求进行信息采集、处理、加工、传递并提供信息服务的个体或机构。随着信息社会的发展进步，信息服务主体参与对信息的归纳、演绎、比较、分析、挖掘等过程，沉淀出有价值的信息，并与人类知识体系相结合，形成了知识。在这个过程中，信息服务主体演变为知识服务主体。在现代网络环境中，信息服务主体涵盖的范围比较广泛，它不仅包括传统的信息服务人员、组织机构和联盟团体等现实主体，还包含可进行知识挖掘和智能获取的信息共享平台及知识服务系统等虚拟主体。

信息利用主体是信息传递活动的驱动者和受益者，也是现代网络环境下复合信息资源的需求者和使用者，是指在将信息融入社会管理活动、为预测和决策活动提供依据的过程中，实现信息使用价值的个体、组织、机构及社会活动。信息利用主体推动信息与社会其他要素相结合，提高了信息本身的使用价值。信息在被主体利用的过程中，并非单纯的消耗，而是可以通过在信息利用主体间的传播不断增值，产生新的信息，生成更大的信息价值。从社会系统的角度来看，信息利用主体不应局限于具有信息需求并利用信息的人和团体组织，也应包含信息驱动的社会管理活动、经济活动等社会活动。

信息服务主体和信息利用主体具有逻辑关联性，二者相互影响、相互制约，在一定条件下又相互转化。信息服务主体为信息利用主体挖掘、提炼并传递所需信息，其信息处理能力决定了所传递信息的质量和传递效率，制约着信息利用主体对信息的接收与利用；信息利用主体向信息服务主体提出信息需求，为信息服务主体的信息活动提供依据，其信息需求内容和形式决定了信息服务主体的信息活动方式，影响着信息服务主体的全部信息行为。

从信息价值实现的角度看，信息服务主体和信息利用主体既有相一致的一面，也有相冲突的一面。信息服务主体是对信息的归纳、演绎、挖掘与传播，实现信息流动与价值增值；信息利用主体是对信息的有效利用与价值转化，这个过程也实现了信息的增值。可见，从信息在传播、流转过程中实现增值的角度来看，信息服务主体与信息利用主体的目标是一致的。信息服务主体是信息的生产者，对信息的筛选和加工具有控制的机会与权力，无法避免主观性和片面性的存在；信息利用主体是信息的消费者，他们在利用信息的过程中要求摒除主观因素与控制因素等其他不利因素的干扰，希望最大限度地获得客观、科学、实效的信息。因此，从主体的利益相关性来看，信息服务主体和信息利用主体也有利益相冲突的一面，需要通过主体间的沟通达成信息共识，明确信息服务方与信息利用方的职责、权利和义务。信息服务主体要实时关注信息利用主体的信息需求变化，根据变化调整信息生产各环节的策略；信息利用主体也要及时反馈所获得信息的价值实现情况，推动信息流转总过程的优化。这样，信息服务主体和信息利用主体就形成了合作关系，促进了信息的有效选择、合理流动与及时反馈。

二　图书馆信息生态本体

"本体"是一个哲学的基本概念，经历由实入虚、由外入内的发展历程而产生。《中国哲学大辞典》将本体定义为"本然的状况或性质"①和"宇宙万物的最终本原或存在依据"②，其指的就是世界万物的本原、本性，描述了客观存在事物之间的系统联系和客观现实的抽象本质。随着科学技术的发展，本体概念被引用到多个领域，尤其是人工智能和知识工程研究领域，本体研究逐步成为热点。在人工智能领域，本体定义为"给出构成相关领域词汇的基本术语和关系，以及利用这些术语和关系构成的规定这些词汇外延的规则的定义"。③ 目前，能够被广泛接受的本体概念是 1998 年，德国学者施图德（Studer）等在美国斯坦福大学格鲁伯（Gruber）和计算机科学家波尔斯特（Borst）定义的基础上给出的解释，"本体是共享概念模型的明确的形式化规范说明。包含概念模型、明确、形式化和共享 4 层含义……本体的目标是捕获相关领域的知识，提供对该领域知识的共同理解，确定该领域内共同认可的词汇，并从不同层次的形式化模式上给出这些词汇（术语）和词汇间相互关系的明确定义"。④ 本书用"本体"对信息生态系统中信息组织的构成进行描述，本体既是信息组织和信息管理的主要对象，又是信息行为和信息活动的基础要素。

　　"信息本体"是着眼于本体论的信息定义，是物质世界以其信息属性表达出来的自身存在，描述的是具体的物质属性和信息内容。由于信息是客观存在的，且表现为事物特征的间接存在形态，信息作为物质的基本属性体现了物质的存在方式和存在状态，因此，"在'间接存在'和'自身显示'的意义上，信息获得了自身在本体存在论层面上存在的意义和价值，同时也获得了在哲学认识论层面上与认识主体和认识客体相区别的独立性存在意义和价值"⑤。根据"信息本体"的定义，信息生态领域知识的逻辑抽象构筑起信息合理流转、公平利用的概念模型，在概念模型的抽象描述中，流转信息的存在方式与存在状态的物质表现就被称为"图书馆信息生态本体"，亦可简称"信息本体"（这里的简称只

---

① 方克立主编《中国哲学大辞典》，中国社会科学出版社，1994，第 186 页。
② 方克立主编《中国哲学大辞典》，中国社会科学出版社，1994，第 186 页。
③ 李海生：《知识管理技术与应用》，北京邮电大学出版社，2012，第 33 页。
④ 李海生：《知识管理技术与应用》，北京邮电大学出版社，2012，第 33 页。
⑤ 李国武：《中国的信息本体论研究》，《西安交通大学学报》（社会科学版）2011 年第 5 期，第 34~40 页。

是对"图书馆信息生态本体"在文字层面上的简化，其内涵并非宏观意义上的"信息本体"概念，在以下阐述中的"信息本体"指的都是"图书馆信息生态本体"概念的简称）。

相对于"信息主体"而言，"信息本体"也具有"信息客体"的功能定位，具体是指信息主体操作、管理并控制的信息内容和结构，也是信息主体从事信息活动的对象，并作为一种有价值的客观存在物与政治、经济、制度、法律、文化等存在诸多关联。从信息本体承担的职能及其价值层面看，信息本体包括信息服务本体和信息利用本体。信息服务本体是信息服务主体基于社会信息需求进行筛选，处于加工和提供环节的信息本体。信息服务本体能够有效地向用户传递信息的内容特征，可以适应信息的深加工和调整应用，使信息的可扩展性和适应性增强。信息利用本体是信息利用主体个性化的信息需求，以及经过信息的利用后调整反馈给信息服务主体有待于深度加工的信息资源。信息利用本体不仅包含主体的一次信息需求，还包含因环境、知识创新需求和主体之间的交互而引发的主体的二次、三次……信息需求。这些信息需求的内容与特征决定了信息活动的组织模式，也决定了信息服务的内容与方式。信息利用本体能够揭示信息生态链中的基本信息关系，是信息生态链流转的基础性工作与重要依据。

信息服务本体与信息利用本体不是孤立存在和发展的，二者具有紧密的联系。信息利用本体是信息服务本体的基础性要素，为信息服务本体的内容、组织形式和供给模式提供重要依据，决定了信息活动的整体过程及内容；信息服务本体是信息利用本体的表征内容，其本体内容和流程关系能引发信息利用本体创新发展中新的信息需求，在需求激化和显化过程中促进需求表达方式的适应性调整，推动信息利用本体创新价值链。只有信息服务本体和信息利用本体之间保持相互适应和协调一致，以知识增值为基础的弹性信息组织结构才能形成，从而实现图书馆信息生态本体要素的既定目标。

三 图书馆信息生态环体

信息环境泛指由报纸、书籍、广播、广告、电话、影视、网络等多种媒介组成的信息世界。在信息生态学中，关于信息环境有多种界定。

靖继鹏和张向先在《信息生态理论与应用》一书中，将信息环境定义为信息生态系统的三要素之一，认为信息环境是指人类信息生态系统中人类及社会组织周围一切信息交流要素的总和，包括人及社会组织、信息、信息技术、社会信息基础设施、信息法律、信息政策与信息伦理和信息文化。[①] 张苗苗和娄策群认为，信息环境主要指与人类信息活动有关的人的要素、信息的要素、技术的要素和社会诸要素，并根据各个因素的功能，将这些因素分成了四类：信息本体因子、信息技术因子、信息时空因子和信息制度因子。[②] 还有学者将信息环境定义为与人类活动有关的一切自然因素和社会因素的总和，认为它是社会环境的一部分，是在自然环境基础上经过人类加工而形成的一种人工环境。[③] 可见，信息生态环境是信息生态循环系统中的重要环节，信息、人与信息环境之间的信息交换活动决定了信息生态系统中各要素的组成、联结和变化趋势。本书基于智慧社会的发展要求，对图书馆信息生态的内容要素进行重构，认为图书馆信息生态环体特指保障信息主客体有效沟通、信息本体在图书馆系统内以及图书馆与社会系统之间有效流动的信息环境体系，简称"信息环体"，包括物理环境、社会环境和制度环境。

物理环境是图书馆信息生态环体的基础性要素，具体指图书馆信息生态物理环境，是保障信息流转有序进行的信息基础设施、网络条件和物理空间状况。信息本体在信息主体的操控下，依赖信息基础设施，在信息网络空间和物理空间中循环流转，形成具有良性运行状态的信息生态系统。社会环境是图书馆信息生态环体的支撑性要素，具体指图书馆信息生态社会环境，是与图书馆信息生态系统有关的政治因素、经济因素和人文因素。信息生态的发展离不开稳定的政治、经济环境，一个国家或地区良好的政治生态和稳定的经济发展是推动其图书馆信息生态建设的重要保障。此外，人文因素也影响并制约着信息主体的信息观念、信息行为和信息利用方式，而信息主体对信息生态建设的参与度及反馈

---

① 　靖继鹏、张向先主编《信息生态理论与应用》，科学出版社，2017，第21页。

② 　张苗苗、娄策群：《信息生态环境因子的相互作用机制》，《图书情报工作》2011年第18期，第15~18页。

③ 　唐义：《公共数字文化信息生态系统主体及其因子分析》，《图书与情报》2014年第1期，第111~116页。

度在某种程度上决定着信息生态系统的发展趋势。制度环境是图书馆信息生态环体的保障性要素，具体指图书馆信息生态制度环境，是指导、统筹、规划、协调图书馆信息生态的法律、法规、政策、机制等因素，也包括信息生态系统良性运行的信息流转机制、信息服务模式、信息管理方式和信息活动过程等内容。优化信息生态政策和法律法规等方面的制度环境，有利于营造公平、健康、有序的信息生态环体。

在智慧社会建设进程中，大数据智能化引领着各行各业的创新驱动发展，人工智能作为具有代表性的颠覆性技术，以其释放的科技革命和产业变革积蓄的巨大能量改变图书馆信息生态环体的体系结构，加速了知识、技术、人才、资源等在图书馆信息生态系统的时空交换。表现在空间领域中，智能化感知提高了信息基础设施在信息流转中的参与程度，以电子信息技术改进图书馆文献服务设施，优化网络空间布局，提高信息流转效率。智能化认知和智能化决策推动了图书馆的信息流动与空间、场景等方面的转换和创新，如通过不同时段门禁刷卡次数，判断图书馆信息流转的节点数，以确定群体间的协同互助和知识融合；通过图书馆门禁系统的人脸识别，判断图书馆信息空间的布局是否合理；通过对读者信息行为的智能化分析与推送，判断图书馆信息资源的建设及利用情况。这些既展示了智慧社会驱动的图书馆信息生态环体的优化变革，也凸显了智慧图书馆的知识转化潜力。大数据固然是信息领域发展的一片沃土，但掺杂错误信息的数据就宛如在这片沃土中施加了掺杂杂质的化肥，有可能成为土地的毒药。因此，在充斥着信息垃圾和信息噪声的信息环体中，信息公平和信息安全问题是制度环境建设所关注的议题，尤其是在泛 5G 阶段，人脸等生物特征成为"钥匙"，信息安全成为信息链流转场景的重要考量。

四　图书馆信息生态介体

在信息服务主体根据信息利用主体的需求和社会信息需要对信息本体进行选择、编码、加工之后，下一步需要做的就是将信息本体传递给信息接收者，这时，信息主体必须选择传递信息的技术方法、手段、方式等。在图书馆系统中，能够保障信息流转和信息生态链合理流动，用于开发、传递、管理、利用信息资源，使信息传送得到扩大并延伸的技术方法、传播方式、传递途径等的总称就是图书馆信息生态介体，简称"信息介体"。

信息介体包括三方面要素：一是信息处理和传递所借助的技术方法，如"互联网+"技术、人工智能技术、云计算技术等；二是信息的组织形式和传播方式，如网络传播、媒体传播、移动互联传播、云传播等；三是信息的传递途径，如图书馆系统内传递、图书馆与社会系统之间的传递、图书馆联盟内部及相互之间的传递等。

信息技术以其科技优势和广阔的发展前景增强了图书馆信息生态平衡发展的动力，是信息介体最重要的构成要素。宏观上，信息技术是指在信息科学基本原理和方法指导下扩展人类信息功能的技术。[①] 一般来说，信息技术是指在计算机、移动互联和网络通信支持下，实现信息的获取、表示、存储、加工、处理、传输和信息标准化等的技术总和。信息技术具有技术性的一般特征，表现为人们运用丰富的经验、熟练的技能、先进的设备和科学的方法实现快捷的信息传递及高效的信息利用。此外，信息技术还具有信息性的特征，其应用和发展前提是提高信息处理与利用的效率，应用效果取决于信息本体的性质。智慧社会在5G网络的推动下提高了发展速率，5G网络这种超密集异构网络成为未来图书馆信息生态网络提高信息流转量的关键，而传感技术、通信技术、智能技术、空间技术和控制技术则是五大基本信息技术。

信息在个体和组织之间进行传递和交流形成信息传播。信息传播方式是利用信息技术通过不同的传播媒介对信息进行传递、接收或反馈的活动。信息传播方式是信息介体中的信息交流和传递方法，人们可以在任何时间、任何地点，对任何信息进行加工处理，从而及时、准确地获取并利用信息。随着新媒介的出现和新技术的发展，信息传播方式基于用户信息需求不断调整传播形式，以期更好地传达信息内容，获得更优的传播效果。信息传播方式从古代的实物传播（如信鸽、钟鼓传声）演进为近代的媒介传播（如报刊、电报、电话），再发展为现代的信号传播（如广播、传真、移动电话）和网络传播，纵观信息传播方式的发展轨迹，其与信息技术的发展进步密不可分。在智慧社会建设中，信息在

---

① 邹安全主编《现代物流信息技术与应用》，华中科技大学出版社，2017，第12页。

更先进和智能的技术平台上展现出来，主体对信息的可控性减弱，信息传播成本降低，信息的离散状态显著，导致信息控制和获取平衡面临挑战。因此，信息介体中的信息传播方式更要注重开放性、多元性、针对性和监控性的加强。

信息传递路径是指信息传递起点到终点的全程路由，它构成了信息介体中的信息流通渠道。图书馆信息生态介体中的信息传递路径可以是开放的，也可以是闭合的。信息始于传递起点，不断地在各节点间传递流动，实现信息增值，形成一个信息传递开放路径；信息在节点间经过一段时间的传递，被不断补充完善，反馈给初始节点再重新参与到信息链中，形成一个信息传递闭合路径。信息传递路径既包括单向传递，也包括双向传递。单向传递是信息服务主体根据信息利用主体的需求单向传输所需信息；而双向传递则是信息利用主体获得信息后，根据其专业知识和实践经验对信息进行完善与优化，将新产生的信息和新的需求反馈给信息服务主体，以形成新的信息传递活动。根据图书馆信息生态系统中的信息流向，信息传递路径可分为下行传递、上行传递和平行传递。下行传递是按照图书馆级别将信息由上至下进行传递的过程，如国家图书馆、图书馆联盟、部级重点高校图书馆等图书馆向地市县级图书馆、普通高校图书馆提供的信息援助；上行传递是指由下级图书馆向上级图书馆传递信息、表达意见的程序，如各图书馆参与图书馆联盟的信息共享建设活动，向联盟组织上传信息数据和表达信息需求的行为；平行传递是图书馆之间的横向交流，即图书馆不分层级进行的信息传递与联系，这是形成图书馆联合体、满足信息共享、实现信息公平的重要路径。

五 图书馆信息生态链体

我国学界关于信息生态链的研究最早是韩刚和覃正于 2007 年在《信息生态链：一个理论框架》中，将信息生态链定义为存在于特定的信息生态中的、由多种要素构成的信息共享系统。他们认为信息生态链中包含信息、信息人和信息环境这些构成信息生态的基本要素，是信息生态的集中体现。同时指出，信息生态链具有空间结构特征、时序变动特征和管理特征。① 同年，娄策群和周承聪在《信息生态链：概念、本质和类型》中，对信息生态链的概念进行了界定，认为信息生态链是指在信息生态系统中，不同种类信息人之间信息流转的链式依存关系。② 这种链式依存关系是不同种类信息人之间的多元复合关系，包括平等关系、共生关系、互动关系、互惠关系、合作关系和竞争关系等。之后，一些学者对信息生态链进行了深入研究，内容涉及信息生态链的形成机理、管理模式、优化准则等多方面，如慕静和万志成的《降低牛鞭效应的信息生态链管理模式及对策研究》；马捷等的《微博信息生态链构成要素与形成机理》；杨曼的《信息生态链的优化研究》；等等。2017 年，靖继鹏和张向先在《信息生态理论与应用》一书中，对信息生态链理论进行了系统梳理与阐释，提出信息生态链是信息通过一系列的加工、传递和利用的行为在信息生态环境中流转，各种信息主体（信息人）按信息流转顺序排列而形成的链状顺序结构。③ 信息生态链具有时空结构特征、动态演化特征、层级有限特征、信息双向流动特征和功能设计特征。

　　图书馆信息生态链主要是对图书馆信息生态系统中信息组织、传播与应用等信息行为过程进行的研究。图书馆信息生态链体是以具有复杂信息组织结构的图书馆系统为信息生态链的核心，将上游社会图书馆系统、信息组织、信息供应商和下游信息用户融合起来而形成的网状链式结构模式。图书馆信息生态链体强调的是由信息利用主体的信息需求开始，到信息服务主体提供满足信息利用主体需求的信息和服务的整个过程中，图书馆信息生态系统中的信息流动行为和过程。具体来说，图书馆信息生态链体是以信息主体为基础、以信息本体为基本单元、以信息介体为纽带、以信息环体为保障形成的信息流动与循环的信息生态环境网状体系，简称"信息链体"。信息链体通过数据挖掘、信息生产、信息流通、决策与应用、优化反馈等流转链条，聚合信息主客体，通过智慧化感知、超密集异构网络架构和多节点信号管理驱动图书馆的信息流

---

①　韩刚、覃正：《信息生态链：一个理论框架》，《情报理论与实践》2007 年第 1 期，第 18~20、32 页。

②　娄策群、周承聪：《信息生态链：概念、本质和类型》，《图书情报工作》2007 年第 9 期，第 29~32 页。

③　靖继鹏、张向先主编《信息生态理论与应用》，科学出版社，2017，第 64 页。

转与互联网中的信息共享相结合，形成适应智慧社会建设需求的信息生态链结构，同时进行标准化控制。

信息链体是图书馆信息生态的核心，其实质是信息流转链，体现了信息在流动过程中在各节点间的自我完善与不断演化。图书馆信息生态链存在于图书馆信息生态系统之中，由于时代特征和地域限制，信息在不同流转程序中产生了不同的链式结构，有时信息服务主体和信息利用主体的角色及定位也会发生转变，对于信息主体的信息需求满足是信息生态链价值实现的基础。信息生态链上各节点之间的信息流与信息环体及信息介体之间的动态适应和协调发展程度决定了图书馆信息生态链的动态发展、不断进化。这种在信息主客体的竞争与合作关系中不断调整的持续性动态过程提高了信息传递和利用效率，促进了信息生态的平衡发展，推动了图书馆信息生态构成要素的优化。

图书馆信息生态链与自然系统中的食物链有所不同。食物链伴随物质的循环和能量的递减，而信息链在信息流转活动中，虽然由于环境的干扰和一些不确定因素的影响会产生信息放大、信息缩小、信息错误等信息失真现象，从而影响信息流转和利用效率，但是在信息的双向传递和扩散中，对于信息本体的加工、利用和传播在信息主体之间反复、交叉进行时会发生信息内容的不断增加和信息形式的不断充实，从而产生信息增值，这个过程伴随信息能量的增加，能够实现信息内容的创新和信息价值的提高。此外，图书馆信息生态链中的信息流转与食物链中的能量转移又具有一定的相似性，都存在转移效率问题。当信息链节点质量好、可包容和扩充性强、组合科学、连接合理、协同性强时，信息在链状结构中的流转速度就快、质量损耗就低、价值增值就大，能够促进整个图书馆信息生态链体的良性运行。

六　图书馆信息生态控体

"调控"意指调节、控制，能够使动力系统保持相对平衡。图书馆信息生态控体是指对图书馆信息生态系统中信息主体的信息行为、信息本体的信息活动、信息环体的管理规范、信息介体的应用转化和信息链体的流转过程，在行为准则、道德规范和精神活动等伦理层面及价值观层面进行调控的信息生态调控体系，简称"信息控体"。信息控体主要包括信息伦理和信息文化。

这里需要特别指出的是，现有的一些研究将信息伦理和信息文化与信息技术及信息环境相结合进行阐述，如王亮和张科豪的《从环境伦理到信息伦理："内在价值"的消解》；李娟和迟舒文的《智能时代的信息伦理研究》；李伦等的《大数据信息价值开发的伦理约束：机制框架与中国聚焦》；葛岩和马捷的《信息生态视角下社会网络伦理规约模型构建研究》；张家年和李阳的《虚拟世界中信息礼仪、信息伦理和信息法律三者关系探析》；等等。很多研究表明，信息技术的发展引发信息伦理问题，而信息技术的广泛应用形成了信息文化。信息伦理和信息文化作为信息环境的组成部分影响并制约着信息生态系统，如靖继鹏和张向先在《信息生态理论与应用》一书中，将信息伦理和信息文化归属于信息环境的构成要素进行阐述。①

本书是在智慧社会驱动图书馆信息生态向区域一体化、交互协同化、综合统筹化和智能创新化方向综合协同发展的背景下，根据大数据的时代特征和图书馆的社会地位及特殊功能细致地对图书馆信息生态构成因子进行归类重组，对图书馆信息生态的基本要素进行重构，将信息伦理和信息文化作为图书馆信息生态控体的组成部分提炼为独立的信息生态构成因子，在社会意识和价值观层面对图书馆信息生态构成因子进行考量，以期体现智能时代更加重视信息活动的伦理道德问题和价值实现问题，为图书馆信息生态系统的平衡发展和信息行为的公平提供坚实的意识形态保障。

信息伦理一词最早出现于 1988 年，美国学者罗伯特·豪普特曼在其撰写的《图书馆管理员伦理挑战》一书中，认为信息伦理就是对信息活动伦理问题进行的相关研究。② 之后，学术界开始了对信息伦理问题的讨论。我国学者在 20 世纪 90 年代展开对信息伦理问题的研究，认为信息伦理是对信息行为规范和伦理要求、准则及关系的研究。有学者综合关于信息伦理的一些代表性观点，提出信息伦理（Information Ethic）是指以善恶、是非为判断标准，调节信息从生产、收集、传播到使用等各

---

① 靖继鹏、张向先主编《信息生态理论与应用》，科学出版社，2017，第 21 页。
② 王群：《信息伦理研究》，电子科技大学出版社，2016，第 21 页。

个环节的人与人之间、人与社会之间关系的行为准则和规范的总和。其不仅包括计算机伦理、网络伦理、传播伦理，还包括各种以信息为中介的信息活动的伦理问题。① 信息伦理实质上是对复杂多变的信息活动中各种利益关系的调节，体现了信息时代所衍生的一系列伦理关系，通过反映信息交往规律确定信息道德规范。随着科学技术的迅猛发展，加强信息伦理制度化建设，避免伦理风险，维护伦理价值，已经成为智慧社会建设的呼声。

早在 2017 年，美国电气电子工程师协会（IEEE）就宣布了三项新的合乎伦理设计的人工智能发展标准，涉及高层次伦理问题，考虑了人工智能在伦理层面的三大因素，即体现人权、优先考虑最大化对人类和自然环境的好处、削弱人工智能的风险和负面影响。2019 年 7 月 24 日，习近平总书记主持召开中央全面深化改革委员会第九次会议，审议通过了《国家科技伦理委员会组建方案》，表明科技伦理建设进入我国最高决策层视野。科技伦理规范从观念和道德层面上规范了人们从事科技活动的行为准则，其探讨的内容主要集中于克隆技术中的生命伦理、基因技术衍生的基因伦理、与纳米技术相关的新材料伦理、信息技术引发的信息伦理和与高新技术发展直接相关联的军事伦理等方面。其中，信息伦理是智慧社会建设进程中科技伦理所探讨的重要议题之一。图书馆视角下的信息伦理，也是针对信息技术所引发的道德失范问题进行研究，主要探讨五个方面的内容。一是信息存取权。无论是高校图书馆、中小学图书馆、公共图书馆的读者，还是机构图书馆和图书馆联盟组织中的用户，都享有获得所需信息及使用信息技术和信息设备的权利。二是信息准确权。信息服务主体具有保障信息准确性的权利，信息利用主体享有获得准确、及时信息的权利。三是信息隐私权。信息主体享有防止隐私被侵犯的权利，以及保障个人信息的合法权益。四是信息自主权。信息利用主体享有自主决定所需信息内容、信息获取渠道和信息获取方式的权利。五是信息产权。信息服务主体享有对所生产和传递信息产品的产权，以及信息交流渠道的控制权。

作为精神观念的信息文化是指主体的信息行为和信息活动在社会现

---

① 金新政、马敬东主编《信息管理概论》（第二版），武汉大学出版社，2014，第205页。

象及内在精神层面的既有体现、创造、传承、发展的总和，是信息流转过程的物质表象与精神内在的整体。信息文化是因信息技术的发明和应用而逐渐发展起来的一种新型文化形态，运用先进的信息技术手段助力传统文化转型与升级，由信息意识、信息素养、信息价值观等组成。可见，本书中所指的信息文化与"信息文化产业"和"信息文化产品"中的"信息文化"概念并不相同。信息意识反映了主体对信息的感知和需求，体现了信息主体对信息本体的认识过程和适应信息环境变化的能动的信息反映。信息意识属于意识形态范畴，能够支配主体的思想、意识、观念、情感等，从而调节信息行为和信息活动。信息素养是对信息进行查找、组织、管理、评估和综合利用、有效交流的能力，也是衡量信息主体是否适应信息环境快速发展的重要指标，即"信息素养是一种能认识到何时需要信息，有效地搜索、评估和筛选信息，以及综合利用信息的能力"[①]。信息价值观是对信息时代的信息本体、信息技术、信息链流转和信息活动等的认知、理解、判断或抉择，是信息主体参与信息活动的思维和取向，使信息活动具有一定的价值及意义。信息价值观是一种相对稳定的个人信息理念取向，表现为信息主体对不同类型信息本体的价值选择。人工智能技术为人类的价值观带来了诸多挑战，因此，智能时代的信息价值观研究得到了学界的关注。2019 年 1 月，国家社会科学基金重大项目"智能时代的信息价值观引领研究"高端论坛在清华大学举行，专家们围绕智能时代信息传播的价值观的研究思路、方法、具体操作等进行探讨，我国在信息价值观方面的研究逐步系统而深入。

第二节 图书馆信息生态动态要素的重构

智能互联技术迅猛发展，整个世界形成了一个巨大的动态网络，图书馆信息生态的内容构成要素由原始的、静态的基本要素，拓展为对动态要素的考量，针对不断输入的动态信息加以分析、比较，依据发生变化的信息环境不断调整信息流动各环节的关系，使之与信息技术和信息

---

① 李贵成、张金刚主编《信息素养与信息检索教程》，华中科技大学出版社，2016，第3页。

环境产生一种适应性。构成图书馆信息生态的动态要素是指在智慧社会智能特征的驱动下，伴随信息技术的发展变革而变化的、运动的、调整的、不断择优化的内容要素。结合社会发展的动态性特征，图书馆信息生态的动态要素主要包括信息流、信息圈、社会计算和知识自动化等四方面内容。动态要素的运动和变化不是盲目的，强调在图书馆信息生态系统整体进化中寻求协调，在变化中实现平衡。

一　信息流

在图书馆信息生态动态要素的构成内容中，信息流是一个强调信息运动过程的概念。在信息动力学中，信息流是指信息传送的过程，是信息自信源经信道至信宿中的传递过程。[1] 而通常意义上来讲，广义的信息流是指人们采用各种方式来实现信息交流，从面对面的直接交谈到采用各种现代化的传递媒介，包括信息的收集、传递、处理、储存、检索、分析等渠道和过程。从信息技术研究、发展和应用的角度定义，狭义的信息流是指信息处理过程中信息在计算机系统和通信网络中的流动。[2] 可见，信息流是对信息本体进行收集、筛选、处理、存储、传递和分析的过程，通过通信技术和网络实现信息本体在信息主体之间的流转。

从信息流动的过程来看，在图书馆信息生态系统中，信息服务主体根据信息利用主体发出的信息请求，或根据利用用户信息行为痕迹自主搜集提炼的信息需求，在海量信息中进行搜索、查询，收集相关的信息内容加以系统地筛选、分类、排序，在存储有序信息的基础上传递信息，使信息流转至信息需求方和利用方，从而形成了一个信息单向流动的过程。信息接收方在对信息加以利用时，有价值的信息会转化为知识，在行业或领域中继续流转，实现增值。同时，信息利用主体也会将信息的利用情况和新的信息需求反馈给信息服务主体，信息的返回输入形成了信息流的双向流动过程。需要指出的是，信息流的双向流动并不局限于一对主体之间的信息单一路径流转。也就是说，在动态

---

[1]　严彬编著《信息动力学导论》，北京邮电大学出版社，2014，第182页。

[2]　李建松、唐雪华编著《地理信息系统原理》（第二版），武汉大学出版社，2015，第64页。

的图书馆信息生态环境中，信息服务主体和信息利用主体都是多元化的，信息在多个、不同的信息服务主体和信息利用主体之间流动转移。信息传递方向也是纵横交错的，信息既可以在系统和机构之间进行横向传递，也可以在同一系统内部不同环节之间纵向传递，形成网状的空间信息流结构。

从信息流动的能量来看，信息动力学认为，信息的传送和流转与能量有关，而信息流产生的前提则是信息势。正如马费成教授在《信息经济学》中所指出的，"无论哪一种信息源都具有积累信息的功能。由于信息源可以积累信息，在它与吸收源之间就形成了信息位差，这种位差也称信息势。信息势的存在是信息流和信息交流活动产生的前提"。[①] 信息势反映了信息的单位信息量大小，存在潜在的流动性和方向性，体现了不同信息主体在开发、交流、消费和利用信息本体方面的差距，这种差距因主客观因素影响而产生扩大态势，信息主体由此引起社会分化。信息势在表现为社会发展技术差异的前提下，体现出一种信息贫富之间的差异，这种差异是图书馆信息生态失衡的重要原因之一。正是由于信息势的存在，信息势的高位者相对于信息势的低位者具有转移信息能量的能力，也就产生了信息势能。信息势能表示不同信息主体之间进行信息交流的可能性，通过促进信息资源的流转，从而促进信息资源与不同的主体认知结构发生融合、重构，实现信息资源、知识、智能、情报的总量增长。[②] 在图书馆信息生态系统中，信息主体的能量不均衡驱动形成信息流，通过信息势能的转移，提升主体的信息能量水平，完善知识结构体系，从而提升图书馆系统整体的信息势水平。

从信息流动的生命周期来看，信息本体在信息主客体所构成的节点间流转，信息量大的信息流所经历的流转节点数量多，信息质量高的信息流传递信息的流转路径长、影响范围广，信息传输速度快的信息流循环反馈的周期短。可见，信息量大、真实度高、冗余少、速率快的信息流生命周期长，且信息流是从高节点向低节点流动。在图书馆信息生态系统中，也要考虑另外一种信息流模式，即信息从低节点向高节点的转

化，推动信息的智能增值和智能决策的转变。从信息流模型的本质来说，信息流揭示的是数据—信息—知识—智慧的转化过程，最终成为主体决策的依据。信息流是在信息链演变的基础上，更多地融入了信息本体的动态性和信息主体的主观能动性，通过各节点之间的支撑作用相互连接、转化及融合。因此，当信息从低节点向高节点流动转化时，信息量会逐渐增大，驱动信息本体的自扩充能力提高，信息质量被动激活，导致信息流转路径延长、影响范围增大，而信息传输速度受信息本体基准水平的制约难以实现明显提高，最终使信息流从低节点向高节点转化时的生命周期相对较短。可见，从动态层面探讨信息流，更要注重信息流转过程中各要素的转化关系和节点间的动态平衡性。

二　信息圈

在图书馆信息生态研究领域，信息圈是"信息生态圈"的简称。在我国，信息生态圈的概念最早于21世纪初出现在电子商务领域的企业信息生态圈中，即"信息生态圈为所有企业生命全过程的各种信息需求提供了获得、发布、融合、使用的环境和平台"①。其功能和结构由信息时效、信息循环链、生态圈平衡等要素构成。2003年，阎立对电子政务信息生态圈进行阐释，认为信息生态圈是指任何组织及其事务的创立、生存、发展和转化过程中发生的多目标、多层次、多方向，并反映该组织的功能及其资源（技术、观念、人力、资金和物资等）代谢的全部信息集合。② 随着学术界对信息生态研究的不断深入，图书情报、新闻传播等领域也展开了对信息生态圈的探讨。靖继鹏教授领导的"信息生态系统构建的理论与应用研究"课题组，在2010年发表的论文《电子商务信息生态系统的构建研究》中对信息生态圈进行了定义，指出狭义的信息生态圈是指相互关联、纵横交错的信息生态链构成的信息空间，它是由信息人、信息、信息环境彼此之间相互作用而形成的一种均衡运动状态，是信息人与信息环境之间以信息为纽带、以满足信息需求为目标而形成

---

① 于晓镭：《企业信息生态圈与3ESP模式》，《中国电子商务》2000年第17期，第50页。

② 阎立主编《信息化纵横》，南京大学出版社，2003，第117页。

的一种互动关系。[①] 把信息生态圈看作一个小的信息生态系统，相互联系的小的信息生态圈则构成了相对复杂的、宏观的信息生态圈，这也是广义上的信息生态圈概念。

在智慧社会建设大潮中，图书馆也要适应信息网络的泛在化、规划管理的信息化和基础设施的智能化发展趋势，在充分利用互联网、大数据、云计算、人工智能等新一代信息技术的基础上，建立跨区域、跨行业、跨部门的信息资源共建共享与协同服务体系。信息需求和信息行为等大数据不断汇聚并被深度利用，驱动图书馆信息生态系统结构发生新变化，信息本体在信息主体之间的交流和反馈速度更快、范围更广、程度更深。图书馆信息生态系统在改善原有信息生态环境的同时，打破了单一形式的信息生态链模式。图书馆信息生态圈具有实现并完善图书馆信息本体的流动和循环的功能。信息生态圈由内向外分为核心层、扩展层、辅助层和保障层四个层次，如图 4-1 所示，各层次分别由图书馆信息资源交流活动中所涉及的组织和内容组成。其中，核心层主要是指图书馆信息主体，即信息服务主体和信息利用主体，他们是实现图书馆信息活动的核心要素；扩展层包括参与图书馆信息交流活动的图书馆联盟组织、信息调查组织、相关的行业组织和教育科研机构等，他们为图书馆信息活动提供支撑，对于促进信息资源共享与有效利用发挥重要作用；辅助层包括为图书馆信息资源建设提供辅助作用的数据库服务商、软件服务商、开放获取平台和搜索引擎等，他们在特定条件下参与图书馆的信息活动，为拓展图书馆信息获取渠道提供有利条件；保障层主要包括经济、政治、社会、法律、法规、规范等保障图书馆信息活动规范运转的外部因素，他们影响着图书馆信息生态系统的有效运行。上述四个层次中的每个层次都可看作一个小的信息生态系统，各小系统具有独特内容信息，结合在一起构成了一个相互影响、相互制约、融合共生的信息生态圈，推动图书馆信息生态系统平衡发展。

图书馆信息生态圈应该构建一个适应智慧社会和智慧图书馆需求的信息生态环体。一方面，智慧图书馆需要适应智慧社会智能泛在化条件

---

① 张向先、张旭、郑絮：《电子商务信息生态系统的构建研究》，《图书情报工作》2010年第10期，第20~24页。

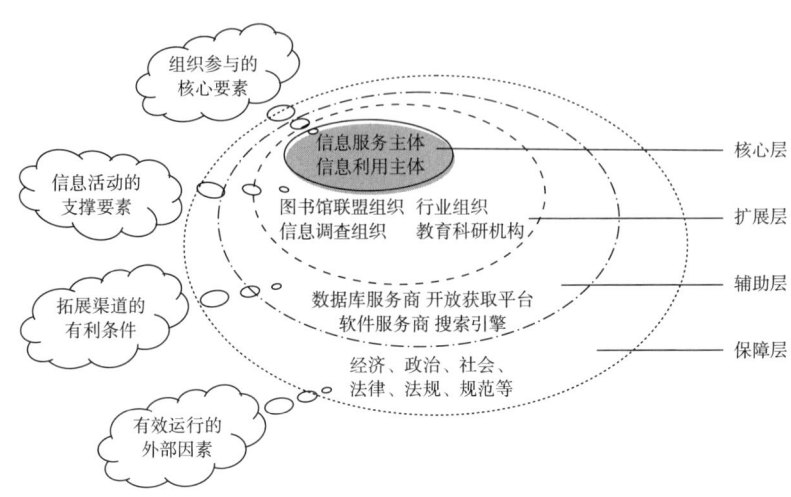

图 4-1　图书馆信息生态圈构成

的法律法规与政策环境，任何形式的信息流转和信息交流都必须在特定的法律法规和政策规范的前提下进行。保障智慧化建设开放性和原则性的法规，科学规范基础设施、应用系统、共享平台等的技术标准，保障信息安全、数字签名和个人隐私的法律界定，以及鼓励引导图书馆信息生态系统建设和应用的相应政策，这些指导与规范层面的保障构成了适应智慧图书馆建设的社会信息化环境，图书馆在社会信息化环境中不断调整自身的信息生态结构，形成其赖以生存和发展的空间，这个空间就是信息生态圈。另一方面，图书馆信息生态圈可以看作图书馆、联盟组织、知识服务机构和社会公众的总和，其内部的信息本体是有生命的，在与信息主体的相互适应中生存。信息生态圈具有自动调节和恢复稳定的功能，在复杂网络环境中进入圈内的信息更加复杂，信息交互和循环过程加速，系统的调节功能增强。因此，图书馆信息生态圈在调节信息比重、调整信息流数量、协调信息交流群体的比例等方面起到优化资源配置的作用，促进信息流向与流量趋于稳定，推动图书馆信息生态系统基本实现平衡状态。

三　社会计算

智慧时代驱动着社会的创新、竞争与增效，由此而生的数据以惊人的速度增长和积累，大数据开创了崭新的思维模式，将全社会打造成统一的智能体，为人类社会的动态行为和模拟社会问题带来了机遇与挑战，也使利用计算技术描述人们的行为轨迹并研究社会问题及现象成为可能。万物互联、自动化智能系统渗透到人类社会的方方面面，智慧社会的社会结构和社会组织发生变化，人们之间的信息联系更加频繁、密切且多样，信息公平、社会伦理、可持续发展等方面的矛盾冲突加剧，信息管理和监控的难度空前巨大。面对智慧社会发展带来的各种挑战，人们试图利用复杂性科学来描述社会系统中的复杂现象，以计算机作为研究复杂性科学的基本工具，形成一套相对完整的定量分析方法，对人类社会的复杂现象用严谨的数学方法进行描述和求解。因此，介于自然科学与社会科学之间的跨学科社会计算研究逐渐兴起。

1994年，Schuler在其文章"Social Computing"中对社会计算的本质及其应用进行了阐释，指出社会计算是任何一种类型的以软件作为社交关系的媒介的计算应用。[①] 这个描述是对社会计算的最早定义。此后，Dryer、Charron等众多学者针对社会计算展开了研究。2009年，Lazer等15位学者在 Science 上联合发表文章"Computational Social Science"，产生了较大的影响，文中指出，计算社会科学正在兴起，并以前所未有的广度、深度和规模搜集和分析数据。[②]

我国关于社会计算的研究始于21世纪初。2004年，学者王飞跃在其相关文章中正式提出"社会计算"概念和ACP（人工系统+计算实验+平行执行）方法。2013年，他领导的团队出版专著《社会计算的基本方法与应用》，书中提到社会计算在广义上的定义为"面向社会科学的计算理论和方法"，在狭义上的定义为"面向社会活动、社会过程、社会组织及其作用的效应的计算理论和方法"。[③] 2015年，他的团队又发表学术论文《社会计算与计算社会：智慧社会的基础与必然》，指出基于ACP的社会计算方法对实际社会过程、动态网群组织、社会服务执行及资源

① Schuler, D., "Social Computing," *Communications of the ACM* 37（1）（1994）：28-29.
② Lazer, D., et al., "Computational Social Science," *Science* 323（5915）（2009）：721-723.
③ 王飞跃、李晓晨、毛文吉、王涛：《社会计算的基本方法与应用》，浙江大学出版社，2013，第4页。

规划问题进行感知、建模、解析、决策及反馈执行是实现创新社会管理与科学控制的基础。这种方法利用充足的社会信号及信息情报，实现从定性到定量的社会群体智慧转化，从而以计算的手段引导、管理与控制复杂的社会系统。其中，从社会数据、信号、情报到社会智慧的转化及量化是智慧社会的核心目标。文中还明确提出，社会计算是智慧社会的基础。[①] 因此，我们认为图书馆作为智慧社会结构中不可缺少的组成部分，其信息生态内容要素的构成离不开社会计算这一社会结构中的基础性要素。

近年来，互联网的深入普及驱动人们之间的社会联系更加频繁且复杂，人们更加注重有效地将社会科学理论知识与计算技术相结合，为社会规划和社会决策提供支持。学界开展了更多的关于社会计算的研究，如安俊秀的《量化社会——大数据与社会计算》、金兼斌的《社会计算与社会化媒体研究》、苏鹏的《社会计算中的组织行为模式挖掘》等，这些研究推动了大数据背景下对社会组织和人们社会行为数据的动态分析，以及利用社会计算解决网络化社会新问题。

社会计算能够为智慧社会场景的管理与决策提供支持，是实现智慧社会背景下图书馆信息资源创新管理与科学控制的基础。智慧社会借助互联网、人工智能、大数据、云计算等技术全面感知社会态势，面向图书馆知识创新管理与信息生态平衡的需求，以计算的手段感知、抽取并解析用户信息行为、社会信号和政务情报，从而深化对社会信息需求的了解，以便对智慧图书馆场景中图书馆信息生态系统的动态演化规律及内在运行机制进行计算引导，构建更加健康、和谐的图书馆信息生态环境。由于智慧社会管理是对虚实互动的复杂社会空间中社会成员全部社会活动的描绘、管理及反馈过程，以构建信息对等、权利平等、扁平化组织的社会结构，因此，智慧社会驱动的图书馆信息服务离不开对社会系统中组织、团体、个人的信息行为的动态建模、知识决策和智能管理，促使图书馆信息生态的主要内容的组成模式由静态组成向主动感知信息需求、动态预测信息行为、自适应引导信息发展等相结合的动态组成模

---

① 王飞跃、王晓、袁勇、王涛、林懿伦：《社会计算与计算社会：智慧社会的基础与必然》，《科学通报》2015 年第 Z1 期，第 460~469 页。

式转变。为了以可描述、可计算、可操作的方式方法使信息本体完成数据—信息—知识—智慧的解析，图书馆面临在智慧社会系统基础上完成围绕人们的信息行为而实现其信息需求的计算、解析和建模的过程，从而直接或间接地影响人们的信息意志，引导信息行为模式，通过虚拟信息环境与实际社会系统之间的虚实互动、平行执行，促进图书馆信息生态的良性发展。

四 知识自动化

我国图书馆自动化管理起步于 20 世纪 70 年代，计算机和网络技术从本质上影响着图书馆的管理模式及管理水平，图书馆信息管理系统逐渐普及，自动化水平不断提升，逐步实现信息资源收集、加工、管理、整合、查询、共享等的自动化。近年来，结合互联网、大数据和人工智能技术的最新发展，自动化领域呈现很多新趋势，在信息管理领域最引人关注的发展趋势之一就是知识自动化的快速兴起和广泛应用。智慧社会驱动信息到知识再到智慧的演变，知识自动化是推动这一过程实现的不可或缺的重要力量，成为有能力协调图书馆信息生态系统的动态要素。

知识自动化是信息自动化在互联网和人工智能推广普及时代的延伸与提升，也是实现智慧社会管理目标的核心技术。知识自动化能够激发知识的产生、传播、获取、分析、影响、实施等方面的创新，也能变革知识的获取方式、知识的分析方式、知识的影响方式、知识的产生方式，以及决策制定、评估和实施的方式，实现数据到信息到知识再到智慧的集成及转化，从而主导未来工作性质的改变、组织结构的改变，驱动经济增长与提高生产力，推动信息社会向智慧社会转变。[1] 可见，知识自动化能够根据社会的动态变化对信息主体及其社会行为进行建模与分析，综合协调信息主客体、信息介体、信息环体和信息链体等各方面的信息生态基本要素，能动地感知与解析影响信息生态平衡的动态因素，并自适应引导信息生态的平衡与稳定。

在图书馆信息生态系统中，知识自动化能够实现对信息本体的分析、

---

① 王飞跃、王晓、袁勇、王涛、林懿伦：《社会计算与计算社会：智慧社会的基础与必然》，《科学通报》2015 年第 Z1 期，第 460~469 页。

加工，通过观测和建模对信息主体进行追踪、识别并解析，提取主体所需的知识，推动图书馆信息服务从基于信息的服务提升为基于知识的服务。也就是说，图书馆通过知识自动化实现人工的知识型服务转变为机器的智能型知识服务。这个过程需要将数据、信息等要素与行为、任务和决策无缝对接，并自动、及时、准确地串联起相关因素，选择合适的信息技术和体系架构，结合空间信息和任务数据做出知识自动化决策，实现从前只有情报专家才能够完成的复杂分析和精准判断。智慧社会背景下，人工智能、数据挖掘、云计算等技术对互联网、物联网、移动互联网和空间系统的字段、文本、图片、视频、音频等数据的采集、分析、整合及提取能力较强，能够有效地过滤、分析并筛选信息，将整合加工后的信息资源进行提炼，使之具有结构化特征，并通过建模实现知识的合成。因此，知识自动化的本质内容在于以用户主体为中心，结合个体与群体的信息行为特征，进行行为计算与建模分析，从对个体的信息行为预测拓展到对社会信息现象的预测，进而实现图书馆的智能化决策管理与智慧化知识服务。可见，图书馆的知识自动化能够使知识的产生、交流与共享更有效率，主体的知识获取更有优势，但与此同时，知识爆发式增长的可能性也更大，异质信息流对知识整合的影响机会也随之增加。为了维持整个图书馆信息生态系统的平衡稳定，信息生态链对无冗余信息资源的需求更为迫切，这样才能在图书馆信息生态圈中实现异质知识的整合，最终实现知识创新。

知识自动化之所以能够成为构成图书馆信息生态的动态要素，是因为它对图书馆信息生态系统的动态变化有非常重要的影响。知识自动化通过固化主体的信息行为和决策方法，从多维度对图书馆的时空信息进行组织和特征化，揭示数据内在特征，然后提取有价值的知识对象和知识微粒，传承、优化、复用并共享这些知识资源，使信息决策更具有自主性和可控性，进而推动信息生态系统中的信息流转更加优化、快速。也就是说，知识自动化程度影响智慧环境下图书馆信息生态系统的动态变化。需要注意的是，这种影响不是简单地提高信息流转水平及效率，更不是简单地以机器智能取代人类智慧，而是将计算机的超高计算能力、存储能力和处理能力与主体思维、经验相结合做出更准确更优化的判断与决策，实现知识的积累、增值和应用，促进图书馆信息资源管理系统的协同与共享。因此，知识自动化实现了超越人类主体的组织和思考能力，实现了跨时空的实时物理资源与信息资源的调配，动态性地参与并影响着图书馆信息生态活动。

第三节　内容框架体系中各要素的相互作用机理

在智慧社会驱动下，大数据和智能体联合作用于图书馆系统，重构图书馆信息生态的内容框架体系。图书馆信息生态的内容框架体系主要包括基本要素和动态要素两方面内容。基本要素是组成图书馆信息生态系统的基本单元，客观地表征了图书馆信息生态的构成因子，由信息主体、信息本体、信息环体、信息介体、信息链体和信息控体等六方面要素构成。动态要素则是不断适应社会发展变革而变化的、运动的、调整的、不断择优化的内容要素，动态地调整着图书馆信息生态系统的状况，使之趋于平衡，由信息流、信息圈、社会计算和知识自动化等四方面要素组成。

一　内容框架体系构成要素的整体性分析

在图书馆信息生态内容框架体系的基本要素中，信息主体是图书馆信息活动的组织者与承担者，由于信息主体具有自主意识和创新能力，因此，信息主体的主观能动性使其成为图书馆信息生态内容框架体系的主体要素；信息本体是主体从事信息活动的对象，作为主要内容和对象参与信息活动，是图书馆信息生态内容框架体系的核心要素；信息环体是信息主客体交流、活动的信息环境体系，构成了图书馆信息生态内容框架体系的基础要素；信息介体用于挖掘、整合、管理、利用信息资源，使信息传输范围得到扩大，这些技术方法、传播方式和传递途径是图书馆信息生态内容框架体系的技术要素；信息链体是融合图书馆系统内部、系统之间，以及图书馆系统与社会系统、信息组织、信息供应商和下游信息用户而形成的网状链式结构，最终形成信息流动与循环的信息生态环境网状体系，决定着整个图书馆信息生态系统的运行平衡与稳定性，是图书馆信息生态内容框架体系的保障要素；信息控体在道德规范和精神活动等伦理层面及价值观层面调控图书馆信息生态系统的运行，是图书馆信息生态的调控体系，它规范信息主体的信息行为，决定信息本体的信息活动，协调信息环体的标准规范，控制信息介体的应用转化，影响信息链体的流转过程，是图书馆信息生态内容框架体系的规范要素。

在图书馆信息生态内容框架体系的动态要素中，信息流强调信息的运动过程，描述了图书馆信息生态的动态环境中，信息本体在多元化的信息主体及系统和机构之间的纵横传递与流动转移，也是从动态层面刻画信息流转过程中各要素的转化关系和节点间的动态平衡性。因此，信息流是描述图书馆信息生态平衡的内生动力要素。信息圈强调信息的运动状态，是指相互关联、纵横交错的信息生态链构成的信息空间，具有协调并完善信息本体的流动和循环的功能。所以，信息圈是描述图书馆信息生态平衡的外在状态要素。社会计算是对社会系统中的组织、团体和个人的信息行为进行动态建模、知识决策及智能管理，使信息活动趋向于主动感知信息需求、动态预测信息行为、自适应引导信息发展等动态组成模式，是实现智慧社会背景下图书馆信息资源创新管理与科学控制的基础。因此，社会计算是维护图书馆信息生态和谐稳定的支持性要素。知识自动化是对信息本体的分析、加工，通过观测和建模对信息主体进行追踪、识别并解析，提取主体所需的知识，推动图书馆信息服务由人工的知识型服务转变为机器的智能型知识服务。因而，知识自动化是实现图书馆信息生态平衡的驱动性要素。

综上所述，从图书馆信息生态系统整体来看，图书馆信息生态内容框架体系的基本要素和动态要素是相互联系、相互制约、相辅相成的，它们在特定的信息环境中存在交互作用。在基本要素中，信息主体发挥主观能动性，以信息本体为核心，以信息环体为基础，以信息介体为手段，以信息链体为保障，在信息控体的规范下，共同完成了信息的有效传递，促进图书馆信息生态的平衡与稳定。在动态要素中，信息流强调动力要素，信息圈描述状态要素，社会计算作为支撑要素，以知识自动化为驱动，协同作用于基本要素的结构体系，使基本要素在影响图书馆信息生态的演化轨迹中得到优化，形成基本要素与动态要素间的互动机制，提高图书馆信息生态内容框架体系的内部有序性。

二　内容框架体系构成要素的自组织性分析

系统科学理论的科学思想和科学方法能够解释社会系统、经济系统、生命系统等复杂系统的形成、发展与运行机制等方面的问题。自 20 世纪 60 年代以来，自组织理论不断发展，阐释了一定条件下系统由无序向有序、由低级有序向高级有序的自动演化原理，丰富并深化了人们对社会系统中复杂问题的认识。人类系统是一个复杂的自适应系统，个人是这个系统中最基本的单元，由个人基本单元形成的组织及其他大规模的社会系统都是复杂的自适应系统，其演化过程也是一个自组织过程。在智慧社会协同创新的进程中，图书馆作为社会系统成员之一，是一个复杂的自适应系统，其内部构成因子和能力要素同样会呈现自组织的运动特征。智慧社会使图书馆的智能化程度加深，智能特征使图书馆在复杂社会系统中生存、适应和发展，智慧图书馆的演化则表现出自组织演化的特征。

图书馆信息生态系统满足耗散结构的基本条件。首先，图书馆信息生态系统是一个开放系统。图书馆直接面对开放的社会系统交换信息、能量和物质，图书馆系统之间以及图书馆与社会系统之间通过虚拟网络实现资源的动态整合，彼此之间不受物理空间等因素的制约，相互独立地运行而又保持实时联系。因此，图书馆信息生态系统是一个开放系统，图书馆信息生态的内容框架体系也具有开放的特征，各要素之间相互联系，不受制约。其次，图书馆信息生态系统是一个动态系统。图书馆信息生态的基本要素强调动态可变性，信息主体不断与外界联系，信息本体不断吸收能量，信息介体不断引进优势资源，信息环体不断优化，而动态要素更是实时交互影响着基本要素的改良，新资源的融合必然给整个图书馆信息生态体系带来新的不确定因素，与此同时，信息链流转为了应对社会系统的变化会做出一系列不同程度的调整以保证内部平衡。因此，图书馆信息生态内容框架体系诸要素是动态变化的，这种变化不是要素间的互变，而是要素本身量的累积与质的变化。再次，图书馆信息生态系统是一个非线性系统。图书馆信息生态各构成要素内部结构和功能各异，依赖信息介体中的信息技术手段集成一个相对复杂的系统，各要素的运行状态随目标、时间和环境的变化而不断发生变化。此外，各要素的构成状态并不是简单的堆积，而是随其在信息生态系统运行中发生作用的方式有序变化、相互作用形成平衡体系，各要素之间的复杂关系无法用简单的线性关系来描述。因此，图书馆信息生态内容框架体系诸要素之间的相互作用是非线性的。最后，图书馆信息生态系统是一个波动性的变化系统。图书馆信息生态整体状况时刻受到内部与外部主客观因素的影响，如国际形势、政策法规、社会发展、新成员的加入等，为了适应环境变化，信息生态系统内部会进行一系列调整，最大限度地利用各种资源，实现信息共享与信息公平。系统内各要素与外部环境逐渐交融，在规模与内涵上会发生一定程度的变化，当这种变化达到一定临界点时，系统就会形成新的有序结构。因此，图书馆信息生态内容框架体系诸要素在相互影响与交融中向前发展。

图书馆信息生态内容框架体系的自组织过程是基本要素和动态要素各组成要素之间的互动互应过程，某一个构成要素的变化，必然会引起其他组成要素的响应，使其发生相应的行为变化，发生变化的要素又反过来影响该要素和其他要素，从而形成较为复杂的互动互应的网络关系。比如信息生态介体中的技术要素随社会信息技术的发展而迅速更新，这一变化推动信息主体信息行为能力提高，使信息本体的转化及利用价值提升，同时能够优化信息环体，提高信息控体的规范能力，最终推动信息链体流转效率提高。此外，信息介体的发展变化也会对动态要素产生影响，信息技术发展能够提高信息流质量，优化信息圈状态，推动社会计算能力与参与度的提升，影响知识自动化的水平与应用。反过来，信息主体、信息本体、信息环体、信息链体和信息控体，以及信息流、信息圈、社会计算和知识自动化等要素又反作用于信息介体，推动并促进信息介体整体水平提高和应用范围拓展。正是因为这种互动互应关系的存在，图书馆信息生态内容框架体系才能不断调整、适应和自我评价，探索新的组织结构和行为模式，接受社会组织的评价与选择，建立起新的稳定结构和状态，促使图书馆信息生态系统自组织性特征更加明显，从而适应智慧社会的发展要求。

三　内容框架体系构成要素的适应性分析

适应性分析是指结合实际情况，对某种方案或某种体系结构是否适应社会发展需求和体系发展需要而进行的分析。对于图书馆信息生态系统而言，无论是构成内容框架体系的基本要素，还是影响其动态发展的动态要素，都有其内在规定和适用范围，并不是一成不变地以固定模式发挥作用。特别是在社会环境实时变化的情况下，就更需要对图书馆信息生态内容框架体系的内涵及适应性进行分析，结合图书馆信息生态系统自身的特点和平衡规律，探索与智慧社会发展相适应的内容框架体系。

对图书馆信息生态内容框架体系构成要素进行适应性分析的目的是评价基本要素和动态要素在各种环境作用下是否能实现其预定功能并达到预期效果。图书馆信息生态内容框架体系构成要素的适应性包含两个层次，即与图书馆系统外部环境之间的适应性和图书馆系统内部诸要素之间的适应性。

适应性分析需要动态进行。图书馆信息生态内容框架体系构成要素与外部环境之间的适应性强调的是基本要素在社会系统影响下的更新、优化与升级，基本要素通过自身的调整不断适应社会的发展变化。信息主体以服务社会发展为目的从事信息活动，信息本体既是社会发展的产物又是社会发展的驱动因素，信息介体随着社会新技术的发展而迅速更新、升级，信息环体为与社会信息需求相适应而不断优化，信息链体的流转效率随社会系统的进化而提升，信息控体在整个社会价值观和伦理观的宏观调控下发挥作用。可见，图书馆信息生态内容框架体系的基本要素受社会、政治、经济、文化等的影响和制约是比较直观的，其发展和优化与外部环境发展相互适应。基本要素在不断适应智慧社会发展的进程中调整自身结构，因此既要以系统性思维考量信息生态系统整体的内外部相适应的规律，又要注重以协同思想促进各要素内部的相互协同及能量转化。

在基本要素为适应外部环境而不断调整体系结构的过程中，动态要素也随着社会系统的发展变化而处于不断变化之中，且这种变化更为复杂。信息流与社会组织是交换的关系，在信息流转过程中一刻不停地与外部社会环境进行着各种各样的交换，从信息、能量的交换到知识的交流与智慧的升华，信息流在不断优化的外部环境调控中加速了信息交互和循环过程，调整了自身的有序结构。这种连续、实时的调整凸显了图书馆信息生态系统的自适应能力。信息圈本身就构建了一个适应智慧社会建设和智慧图书馆发展需求的信息生态环体，在与外部环境的适应中推动图书馆信息本体的流动和循环。信息圈的每个层次与外部环境都是相互影响和相互制约的，它们融合共生，自动调节内部结构的稳定性，使信息本体赖以生存和发展的空间与智慧社会建设要求更加适应。社会计算主要通过融合社会力量，提高图书馆信息生态系统在信息整合、知识发现、决策支持、社会建模等方面的能力，为数据挖掘和知识发现提供建模及分析方法，受社会网络结构及社会网络结构中各用户的数据信息影响和制约。社会计算的核心和本质是提高数据获取及知识表示能力，并将所发现的知识用于解决社会系统的实际问题。知识自动化主要是以社会的动态变化为依据，对信息主体及其社会行为进行模型建构与动态分析，综合协调信息主客体、信息介体、信息环体和信息链体等各方面的基本要素，能动地感知与解析影响信息生态平衡的动态因素，自适应引导社会系统中影响图书馆信息生态平衡与稳定的各种要素。可见，图书馆信息生态内容框架体系的动态要素与图书馆系统外部环境之间的影响和制约关系紧密而复杂，各动态要素在社会系统的宏观调控中优化，形成满足社会发展要求的体系结构和方法决策。

图书馆信息生态内容框架体系构成要素在系统内部的适应性强调基本要素之间、动态要素之间以及基本要素和动态要素相互之间的影响制约、动态调整和协同演化等活动规律。基本要素和动态要素中任何因素的变化都会导致图书馆信息生态整体偏离原来的发展轨迹，只不过各要素的影响有大有小，影响方向和侧重点各有不同，导致系统偏离的程度也略显不同。这些都要求基本要素和动态要素不断对自身进行调整，从而能够与图书馆信息生态系统的整体发展变化相适应，使系统不断向更高层次跃进，显示出系统整体的适应性。

四　内容框架体系构成要素的关联性分析

图书馆信息生态内容框架体系的基本要素和动态要素是不同类型的构成要素，且具有各自的时空变化特征，它们在社会系统的驱动下发生与智慧图书馆发展相适应的调整与变化，形成多样性的内容框架格局，对这一过程中各要素的内在联系进行分析就是图书馆信息生态内容框架体系构成要素的关联性分析。关联性分析能够发现图书馆信息生态内容

框架体系的基本要素与动态要素之间的相关性，并描述它们相互之间的
关系密切程度及其所表现的特征与规律。

　　图书馆信息生态的基本要素包括信息主体、信息本体、信息环体、
信息介体、信息链体和信息控体等六方面内容。信息主体具有主观能动
性，是主体性要素，它决定、影响并控制着其他五方面要素；信息本体
是表征信息活动的对象，亦称信息客体，是内容框架体系构成要素的基
础；信息环体特指保障信息活动有效进行的物理环境、社会环境和制度
环境等所构成的信息环境体系，是内容框架体系的保障性要素；信息介
体是推动信息流转和信息合理流动的技术方法、传播方式、传递途径等，
在各构成要素的相互配合中起到媒介作用；信息链体是图书馆信息生态内
容框架体系构成要素的核心，描述了一个以信息主体为基础、以信息本体
为基本单元、以信息介体为纽带、以信息环体为保障的信息生态网状体系；
信息控体是道德规范和伦理层面的调控体系，属于意识层面较高层次的构
成要素。基本要素内部的关联关系如图 4-2 所示。

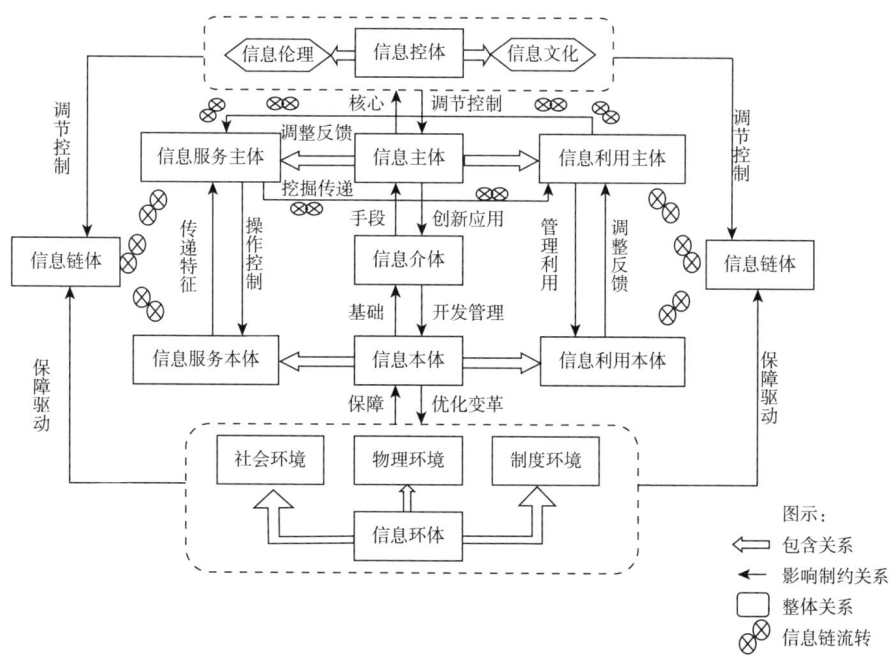

图 4-2　图书馆信息生态基本要素的内部关联关系

图书馆信息生态的动态要素包括信息流、信息圈、社会计算和知识自动化等四方面内容。信息流是描述信息活动的过程要素，影响内容框架体系中各要素的转化关系和信息节点间的动态平衡；信息圈是图书馆信息生态的状态要素，表征内容框架体系中各要素相互作用形成的一种均衡运动状态；社会计算是方法要素，驱动内容框架体系的构成要素由静态组成转变为动态感知、自适应引导等动态组成模式；知识自动化是技术要素，是实现图书馆信息生态内容框架体系在动态调整中保持平衡的核心技术。动态要素内部的关联关系如图 4-3 所示。

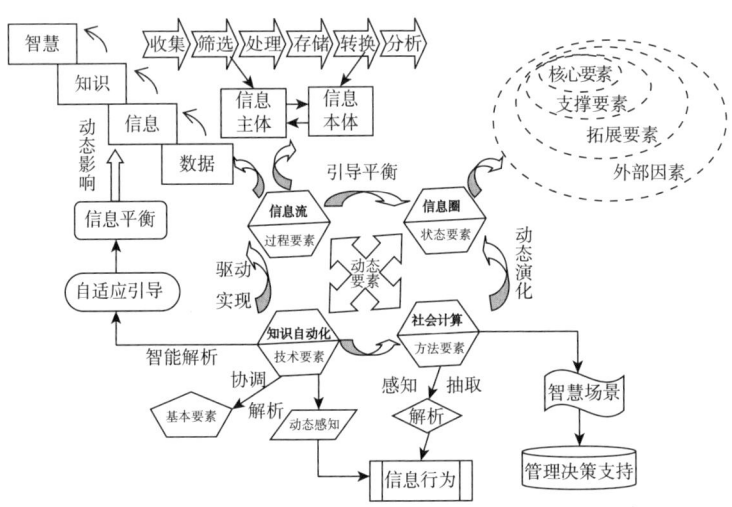

图 4-3 图书馆信息生态动态要素的内部关联关系

可见，基本要素是表征图书馆信息生态构成因子的必要因素，是组成图书馆信息生态系统的基本单元，也是实现信息合理流转、保持信息生态平衡必不可少的条件；动态要素是在智能特征的驱动下，伴随信息技术的发展变革而变化的、运动的、调整的、择优化的内容要素，是调整内容框架体系中各要素动态关系的重要驱动条件。图书馆信息生态的基本要素与动态要素的关联关系如图 4-4 所示。基本要素和动态要素不是孤立存在的，它们在相互联系、相互影响和相互制约中寻求协同，在变化的信息环境中实现平衡。

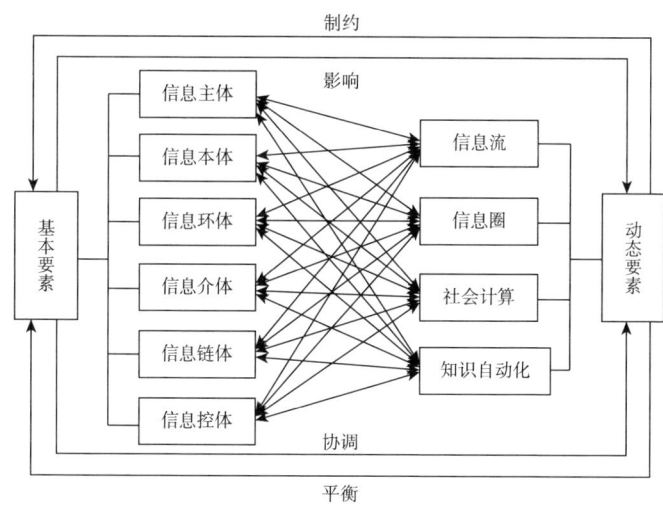

图 4-4　图书馆信息生态基本要素与动态要素之间的关联关系

五　内容框架体系构成要素的系统性分析

系统性分析是智慧社会发展背景下的一种必需的决策分析方法，它要求把图书馆信息生态的内容框架体系看作一个整体，分析各构成要素彼此之间相互关联、相互影响的复杂关系。层次分析法（Analytic Hierarchy Process，AHP）是一种定性和定量相结合、系统化、层次化的分析方法，AHP 方法的思想基础与系统性分析的原则是一致的，能够描述图书馆信息生态内容框架体系诸要素彼此相关的层次递阶系统结构，清晰地反映出各要素在系统内部的定量关系，科学地验证图书馆信息生态内容框架体系构成要素的合理性。

根据图书馆信息生态内容框架体系构成要素的特点和所要实现的信息生态系统的稳定目标确定各构成要素的评价顺序。对各构成要素进行系统分析，通过将各要素与度量准则进行比较，得到各要素的加权量，以此反映它们在内容框架体系中的价值地位和相对重要性，并经过加权合成后形成评价体系。图书馆信息生态内容框架体系构成要素的层次分析结构如图 4-5 所示。

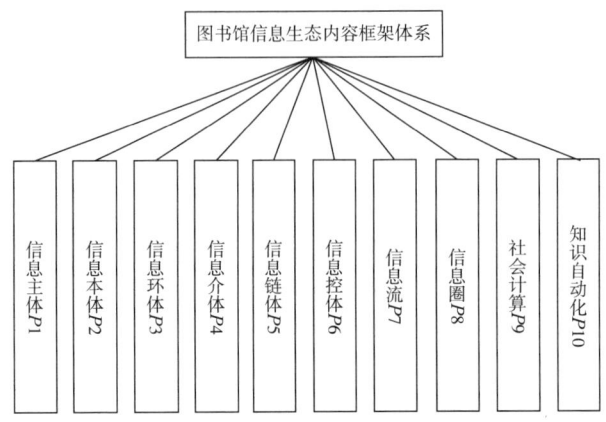

图 4-5　图书馆信息生态内容框架体系构成要素的层次分析结构

基于图 4-5 所示的层级结构，对比各个因素的相对重要性构建成对比较矩阵。成对比较矩阵的取值将采用 1~9 及其倒数进行标度，标度意义如表 4-1 所示。

表 4-1　比较标度

β	1	3	5	7	9	2、4、6、8
R_{ij}	同样重要	稍微重要	明显重要	强烈重要	绝对重要	重要程度介于各等级之间

表 4-1 中，β 表示等级数，R_{ij} 是第 i 个指标与第 j 个指标相比的重要程度，且 $R_{ij} = \dfrac{1}{R_{ji}}$，经过图书馆信息生态内容框架体系 10 个因素的两两比较之后，得到判断矩阵 B。

$$B = \begin{bmatrix} 1 & 5 & 3 & 6 & 9 & 9 & 7 & 9 & 8 & 9 \\ \dfrac{1}{5} & 1 & 2 & 2 & 2 & 4 & 2 & 5 & 6 & 9 \\ \dfrac{1}{3} & \dfrac{1}{2} & 1 & 4 & 2 & 5 & 4 & 7 & 6 & 8 \\ \dfrac{1}{6} & \dfrac{1}{2} & \dfrac{1}{4} & 1 & 4 & 3 & 2 & 4 & 4 & 9 \\ \dfrac{1}{9} & \dfrac{1}{2} & \dfrac{1}{2} & \dfrac{1}{4} & 1 & 4 & 2 & 5 & 4 & 8 \\ \dfrac{1}{9} & \dfrac{1}{4} & \dfrac{1}{5} & \dfrac{1}{3} & \dfrac{1}{4} & 1 & 3 & 4 & 2 & 3 \\ \dfrac{1}{7} & \dfrac{1}{2} & \dfrac{1}{4} & \dfrac{1}{3} & \dfrac{1}{2} & \dfrac{1}{3} & 1 & 2 & 3 & 7 \\ \dfrac{1}{9} & \dfrac{1}{5} & \dfrac{1}{7} & \dfrac{1}{4} & \dfrac{1}{5} & \dfrac{1}{4} & \dfrac{1}{2} & 1 & 2 & 5 \\ \dfrac{1}{8} & \dfrac{1}{6} & \dfrac{1}{6} & \dfrac{1}{4} & \dfrac{1}{4} & \dfrac{1}{2} & \dfrac{1}{3} & \dfrac{1}{2} & 1 & 2 \\ \dfrac{1}{9} & \dfrac{1}{9} & \dfrac{1}{8} & \dfrac{1}{9} & \dfrac{1}{8} & \dfrac{1}{3} & \dfrac{1}{7} & \dfrac{1}{5} & \dfrac{1}{2} & 1 \end{bmatrix}$$

对数学模型进行求解，首先要检验矩阵的一致性。当检验系数 $CR = CI/RI$ 小于 0.1 时，才可以认为这个模型是有效的。

利用 R 语言编程对模型进行求解（R 语言执行程序代码见附录 1）。通过 R 语言计算，B 的最大特征值 $\lambda = 11.27273604$，可得一致性指标 $CI = 0.1414151$。一致性指标的计算方法为 $CI = \dfrac{\lambda_{max} - n}{n - 1}$，在这里取 $n = 10$。

查"随机一致性指标 RI 数值表"[①]，得 $n = 10$ 时随机一致性指标 $RI = 1.49$，计算得 $CR = 0.09490946$，$CR < 0.1$ 通过检验。最大特征值 $\lambda = 11.27273604$，对应的归一化特征向量 $\alpha =$（0.36757205，0.13781869，0.15651579， 0.10477661， 0.07968367， 0.04730222， 0.04490436，0.02685750，0.02137286，0.01319625）。

数学建模结果表明，在建构图书馆信息生态内容框架体系时，基本

---

① 姜启源、谢金星、叶俊编《数学模型》（第四版），高等教育出版社，2010，第 254 页。

要素与动态要素相互影响、相互融合，各因素发挥着程度不同的重要作用。其中，信息主体的重要性约为 36.76%，信息本体约为 13.78%，信息环体约为 15.65%，信息介体约为 10.48%，信息链体约为 7.97%，信息控体约为 4.73%，信息流约为 4.49%，信息圈约为 2.69%，社会计算约为 2.14%，知识自动化约为 1.32%。

图书馆信息生态内容框架体系是基本要素和动态要素的有机结合。信息主体、信息本体、信息环体、信息介体、信息链体、信息控体、信息流、信息圈、社会计算和知识自动化这十大要素相互联系、相互制约、有机统一，决定着整个图书馆信息生态系统的基本特征和平衡状况。运用数学方法构建层次结构模型，科学、客观地对各要素进行评价，能够呈现图书馆信息生态内容框架体系各构成要素的相对重要程度。在根据实际需要构建调整图书馆信息生态平衡策略时，可以有所侧重地进行调节，最大限度地减小自身判断与相关利益者判断之间的差异，尽可能考虑各构成要素的价值判断及相互关联性，适时抑制构成要素中偏高的价值水平，如注意调控信息主体的主观性和盲目性；同时，提高偏低的价值水平，如提高知识自动化对图书馆信息生态系统的响应速度和效率。这样才能维护图书馆信息生态整体的平衡与稳定，使为适应智慧社会发展要求而重构的图书馆信息生态内容框架体系结构更具科学性与实效性。

第四节　本章小结

智慧社会的支撑体系与核心问题驱动图书馆信息生态内容框架体系由简单的、静态的构成要素向复杂的、动态的、适应性更强的动态要素拓展，形成动静结合的综合性内容框架体系结构。图书馆信息生态内容框架体系是基本要素和动态要素的有机结合。基本要素是表征图书馆信息生态内容框架体系的必要因素，也是组成图书馆信息生态系统的基本单元，包括信息主体、信息本体、信息环体、信息介体、信息链体和信息控体等六方面基本内容；动态要素是在智慧社会智能特征的驱动下，伴随信息技术的发展变革而不断适应性变化的、运动的、调整的、择优化的内容要素，包括信息流、信息圈、社会计算和知识自动化等四方面动态内容。对各构成要素分别从整体性、自组织性、适应性、关联性和系统性视角进行分析，揭示其相互联系、相互影响、相互交融和相互制约的作用机理，可推动图书馆信息生态内容框架体系结构不断调整与适应，从而建立新的稳定结构和状态，在日益变化的社会信息环境中实现平衡。

第五章　基于社会计算的图书馆信息
生态框架体系模型

智慧社会要求将静态的人文知识动态化呈现，使孤立的知识实现网络化共享，最终推动高度互联互通的智能化社会的实现。在智慧社会的发展进程中，可利用计算技术研究传统意义上的社会学问题，使定性的讨论数字化，促进人类社会研究和社会动态发展。社会计算为实现上述目标提供了有效的解决方案，它是"社会理论、信息系统、数学图论、计算网络、数据科学等交叉融合而成的一个研究领域，研究的是如何利用计算系统帮助人们进行沟通与协作，如何利用计算技术洞悉社会运行的规律与发展趋势"①。基于社会计算构建的图书馆信息生态框架体系模型，针对智慧社会的信息流动和知识组织需求，构造图书馆虚拟信息生态与实际信息生态虚实交互、协同演化和闭环反馈的平行系统，通过在软件定义的虚拟信息生态中对信息行为进行计算，为图书馆信息生态平衡的决策与实现提供支持。

第一节　图书馆信息生态框架体系模型的
构建理念

系统架构理论是对复杂系统资源进行规划和管理的解决方案。在管理信息系统中，架构是能够描述有效管理系统的复杂性从而保持其完整性的一幅蓝图，使得整个系统得到并保持智能的控制。系统架构是一种顶层设计方法，在系统架构理论的逐步形成发展过程中，依次出现了面向过程的架构模型、面向对象的架构模型、面向框架的架构模型和面向服务的架构模型。在实践中，要根据不同的构建目标和系统需求选择合适的架构模型建构系统的框架模型。智慧社会背景下构建图书馆信息生

---

① 苏鹏：《社会计算中的组织行为模式挖掘》，电子工业出版社，2019，第2页。

态框架体系模型，要求其顶层设计基于全面集成和融合的视角，规划动态的、联系的、多维的立体框架和逻辑关系模型，制定科学的架构原则，建立严谨的规划与实施关系，从而使规划管理与系统实施管理井然有序。

一　EA 理论与内涵

EA 是 Enterprise Architecture 的缩写，直译为"企业架构"，也被译为"总体架构""整体架构"，是信息资源整体规划的首选方法和工具。我国学者马费成教授在其主编的《信息管理与信息系统研究进展》一书中，以专题介绍了 EA 的理论演进与前沿问题研究，对 EA 的概念与内涵、理论渊源、理论发展历程、理论前沿与主要议题进行了详细阐述。指出，EA 虽然在国内的传播时间短，学术影响力不大，然而 EA 所体现的集成、综合和效率思想以及统一、共享和标准化的规划治理理念，在信息资源规划和战略管理领域的理论价值很大。而且 EA 的兼容性、广泛参与性和良好的表达性，是未来协作和战略设计的最佳选择。[①]

马费成教授将 EA 的语义概念描述为"将一个模型化了的企业或实体按比较科学和审美化的方法组织的方法体系"，在应用实践中对 EA 进行解读，从过程论、系统论、方法论等不同视角对 EA 作为应用技术的分类组织方法或管理工具进行定义，并将其概括为以下两方面。第一，EA 是企业信息系统的标准化模块分类体系；第二，EA 建立了企业业务和技术之间的映射关系，突出分配系统模块数量、管理复杂程度以及成本投资方面的均衡，具有一定的"审美"效果，突出信息资产管理职能。[②] 因此，EA 从战略规划高度描述企业发展的整体蓝图。EA 理论起源于 20 世纪 60 年代的信息战略理论，从战略高度审视企业信息的搜集、获取与自动化处理。EA 理论的雏形是基于缓解早期信息系统开发目标局限和过程低效问题而进行的改良规划体系的企业建模思想，以更有效的系统分析视角进行框架和模块搭建。EA 理论的早期思想是面向模块和架构的信息系统规划方法，最具代表性的架构规划是"Zachman 框架"。该框架通过企业系统与标准化业务和功能描述体系，建立可重复应用的业

---

① 马费成主编《信息管理与信息系统研究进展》，武汉大学出版社，2010，第 550~551 页。

② 马费成主编《信息管理与信息系统研究进展》，武汉大学出版社，2010，第 554 页。

务单元模块，逐层搭建满足用户需求的模块化资源系统。随着开放数据环境的发展，企业 IT 规划和管理发生巨大变革，EA 理论随之创新发展，其模型的结构和表述方式也发生了变化，形成了顶层架构设计的方法论。EA 成为跨越战略管理和信息技术规划的综合知识体系，它的宏观视图描述功能及技术性和可操作性为企业技术与管理带来变革。EA 框架的系统规划方法是构建和优化信息系统框架体系模型的重要参考依据。

二　Zachman 框架模型含义

在对一个复杂系统进行目标规划或需求规划时，描述系统分类和组织的逻辑结构显得尤为重要，而 EA 框架则是能够有效表述这类愿景、目标或需求的分类逻辑和分类体系。"用于设计企业系统时，EA 框架是通用的分类模式，它使用户专注于某个方面的同时，而不失整体观（contextual perspective），能够从全局、全过程来分析系统或数据的需求，同时将大量的企业细节划分成若干可管理的层次、领域或架构。"[①] 在现有的主流 EA 框架模型方案中，Zachman 框架是一个基于多视角、多维度的通用组织架构模型分类方案。

Zachman 框架是为信息技术企业提供一种可被理解的信息表述方式的逻辑结构。Zachman 框架不是可以被采纳利用的智能技术工具，而是一种实现组织架构模型分类方案的方法论，它的原型是 IBM 的工程师 John Zachman 于 1987 年提出的"将企业的信息技术资源按职能和类型分解为数据（What）、功能（How）和网络（Where）三列，范围（对象）、企业模型、信息系统模型、技术模型、细分代表和功能系统六行的 3×6 矩阵，从而分解出 18 种职能模块，并映射和选择相应的技术解决工具"[②]。1992 年，Zachman 优化描述框架，进一步提出"嵌入式"（Embedded）系统规划理念，改进的 Zachman 框架在原有基础上加入了角色（Who）、时间（When）和动机（Why）三列，形成了 6×6 矩阵结构。Zachman 框架模型可以从横向与纵向两个维度理解：横向维度采用 6W 进行组织，即与项目相关的 What、How、Where、Who、When、

---

①　裴雷：《政府信息资源整体规划理论与方法》，武汉大学出版社，2013，第 126 页。
②　马费成主编《信息管理与信息系统研究进展》，武汉大学出版社，2010，第 560 页。

Why，代表框架模型描述的焦点；纵向维度则呈现了一种自上而下的 IT 架构层次，即目标范围、业务模型、系统模型、技术模型、详细展现和功能系统，是从规划者、拥有者、设计者、承建者、转包者和用户等六个角色的角度进行的任务定义。

　　Zachman 框架标准模型如表 5-1 所示。从表 5-1 中可以看到，Zachman 框架模型既可以看作一个 6 阶方阵，也可以看作一个包含 36 个单元的方格表，每个单元都是一个角色定义的任务与描述焦点的交汇点。当我们在表格中横向水平移动时，能够从同一个任务视角，观察到系统不同的描述焦点；当我们在表格中纵向竖直移动时，能够从不同任务视角，观察同一个描述焦点的解决方案。

表 5-1　Zachman 框架标准模型

项目	数据 什么 （What）	功能 如何 （How）	网络 哪里 （Where）	角色 谁 （Who）	时间 何时 （When）	动机 为什么 （Why）
目标范围 （规划者）	业务元素列表	业务流程列表	业务区域列表	业务部门列表	业务时间列表	列出企业目标、战略
业务模型 （拥有者）	语义模型	业务流程模型 （物理数据流程图）	物流网络 （节点和链接）	基于角色的组织层次图	业务主进度表	业务计划
系统模型 （设计者）	逻辑数据模型	关键数据流程图、应用架构	分布式系统架构	人机界面架构 （角色、数据、入口）	相依关系图、数据实体生命历程	业务标准模型
技术模型 （承建者）	数据架构、遗产数据图	系统设计：结构图、伪代码	系统架构	用户界面、安全设计	控制流程图 （控制结构）	业务标准设计
详细展现 （转包者）	数据设计、物理存储器设计	详细程序设计	网络架构	屏显、安全机构	时间、周期定义	程序逻辑的角色说明
功能系统 （用户）	转化后的数据	可执行程序	通信设备和网络	组织：受训的人员	企业业务进度	强制标准和战略

　　资料来源：裴雷：《政府信息资源整体规划理论与方法》，武汉大学出版社，2013，第 129～130 页。

　　Zachman 框架不仅是一个描述企业分类和组织的逻辑结构的企业架构框架，也是适用于所有领域进行信息系统规划的方法论，它用最简便直观的形式刻画了信息系统规划中具有内在关系的构成元素及其功能和作用。

三　Zachman 框架模型特征及使用规则

Zachman 框架是一个 6 阶方阵模型，其中横向的 6 行自上而下是由宏观到微观的视角进行的系统描述。第一层从规划者的视角定义系统的范围，描述了组织方向、目的和边界，具体阐释了组织外部的驱动因素、需求和业务功能模型等；第二层从拥有者的角度定义业务模型，借助术语定义组织的本质，包括结构和过程模型；第三层是从设计者角度来看的系统模型，用更严格的术语、从更细节处进行系统的需求定义和系统的逻辑模型构建；第四层从承建者的角度设计技术模型，定义被用来满足前述各层需求的解决方案、开发模型和物理模型等技术要素；第五层从转包者的角度构建定义及部署模型，探讨实现系统详细设计的工具和方法；第六层是从用户的角度基于执行层面定义系统的功能模型，具体描述了组织内各层次的功能，客观反映了各层次的实施状况。

Zachman 框架纵向 6 列表示在组织系统中所提取出的各种元素。[1] 数据（What）着重表明组织中的重要对象、实体、组件及其之间的相互联系；功能（How）表明通过有效活动支持组织自身运行的方式方法；网络（Where）描述组织活动的执行部门；角色（Who）是对参与组织各层次活动的主体的界定；时间（When）反映组织活动执行的先后顺序；动机（Why）表明业务目标、战略措施的具体实现形式。

Zachman 框架定义了一个架构集合，并描述了架构中的核心要素，因此，它可以被用于描述任何其他使用这些要素的框架，管理企业内各种变化和支持企业内的系统集成，所以，它对企业系统的管理和开发至关重要，已成为后来许多架构的基础和依据。[2] Zachman 框架定义了两种表示方法，一种是描述信息系统开发过程中不同主体的不同视图，另一种是从不同视角对系统相关特征进行描述，提供系统属性模型。

Zachman 框架具有一定的使用规则。首先，框架模型中每个单元格

---

[1]　杨宏桥、蒲卫：《医疗信息系统顶层设计方法学》，人民军医出版社，2015，第 25～26 页。

[2]　杨宏桥、蒲卫：《医疗信息系统顶层设计方法学》，人民军医出版社，2015，第 26 页。

所进行的架构描述是以该列所采用的通用元模型为基础，同时受其所在行的约束，不同行的架构描述是既相互独立又相互联系的，相互间存在转换关系。其次，框架模型中的每个单元格都代表唯一的描述视角，架构描述不宜出现共享元概念的情况。再次，框架模型本身的逻辑框架具有一定程度的完备性，因而不能改变行和列的标头名称。框架模型在通用情境和企业特定情境下会使用其特定的标头名称（通用情境下列和行分别使用"什么""如何""哪里""谁""何时""为什么"和"规划者""拥有者""设计者""承建者""转包者""用户"；企业特定情境下列和行分别使用"数据""功能""网络""角色""时间""动机"和"目标范围""业务模型""系统模型""技术模型""详细展现""功能系统"），但不论是在何种情境下，标头名称都需按照 Zachman 框架的使用规则进行应用。最后，Zachman 框架逻辑具有通用性和迭代性，无论是有形实物还是抽象概念，都可以作为 Zachman 框架的描述目标，这种通用适应性致使框架模型中的每个单元格内容都可作为描述目标而被无限迭代描述。

四　Zachman 框架理念应用于图书馆信息生态框架体系模型的可行性分析

图书馆信息生态框架体系模型描述的是图书馆信息生态的结构特征，是构建图书馆信息生态框架体系的基础，为理解和表述图书馆信息生态结构状况提供了一个直观模型，并为当前以及未来的图书馆信息生态系统建设提供了可供参考的架构思路。为了能够较为清晰地描述图书馆信息生态各构成要素的内部组织形式及系统构建目标和功能之间关系的逻辑结构，可以参考 Zachman 框架的核心理念和方法构建图书馆信息生态框架体系的逻辑模型。

Zachman 框架的核心思想是元模型，体现了整体规划的先进规划理念，提供了一种技术架构体系和描述框架。虽然其在追求最小模型单元时技术细节关注不够，但是，这种架构模型的矩阵模式和映射关系能够相对直观地描述图书馆信息生态框架体系的层级模式及内部组织形式。可将 Zachman 框架的构建理念与图书馆系统和智慧社会的核心技术思想相融合，通过更加优化的组合模式和建模视野构建适用于智慧图书馆演进的架构模型，着重解决图书馆信息生态在智慧社会驱动下的顶层设计问题，以优化图书馆信息生态系统结构为导向，以提高信息利用效率、实现信息生态平衡为核心，以智慧社会的新一代信息技术为支撑，以完善的信息生态环境智慧决策为保障，从图书馆信息生态的构成内容视角定义架构模型，以更具有清晰性、可适用性、可被理解的方式形成图书馆信息生态框架体系模型的构建理念与方法。

智慧社会借助新一代信息技术对虚实互动的社会空间进行管理，而智慧社会的支撑体系与核心问题驱动图书馆信息生态的内容框架体系由简单的、静态的构成要素向复杂的、动态的、适应性更强的动态要素拓展，形成动静结合的综合性内容框架体系结构。图书馆信息生态内容框架体系的基本要素主要包括信息主体、信息本体、信息环体、信息介体、信息链体和信息控体等六方面内容，动态要素主要包括信息流、信息圈、社会计算和知识自动化等四方面内容。应用 Zachman 框架的构建理念描述基本要素与动态要素在相互联系、相互影响和相互制约中的协调关系，可体现图书馆信息生态构成要素的综合逻辑结构，使其在不断变化的社会信息环境中实现平衡。

第二节　图书馆信息生态框架体系模型构建的基本思路

图书馆信息生态框架体系模型从满足图书馆信息生态系统的整体需求出发，针对智慧社会的信息流动和知识组织需求，参考 Zachman 框架模型的构建，以内容框架体系的构成要素为基本单元，采用面向对象、面向行为、面向服务的系统架构设计方法，从横向与纵向两个维度进行模型的建构，描述图书馆信息生态框架体系的整体架构，构造图书馆虚拟信息生态与实际信息生态虚实交互、协同演化和闭环反馈的平行系统，刻画构成图书馆信息生态内容框架体系中所有内在关系的要素，以及这些要素在框架体系中的功能和作用，为图书馆信息生态平衡的决策与实现提供支持。

一 横向维度的框架组织形式

图书馆信息生态框架体系模型的横向维度（即六阶方阵的每一列）用于描述图书馆信息生态系统的六个不同方面，这六方面内容是基于图书馆信息生态框架体系的构成要素视角进行分析与选择的。只有从图书馆信息生态的构成内容这一基本方面对框架体系模型进行清晰的解释，才能较为清楚地刻画图书馆信息生态的结构特征。在横向维度上，图书馆信息生态框架体系模型包含六个描述的焦点：作为信息活动对象的信息本体、信息链流转过程、信息活动所处的虚拟网络环境与实体物理环境、参与信息活动的信息主体、信息生命周期和信息行为动机。

信息本体（数据，即什么内容 What），用于表示信息活动的内容和对象。对于图书馆信息生态系统来说，信息本体是由信息内容和信息载体构成的实体，其构成了描述信息内容之间内在关系的基本数据模型。

信息链体（功能，即如何工作 How），用于表示信息流转的关系及行为。在图书馆信息生态系统内部，信息在不同主体之间的流转具有不同的排列顺序和组合方式，形成了信息流动和转化的功能模型。

信息环体（网络，即在何处工作 Where），用于表示信息流转活动所处的虚拟网络环境与实体物理环境，以及它们相互之间的联通关系。信息环体是信息主体的活动空间和信息本体的流转场所，构成了描述焦点的网络模型。

信息主体（角色，即何人负责 Who），用于描述信息服务主体和信息利用主体的角色、定位、信息行为及信息活动。在图书馆信息生态系统中，信息主体参与信息生产、传输、利用和监督等信息流转环节，构成了框架体系的主体模型。

信息生命周期（时间，即何时工作 When），用于描述信息流转的时间序列，即信息从产生到应用直至失去使用价值的时间范围，以及不同组织层次信息之间的相对时间关系。在图书馆信息生态系统中，信息生命周期的构成环节可以被看作各项信息链流转活动的连续体，以时间序列的形式呈现，形成时间动态模型。

信息行为动机（动机，即为什么做 Why），用于表示信息主体的信息行为动机和信息本体的信息流转动因，也就是信息活动的最终结果和意义。对于图书馆信息生态系统而言，信息行为动机体现着主体所需要的信息内容及信息活动对其行为的激励作用，并将主体的信息活动引向一定的、满足其需要的具体行为。信息行为动机是信息行为发生的根本动力，构成了框架体系的动机模型。

二 纵向维度的框架层次结构

在纵向维度上，架构层次反映了信息流转的框架结构，代表图书馆信息生态框架体系架构的流程和承担者的角色范畴，描述了信息活动中不同信息主体参与者的观点及看法，由上而下分别为管理目标层、数据业务层、信息系统层、信息技术层、信息应用层和知识提炼层，这六个层次描述了纵向维度的信息生态层次架构。

管理目标层是从规划者，即信息活动规划者的观点和看法范畴对信息流转活动进行的一种抽象表述，定义图书馆信息生态框架体系的方向和目的，从抽象概括层面描述信息生态系统架构的目的和方向，以及系统状况和业务范围，规划系统在功能、性能及成本等方面的整体要求，对系统整体状况进行高度概括，驱动图书馆信息生态的顶层规划和战略分析，增强图书馆信息生态系统的核心竞争力。战略模型、区域划分、业务流程等成为描述这层架构轮廓的主要工具。

数据业务层是从拥有者，即信息活动高层监管者的观点范畴对图书馆信息生态进行描述，实现用业务术语对信息活动过程各个节点的结构、本质、流程等进行定义，描述信息组织实体和信息流转过程以及它们之间的关系，明确各层次模型与本层的关系及信息活动流程与规则。数据业务层是业务模型的表达层，能够从信息生态整体视角优化信息生态链节点的组合关系，保障节点信息的摄入、筛选、处理、消化、吸收和反馈，完善对信息生态系统的需求分析进行业务建模的过程。

信息系统层是从设计者，即信息组织者的观点范畴对图书馆信息生态系统功能和数据模型进行定义，这一层的功能模型对应信息系统模型，能够将管理目标层的规划设计转换为信息生态系统稳定运行的详细需求。信息组织者依据信息生态平衡所要求的数据元素、逻辑流程、信息流转过程等系统功能设计构建信息系统模型，建立多种标准化、可兼容的数据模型和业务模型，具有较强的引进吸收和集成创新能力，能够更好地实现信息解析并挖掘出信息的潜在价值和隐含意义，降低信息成本，提高信息流转效率。

信息技术层从承建者，即信息生产者的观点范畴定义图书馆信息生态框架体系构建从顶层设计到需求分析再到系统功能实现的相应技术和手段。技术模型对应信息生态系统已有的工具、技术和资源等方面的能力，能够强化信息主体的信息器官功能和信息行为能力的技术设备及其相应的使用方法与操作技能都属于技术模型的范畴。模型的实现功能能够满足编程语言环境、外接硬件设备、网络环境、兼容插件等方面的需要，保障信息生态系统功能在运行工具、技术方案和实施平台等方面得以实现。

信息应用层从转包者，即信息传递者的观点范畴定义框架体系的详细设计方案，承担各模块之间的协作与任务分配功能。要使信息传递过程跟上信息系统建设的整体进度，就必须从信息流转全过程考虑信息池（具体数据库）、系统模块和业务规则等方面的具体执行方案，适应功能和需求不同的信息节点间的信息传递特点及规律，优化信息生态链节点的连接方式，设计符合图书馆信息生态系统需求的应用模块。

知识提炼层从用户，即信息利用者的观点范畴对图书馆信息生态框架体系的设计、功能和操作进行评价与反馈，也就是基于信息生态框架体系执行视角解析功能模型。知识提炼实质上是在信息流转过程中，依据主体信息需求与信息能力，从大型、分散、多样的数据集中分析并获取信息，进而集成与凝练知识。在由图书馆管理软件企业、数据密集型部门、互联网集合、学术联合体和研究人员构成的联通的图书馆信息生态系统中，这种功能模型围绕数据挖掘进行研究与创新，实现信息应用与信息需求相匹配，与跨馆、跨界、跨区域的知识服务相适应。

三　横纵交互的整体建模思路

从系统论视角探讨，图书馆信息生态系统是一个整体系统，需要从整体出发研究其体系模型的构建，以实现模型最优的目的。因此，图书馆信息生态框架体系模型不能简单地从横向或者纵向维度单独构建，需要以横纵交互的整体思维进行构建。Zachman 框架是系统规划方法论上的重要突破，其建模思路提供了一种信息系统多维或横向的划分方法，模型通过横纵交叉的单元格描述了不同利益相关者及其相互间的关系，各种子模型和架构描述也通过横纵相交的单元格进行表述，体现了整体规划的先进规划理念。图书馆信息生态框架体系模型以 Zachman 框架模型的构建理念为依据，通过横向焦点和纵向观点相交叉构造的唯一"单元格"来描述解决方案，比如管理目标层从信息活动规划者的观点范畴对信息本体进行描述，构建了信息内容的基本数据列表；数据业务层从信息活动高层监管者的观点范畴构建信息流转模型，刻画信息活动的数据流程。每一个单元格的内容都是规范且清晰的，提供了依据某一特定"观点"或"看法"所给出的问题解决方案，并详细描述了支持这些问题解决方案的精确模型。

从横纵两个维度正交叉形成的交叉点所构成的"单元格"来看，每个单元格的架构描述都可看作探索图书馆信息生态系统架构的子模型。纵向上的不同信息活动参与者在表达信息生态系统的相关观点时，都需要同时描述系统的横向维度焦点模型，而对于某一具体焦点模型的解析，不同的信息活动参与角色则有不同的理解和表述。举例来说，不论是信息活动规划者还是信息活动高层监管者，在描述一个系统子模型时，都需要描述其数据、功能等方面的情况，但是，对于某一具体方面，如数据，不同的信息活动参与角色则会有不同的理解与表述。对于信息活动规划者来说，数据指的是整个信息活动过程中信息内容的基本数据列表，而对于信息活动高层监管者来说，数据指的则是概念数据和数据的语义模型等方面的具体描述及其之间的关系。可见，横纵交互的单元格框架清晰地定义了图书馆信息生态系统所涉及的相关内容和问题，通过对系统进行分解描述确保信息流转过程与技术实现的相互映射，改进信息环境与人类社会发展的适应机制，提高信息链流转的科学性与合理性，解决信息生态失衡问题，指导个人、组织与信息环境和谐发展。

在进行系统整体的架构描述时，需要注意的是，每一行的架构描述既是相互独立又是相互联系的，而每一列的架构内容必须是相互关联的。系统架构的每一行代表了信息活动参与者的不同视角，从信息活动规划者、高层监管者，到信息组织者、信息生产者、信息传递者和信息利用者，每个角色视角的关注点虽然不同，但都聚焦于每个子系统描述内容的上下文环境上，即根据与具体视角相关联的一系列要求进行详细描述。如第一行的信息活动规划者关注图书馆信息生态系统整体运行具有重要意义的事务范畴，提供了一种顶层设计和战略分析方案，其描述内容和详细程度与其他各行虽有描述视角的差别，但皆有关联性。而其下各行也从各自不同的关注点出发，分别从信息活动流程与规则、系统功能和数据模型、技术方案及实施平台、系统应用模块、体系执行功能模型等方面对图书馆信息生态框架体系进行描述，每一行的描述都为其他各行创造了上下文环境，且相互间具有逻辑关联性。需要指出的是，表格各行自上而下描述的内容并不具备递进增强的趋势。在上述框架中每一行都代表了不同的描述视角，但由于每个视角的关注点各不相同，其子模型需要解决的问题和实现的目标也各有侧重，因此，各行相互间描述的内容和详细程度是不具备可比性的，框架体系模型自上而下不具有递进增强的规律，不同行的架构描述是转换关系而不是演进关系。框架体系模型的每一列都代表所描述架构的一个方面，六方面内容从多维焦点对架构进行完整描述，各列的描述内容客观上相互影响、相互制约，表现出较强的逻辑关联性。

综上所述，图书馆信息生态框架体系模型的整体构建思路参考Zachman框架模型的构建理念，从横向与纵向相交互的整体视角对图书馆信息生态的架构进行分解描述，充分体现了图书馆信息生态框架体系模型的系统整体性和逻辑结构性。虽然Zachman框架本身并不是一个完整的解决方案，仍有一些构建框架的具体指导意见有待探讨，但是，以这种逻辑结构对图书馆信息生态框架体系模型进行描述，能够用一种易于被理解的信息表述方式对信息活动全过程按照信息链节点要求进行分类表述。针对智慧社会的信息流动和知识组织需求，从不同角度构造虚实交互、协同演化的信息生态平衡系统，从而引入社会计算的方法，在框架单元格的具体描述中关注如何智慧化地构建信息活动模型，评估信息质量，以优化图书馆信息流动和扩散模式，为图书馆信息生态平衡的决策及实现提供支持。

第三节　图书馆信息生态框架体系
模型构建的技术方案

对图书馆信息生态框架体系模型的构建理念和构建思路进行分析以后，就需要针对图书馆信息生态失衡的相关问题找出解决问题的方案。一般情况下，在模型构建的这个阶段应该形成支撑框架体系模型构建的一系列技术方案。"完整的方案集是方案选择的必要条件，如何确立完整的方案集，可以从技术的本质特征出发，以空间方式描述其特征，建构一个可选空间，构筑各选方案集的完整空间。"[①] 技术的目的性、功能性和要素性三方面特征决定了技术的本质属性，技术方案的确定及选择也是实现这三方面特征的建构。在正确认识图书馆信息生态框架体系模型的构建具有复杂性的前提下，可基于技术目的范畴、技术功能范畴和技术要素范畴三个维度的技术特征进行决策，通过其内在关系确定正确的方案集，最终形成框架体系模型构建的技术方案。

一　图书馆信息生态框架体系模型技术方案的复杂性

图书馆信息生态框架体系模型的设计与应用是一个较为复杂的过程。由于图书馆信息生态框架体系模型是由若干解决问题的功能模块形成的子系统（子模型）所构成，考虑构建模型的技术方案时也是面向每个子系统（子模型）和每个具体问题而进行的，因此，图书馆信息生态框架体系模型的构建具有复杂性。在确定建模技术方案的过程中，需要综合考虑框架体系模型的规划、设计、技术指标和运行可行性等多方面问题，并在框架体系模型的构建初期正确理解建模过程的复杂性。

第一，框架体系内容描述较为复杂。图书馆信息生态框架体系模型采用6×6矩阵结构，能分解出36个职能模块，每一个模块都要映射和选择相应的技术解决工具并进行任务定义，且系统需要从多角度对框架内容进行描述，并为每个子模块提供解决方案，这导致框架体系结构复杂，

---

① 　石东海、刘书雷、安波：《国防关键技术选择基本理论与应用方法》，国防工业出版社，2016，第73页。

规模较大。系统框架从多维度对体系的逻辑结构进行分类并组织，刻画信息系统规划中具有内在关系的多个构成元素及其功能和作用，且矩阵的层次结构不同，构建目标的倾向性和侧重点也不相同，这使得框架体系模型的构建更加复杂化。

第二，信息环境复杂多变。信息环境是图书馆信息生态系统平衡稳定运行的决定性要素之一，在人类及社会组织不断与周围信息环境交换信息的过程中，自然、社会、科学技术之间的交互作用直接影响着图书馆信息生态环境的变换更新。因此，图书馆信息生态框架体系模型必须能够适应社会系统和整个图书馆信息生态系统的环境变化，其目标及功能既要适应当前智慧社会的发展水平，也要对未来智慧图书馆信息生态的发展变化有足够的适应性，以应对各类信息技术广泛应用而形成的复杂多变的信息环境。

第三，技术手段复杂多样。信息技术是推动图书馆信息生态趋于稳定的直接动力。信息技术不但具有信息性的特质，还具有技术性的优势。智慧社会在5G网络的推动下提高了信息获取、存储、加工和传输的能力，传感、通信、智能、空间和控制等相关技术为维持图书馆信息生态平衡提供了有力支持。因此，图书馆信息生态框架体系的构建也是多种技术手段综合运用的结果，智慧社会驱动的更为先进和智能的技术手段趋于复杂多样化，决定了框架体系结构及其构建过程的复杂性。

第四，运行效果难以精确评估。图书馆信息生态框架体系模型的构建涉及诸多方面，既包含参与信息活动的主体，又涵盖信息本体、信息环境、信息技术、信息制度、信息伦理等多方面要素。这些信息活动的参与要素具有复杂性、多样性和变化性，其相互间又有间歇性或连续性的作用关系。各参与要素的作用范围、程度和效果受社会、政治、经济、文化、技术等环境因素的影响，尤其是信息主体具有主观能动性和主体意识性，而不断发展进步的技术要素在框架体系子模型的构建中起关键性作用，导致模型构建会受到一些不确定因素或实时变化因素的影响。因此，图书馆信息生态框架体系模型的运行效果有时会体现为无形的间接效果，不像一般的企业组织模型或技术工程模型所取得的效益那样直接和精确。引入社会计算等交叉融合的研究方法参与图书馆信息生态框架体系模型的构建，在一定程度上能够减小这种不确定性。

二　图书馆信息生态框架体系模型的系统规划

在科学认识图书馆信息生态框架体系模型构建过程具有复杂性的基础上，构建框架体系模型的首要任务就是从整体上对模型构建进行系统规划。对图书馆信息生态框架体系模型进行系统规划的目的是对图书馆信息生态系统的平衡目标进行调查，根据系统目标，确定框架体系模型的构建方案，同时考虑影响信息生态系统平衡稳定、阻碍信息公平正义实现的各种制约条件和因素，探讨框架体系模型构建的必要性和可行性。根据系统需求和系统构建的可行性分析，拟定框架体系模型的构建方案。图书馆信息生态框架体系模型的系统规划过程主要包括框架体系模型的构建流程设计、测度指标确定和可行性分析等内容。

（一）图书馆信息生态框架体系模型的构建目标

在构建图书馆信息生态框架体系模型的过程中，应以图书馆信息生态的理论内涵、构成要素特点和信息流转规律为基础，构建基于信息生态内容框架体系的信息行为描述系统。建立一个科学的图书馆信息生态框架体系模型，应实现以下三方面目标。

第一，框架体系模型的构建定位合理。构建图书馆信息生态框架体系模型首先要明确模型构建的目的是协调图书馆信息生态各结构要素的构成及功能，最终实现信息生态系统的平衡稳定。因此，模型构建的定位要科学合理，不要求过分复杂地表述各信息主体的利益关系，以免混淆信息链节点间的结构关联。模型的框架结构能够清晰地刻画图书馆信息生态的结构特征，用一种易于被理解的信息表述方式对信息活动全过程按照信息链节点要求进行分类表述，为图书馆信息生态平衡的决策与实现提供支持。

第二，框架体系模型能够体现系统整体性和逻辑结构性。图书馆信息生态框架体系模型要从图书馆信息生态系统整体视角对图书馆信息生态架构进行描述，针对信息流动规律和知识组织需求构造不同信息主体及其相互间的关系模型。模型的内部逻辑结构也要清晰表述信息流转过程与技术实现之间的相互映射关系，提高信息链流转的科学性，优化信息链节点间关系，解决信息生态失衡问题。

第三，框架体系模型能够反映一种协同共生关系。图书馆信息生态框架体系模型以图书馆信息生态的构成要素为基本单元，构建具有特定结构和秩序的内容框架体系。框架体系模型的各构成单元能够反映图书馆信息生态构成要素之间的供需、更新、反馈、优化等客观联系，提供由基本要素和动态要素共同构成的和谐、动态、均衡的自组织系统的运行框架，支持各要素之间以及和其他社会系统之间的相互作用、相互依存、彼此制衡的协同共生关系，体现信息生态系统的均衡运动状态。

（二）图书馆信息生态框架体系模型的构建流程

图书馆信息生态框架体系模型构建流程是指以分析信息生态系统的特性、结构、功能、内容要素及其运行原理为基础，选择科学的系统设计方法，依据信息流转规律，最终确定结构合理、功能完善、符合智慧图书馆发展要求的系统方案。图书馆信息生态框架体系模型构建流程的设计是一项较为复杂的工作，它不仅涉及信息管理理论、信息生态理论、图书馆学理论，还涉及系统理论、智能理论、计算机应用技术、组织结构、管理功能以及工程化方法等理论和方法。在智慧社会驱动图书馆智能化迅猛发展的时代背景下，引入社会计算方法解析社会组织及成员的信息交流活动和信息运行动态，探讨图书馆信息生态的运行规律与发展趋势，为框架体系模型构建流程的确定提供了更具科学性的方法和依据。

框架体系模型的构建流程设计本质上说是确定一份具体实施计划的提案。图书馆信息生态框架体系模型的构建流程设计是基于框架体系模型的基本构建思路，从满足图书馆信息生态系统平衡需求出发，以图书馆信息生态内容框架体系的构成要素为基础，采用面向对象、面向行为的系统架构设计方法，刻画横纵交互的矩阵框架中的每一个架构描述的功能、作用及其内在关系，围绕信息生命周期和信息流转全过程展开的设计。

构建图书馆信息生态框架体系模型，首先，要进行系统的结构分析和方案设计，即对图书馆信息生态的整体状况进行调查研究，了解信息生态系统的构成、特征、运行机制和发展规律，以满足图书馆信息生态系统的平衡稳定与健康运行为目的进行系统框架结构的方案设计；其次，要对图书馆信息生态系统进行分析，并对维持图书馆信息生态系统平衡的测度指标进行确定，即明确框架体系的横纵建模视角和观点，并确定涉及的相关技术指标；再次，对框架体系的构建方案进行可行性分析，如果确定构建方案和技术指标科学合理，则继续进行详细的系统分析和设计，如果在分析中暴露出相对不合理或不确定的因素，则需要返回系统设计的最初阶段，对系统构建方案和相关技术指标进行修订或优化；从次，在框架体系设计方案、系统架构和相关技术指标通过可行性分析后，要对图书馆信息生态框架体系模型整体架构加以进一步分析和详细设计，反复推敲，确定框架体系模型各单元格子系统具体架构的描述方案；继次，根据各单元格具体描述框架的设计与实现方案，对整个框架体系模型进行系统集成，确定"每一种观点"和"每一个焦点"交叉得到的内容描述是规范且清晰的，能够提供每一个子模块内含问题的解决方案；最后，对模型的系统功能和运行效果进行评价与反馈，完善框架体系模型的运行机制。图书馆信息生态框架体系模型的构建流程如图5-1所示。

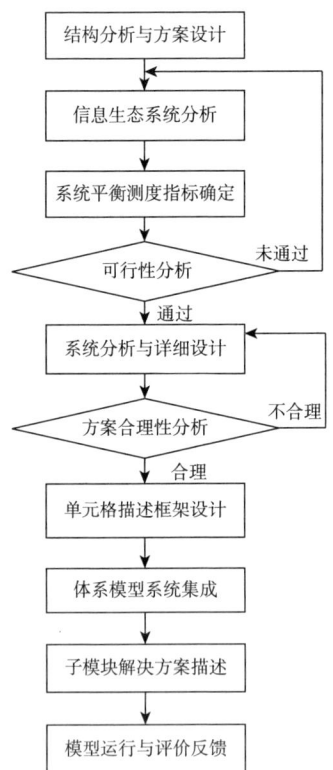

图5-1　图书馆信息生态框架体系模型的构建流程

（三）图书馆信息生态框架体系模型测度指标的确定

在对图书馆信息生态框架体系模型进行详细分析，明确模型构建方案和流程后，需要确定维持图书馆信息生态系统平衡的相关测度指标。由于图书馆信息生态框架体系模型不同于工程模型或计算机仿真模型等专业性技术模型，因此，需要确定的测度指标也不同于计算技术指标。本书所构建的框架体系模型是以满足图书馆信息生态系统的平衡稳定与健康运行为目的，涉及信息管理理论、图书馆学理论、社会理论、计算网络、数据科学、人工智能等交叉融合的研究领域，倾向于探讨如何利用社会计算方法帮助我们分析和评估图书馆信息生态发展状况及信息活动的相关问题与解决方案。这就要充分考虑图书馆信息生态系统的特征和系统运行的客观规律，在综合考量信息生态系统的复杂性、动态性、开放性、协同性等多方面特征和信息生命周期不同阶段特性的前提下，深入研究图书馆信息生态系统平衡的基本规律，构建科学有效的测度指标体系。

图书馆信息生态系统平衡是指图书馆信息生态系统内部及各组成部分之间相互适应、相互匹配、协调互补的信息活动状况，且系统能够达到一种结构优化、功能良好、运行稳定、反馈高效的相对良好状态。信息生态系统平衡强调的是一种整体平衡状态，即信息生态系统中信息人种类和数量等合理匹配、信息生态环境因子相互协调、信息人与信息生态环境高度适应、整个系统的信息流转畅通高效的相对稳定状态。[①] 娄策群等在《信息生态系统理论及其应用研究》中对信息生态系统平衡理论进行了比较详细的阐述，根据信息生态系统平衡的标志构建了信息生态系统平衡测度指标体系，这一指标体系由3个一级指标、8个二级指标和21个三级指标构成，提出了可借鉴的测度信息生态系统平衡的科学方法。本书是在智慧社会驱动的复杂信息环境中探讨图书馆信息生态平衡，所以，图书馆信息生态系统平衡测度指标体系需要考虑满足图书馆智慧化发展需求的复杂情况。因此，要以智能网络环境中的信息生态系统平衡特征为依据，借鉴相关平衡测度方法，基于构成图书馆信息生态内容框架的基本要素和动态要素，结合信息生态系统的特征和运行规律，提出一套与智慧社会发展相适应的、具有创新性的图书馆信息生态系统平衡测度指标体系。

---

① 娄策群等：《信息生态系统理论及其应用研究》，中国社会科学出版社，2014，第145页。

本书所提出的图书馆信息生态系统平衡测度指标体系包括 4 个一级指标、16 个二级指标、39 个三级指标。一级指标从系统结构合理度、系统功能良好度、系统运行稳定度和系统反馈高效度 4 个方面进行构建。

系统结构合理度用以测度图书馆信息生态系统的构成要素是否符合系统平衡要求。该一级指标以图书馆信息生态内容框架的基本构成要素为依据构建 6 个二级指标，分别为信息主体合理度、信息本体利用度、信息环体兼容度、信息介体适应度、信息链体协调度和信息控体规范度。二级指标又以其内部构成关系派生出 14 个三级指标，即信息服务主体结构是否合理；信息利用主体结构是否合理；信息服务本体内容是否全面；信息利用本体结构是否科学；信息物理环境是否兼容；信息社会环境是否适应；信息制度环境是否完善；信息技术方法是否优化；信息传播方式是否便捷；信息传递途径是否适合；信息生态链结构是否协调；信息链节点间关系是否协调；信息权利是否公平；信息价值观是否正确。

系统功能良好度用以测度图书馆信息生态系统的功能是否达到信息生态平衡的要求。该一级指标以信息在信息链节点间的流转效果、能量流动和物质循环为依据构建 4 个二级指标，分别为信息流转速率、信息生态链效能、信息利用率和知识转化率。二级指标以其影响信息生态系统功能情况和信息流转效果派生出 10 个三级指标，即信息主体之间的信息流转速率；信息主客体之间的信息流转速率；信息流转质量优劣；信息流转成本高低；信息增值大小；信息链节点组合关系；信息服务本体利用率；信息利用本体利用率；信息提炼为知识的准确性和有用性；知识增值的作用与价值。

系统运行稳定度用以测度图书馆信息生态系统在一定时间范围内运行的稳定程度和抗干扰能力。该一级指标以信息生态系统对社会环境的适应性及其动态平衡关系为依据构建 3 个二级指标，分别为系统适应性、系统稳定性和系统自组织性。二级指标以其对信息生态系统平衡的影响情况派生出 8 个三级指标，即信息生态系统内部的适应性；信息生态系统与外部系统之间的适应性；系统运行的稳定程度；系统运行的抗干扰程度；系统运行的有序程度；系统的协调能力；系统的演化能力；系统的恢复能力。

系统反馈高效度用以测度图书馆信息生态系统的评估反馈与自我调

节能力。该一级指标以系统运行的评估反馈流程为依据构建 3 个二级指标，分别为系统评估能力、系统反馈能力和系统优化能力。二级指标根据其预定目标和约束条件派生出 7 个三级指标，即系统的结构体系评估；系统的运行状况评估；系统的平衡状态评估；信息输入端至输出端的流转情况反馈；信息输出端至输入端的流转情况反馈；系统结构有序性与功能优化；系统组织协调性与环境优化。

图书馆信息生态系统平衡测度指标体系如表 5-2 所示。

表 5-2　图书馆信息生态系统平衡测度指标体系

一级指标	二级指标	三级指标
系统结构合理度	信息主体合理度	信息服务主体结构是否合理
		信息利用主体结构是否合理
	信息本体利用度	信息服务本体内容是否全面
		信息利用本体结构是否科学
	信息环体兼容度	信息物理环境是否兼容
		信息社会环境是否适应
		信息制度环境是否完善
	信息介体适应度	信息技术方法是否优化
		信息传播方式是否便捷
		信息传递途径是否适合
	信息链体协调度	信息生态链结构是否协调
		信息链节点间关系是否协调
	信息控体规范度	信息权利是否公平
		信息价值观是否正确
系统功能良好度	信息流转速率	信息主体之间的信息流转速率
		信息主客体之间的信息流转速率
	信息生态链效能	信息流转质量优劣
		信息流转成本高低
		信息增值大小
		信息链节点组合关系
	信息利用率	信息服务本体利用率
		信息利用本体利用率
	知识转化率	信息提炼为知识的准确性和有用性
		知识增值的作用与价值

一级指标	二级指标	三级指标
系统运行稳定度	系统适应性	信息生态系统内部的适应性
		信息生态系统与外部系统之间的适应性
	系统稳定性	系统运行的稳定程度
		系统运行的抗干扰程度
		系统运行的有序程度
	系统自组织性	系统的协调能力
		系统的演化能力
		系统的恢复能力
系统反馈高效度	系统评估能力	系统的结构体系评估
		系统的运行状况评估
		系统的平衡状态评估
	系统反馈能力	信息输入端至输出端的流转情况反馈
		信息输出端至输入端的流转情况反馈
	系统优化能力	系统结构有序性与功能优化
		系统组织协调性与环境优化

（四）图书馆信息生态框架体系模型构建的可行性分析

可行性分析是对图书馆信息生态框架体系模型的体系结构、构建方案及其平衡测度指标等的可实现性进行研究，并进行可行性论证。如果论证结果科学合理，则进入框架体系模型的详细分析与设计阶段；如果论证结果缺少科学性和实践性，则需要对框架体系模型的构建方案进行修改，并调整相应的平衡测度指标体系，直至构建方案和测度指标等内容符合科学可行的要求。图书馆信息生态框架体系模型的构建以图书馆信息生态内容框架为基础，在构建中考量信息流转和信息传递规律，旨在呈现信息生态平衡的状态与特征。因此，可以从框架体系模型的构建基础、构建技术、构建方法和保障要素等四方面对图书馆信息生态框架体系模型构建的可行性进行分析。

第一，图书馆信息生态框架体系模型以其内容框架为基础设计系统架构和构建方案，为适应智慧社会发展而重构的图书馆信息生态的内容要素具有丰富性、动态性和灵活性等特征，符合智能环境下信息主体的信息活动要求及规律，在构建基础上具有可行性。相对于一般情况下的信息生态构成内容，本书所重构的图书馆信息生态内容框架体系从基本要素和动态要素两方面进行考量，既包括符合信息流转规律、保障信息生态平衡必不可少的基础要素条件，又全面考虑到适应智能技术发展要求和动态信息调整变化的动态要素特征，内容框架体系呈现运动性、变化性、调整性和择优性特征，能够从多维度对图书馆的时空信息进行描述，呈现智慧环境下图书馆信息生态的动态变化规律，符合大数据和智能体联合作用下图书馆信息生态的平衡要求。因此，从多维度重构的图书馆信息生态内容要素为框架体系模型构建提供了基础要素条件，使模型在构建基础上具有可行性。

　　第二，信息技术更新是图书馆信息生态系统演化的根本动力，图书馆信息生态框架体系模型以信息技术为支撑进行系统模型的构建，智慧社会驱动的云计算、大数据、空间地理信息集成等新一代信息技术促使框架体系模型的构建在技术上具有可行性，而以利用各种信息技术设计、实施和评估人们之间交流、协调与合作为主要特征的社会计算理论和方法论体系，则使移动互联背景下构建图书馆信息生态框架体系模型更具现实可行性。信息技术是图书馆信息生态演进的直接推动力，在智慧社会驱动的信息技术蓬勃发展的时代背景下，以虚拟技术、智能技术、智慧计算等为核心的技术群推动了图书馆信息资源建设、发展与服务的转型，引导图书馆信息生态系统升级与变迁，信息技术的合理运用成为影响信息生态平衡的重要因素。新一代信息技术已经广泛应用于图书馆，拓展了智慧图书馆服务体系的内涵与外延，信息技术的有效渗透也有利于遏制信息冗余和信息垄断，直接影响着信息资源配置效率的提升。因此，新一代信息技术的不断发展与广泛应用有助于构建图书馆信息生态框架体系模型，使其在技术上具有可行性。

　　第三，图书馆信息生态框架体系模型是理解和描述图书馆信息生态结构特征与结构状况的直观模型，其内部组织形式和逻辑结构关系需要一种能够体现整体规划理念的技术架构体系与框架描述方法进行建构。Zachman框架以内容框架体系的构成要素为基本单元，采用面向对象、面向行为、面向服务的系统架构设计方法，以矩阵模式和映射关系描述图书馆信息生态框架体系的层级结构及内部组织形式，使框架体系模型在构建方法上具有可行性。Zachman 框架通过对信息系统及与其相关的信息资源进行全景描述，为图书馆信息生态系统规划和信息资源建设提供简单、清晰而完备的描述框架。可将 Zachman 框架的构建方法与智慧环境中图书馆信息系统的核心技术思想相融合，着重解决图书馆信息生态在智慧社会驱动下的顶层设计问题，以优化系统结构为导向，以新一代信息技术为支撑，从图书馆信息生态的构成内容视角定义架构模型，使图书馆信息生态框架体系模型的构建更加清晰、高效。

第四，关于信息生态系统模型构建的相关理论成果和企业信息生态系统运行实践为图书馆信息生态框架体系模型的构建奠定了理论基础，而相关的信息公平实践、行业法律和全球隐私保障机制等，则为图书馆信息生态框架体系模型的构建提供了制度和伦理方面的保障。靖继鹏和张向先在《信息生态理论与应用》中对企业信息生态系统的逻辑模型、网络信息生态系统模型和商务网站信息生态系统构建等进行了较为详细的阐述[①]；娄策群等在《信息生态系统理论及其应用研究》中对信息生态系统结构模型、信息生态链的形成机制模型、信息流转模型和信息服务机构业务外包的形成模型等内容进行了描述[②]；桂晓苗在《电子商务信息生态链协同竞争机制研究》中对电子商务信息生态链的结构模型、电子商务信息生态链协同竞争的演化博弈模型等进行了探讨[③]。这些模型构建的理念、方法和思路为图书馆信息生态框架体系模型的构建提供了借鉴，使逻辑模型的搭建与描述更具有可行性。此外，智慧社会建设是在保障信息公平的基础上实现更大范围的信息共享，因而，在智慧社会背景下探究图书馆信息生态问题，离不开对信息公平的探讨。近年来，国际社会在信息公平实践原则的基础上拟定了相关政策和文件，如《联合国教科文组织公共图书馆宣言 1994》（UNESCO Public Library Manifesto 1994）、《网络世界原则》（Principles

---

① 靖继鹏、张向先主编《信息生态理论与应用》，科学出版社，2017，第 87、119、135 页。

② 娄策群等：《信息生态系统理论及其应用研究》，中国社会科学出版社，2014，第 38、102、106、239 页。

③ 桂晓苗：《电子商务信息生态链协同竞争机制研究》，华中科技大学出版社，2017，第 32、92 页。

for the Networked World）、《国际图书馆员协会和图书馆联合会因特网宣言》（IFLA Internet Manifesto）等。诸多行业以国际公约为基石进行信息安全方面的立法约束，信息伦理问题也越发受到重视，为图书馆信息生态框架体系模型的深入研究提供了制度保障，使得框架体系模型的构建具有实践可行性。

三　图书馆信息生态框架体系模型的系统功能分析

功能分析方法是自然科学和社会科学用来分析自然现象和社会现象的一种方法。功能分析作为一种分析方法，由英国人类学家 B. 马林诺夫斯基和 A. R. 布朗首先加以阐述并系统应用。1949 年，美国社会学家 K. 默顿在《社会理论与社会结构》一书中比较完整地阐释了功能分析方法，此后，功能分析方法成为科学研究中广泛采用的基本方法。我国《科学技术方法大辞典》中将功能分析方法解释为，"通过分析事物（或系统）的功能及其作用进而认识事物（或系统）特性及内部结构的一种科学分析方法"。[①] 运用功能分析方法进行研究主要是为了能够更合理地解释图书馆信息生态系统内部各组成部分、方面和因素之间的相互作用与影响，以及该系统对外部事物或现象的影响和作用，使图书馆信息生态系统充分发挥作用。

由于任何一个系统的功能既与其内部结构有关，又与其所处环境有关，因此，图书馆信息生态框架体系模型的系统功能可以从两方面进行分析。一方面，从图书馆信息生态的结构与功能关系中分析框架体系模型的功能。一般来说，结构决定功能。当系统的组成要素不同时，其功能一定不同，如图书馆和档案馆具有不同的功能；当系统具有相同的组成要素而结构不同时，其会有不同的功能，如图书馆采访部和编目部具有不同的功能；当系统的层次不同时，其也会有不同的功能，如公共图书馆和高校图书馆就有不同的功能；同一功能还可由不同的结构来表达和实现，如资源获取功能既可以通过文献传递实现，也可以通过开源获取实现。另一方面，从图书馆信息生态系统内部各要素相互关系及其与外部环境的关系中分析框架体系模型的系统功能。

---

① 李庆臻：《科学技术方法大辞典》，科学出版社，1999，第 73 页。

任何系统都会与环境发生物质、能量和信息的交换，信息生态系统会向信息环境输出信息和能量，影响环境的变化，也会从信息环境中吸收信息和能量，调节自身功能，这个过程能够反映系统结构和调节机制的作用。

从图书馆信息生态的结构与功能关系来看，图书馆信息生态框架体系模型是描述图书馆信息生态结构特征的逻辑模型，也是理解和表述图书馆信息生态结构状况的直观模型，能够比较清晰地反映图书馆信息生态各构成要素的内部组织形式与系统功能之间的逻辑关系。框架体系模型采用整体规划的构建理念，具有元模型的结构形态，运用矩阵模式和映射关系相对直观地呈现图书馆信息生态框架体系的层级模式和内部组织形式。框架体系模型从图书馆信息活动参与者的不同角色入手，采用自上而下按层次分类的原则，通过对图书馆信息生态内容框架体系的构成要素和信息流动过程进行分析，将框架体系模型分解为三个层次的功能模块加以说明。第一个层次是从信息活动管理层面进行功能定位，从信息活动规划者和拥有者两个视角，分别对图书馆信息生态系统的六方面构成要素进行分析与描述，定义信息生态系统架构的方向和目的、系统状况和业务范围、信息活动流程和规则等方面内容；第二个层次是从信息活动行为层面进行功能定位，从信息活动设计者和承建者两个视角，分别对图书馆信息生态系统的功能、数据模型和技术模型等进行定义，体现了信息生态平衡所要求的数据元素、逻辑流程、信息流转过程等系统功能设计特征，建立多种标准化、可兼容的数据模型和业务模型，描述框架体系模型从顶层设计到需求分析，再到系统功能实现的相应技术和手段；第三个层次是从信息活动应用层面进行功能定位，从信息活动转包者和用户两个视角，基于信息流转全过程设计具体数据库、系统模块和业务规则等方面的具体执行方案，关注表达信息流转序列的时间动态模型，并依据信息主体的实际需求与信息能力，构建能够分析复杂、分散、多样的数据集模块，进而集成与凝练知识，优化信息生态链节点的连接方式。这种自上而下进行功能分层的过程就是由抽象到具体、由复杂到简单的功能分析过程。图书馆信息生态框架体系模型从上层看，容易把握整个系统的功能特征，既不会遗漏信息，也不会造成信息冗余；从下层看，各功能模块容易具体实现，减小数据集污染的风险，满足用户的实际需求。

　　基于图书馆信息生态的结构与功能关系进行的系统功能分析如图5-2所示。

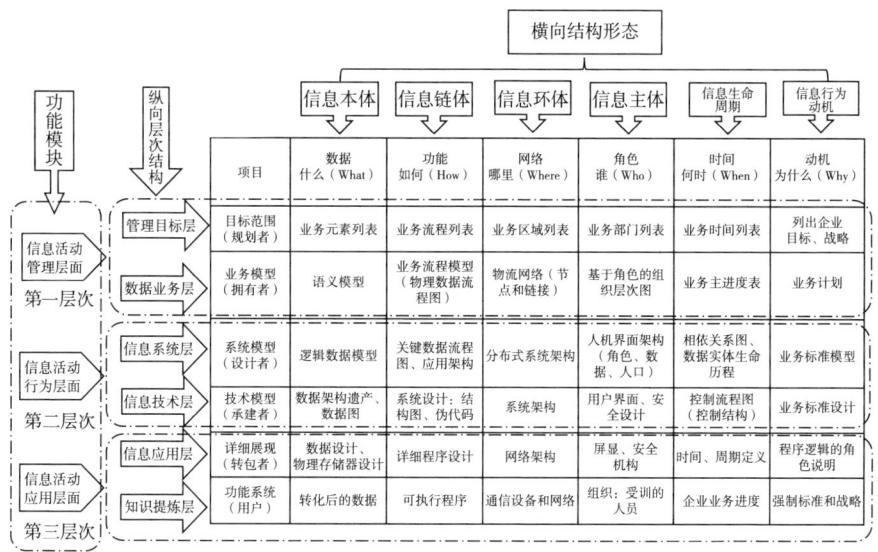

图5-2　基于图书馆信息生态的结构与功能关系进行系统功能分析

　　从图书馆信息生态系统内部各要素关系及其与外部组织的关系来看，图书馆信息生态框架体系模型既是描述构成要素的结构模型，又是刻画信息生产、传递与应用的信息流转模型；既能够体现图书馆信息生态系统内部各构成要素间的相互影响、制约与转化等作用关系，又能够展现图书馆系统与社会组织之间的信息和能量交换关系。基于图书馆信息生态系统内部各要素关系视角进行系统功能分析，信息主体、信息本体、信息环体、信息链体和能够比较直观描述信息介体对信息活动效率影响的信息生命周期，以及信息控体的直接体现形式——信息行为动机等六方面内容，对应框架体系模型横向结构形态中的相应单元，即数据（信息本体）、功能（信息链体）、网络（信息环体）、角色（信息主体）、时间（信息生命周期）、动机（信息行为动机），而信息流、信息圈、社会计算和知识自动化等四方面要素组成了不断适应外界组织发展变革的动态要素。基本要素是互为条件、互相依存的关系，基本要素和动态要素之间又是相互制约、相辅相成的关系，某一构成要素发生变化，必然会引起其他组成要素的响应和连锁效应，可能会导致图书馆信息生态出现整体偏离既定发展轨迹的现象。在实践中，需要实时调整基本要素和动态要素的结构关系，关注框架体系模型各构成单元的内部组织结构，适时约束并抑制特别活跃的构成要素，增强相对薄弱的影响因素，以维护图书馆信息生态系统的整体平衡与稳定。

基于图书馆信息生态系统各构成要素与外部组织的关系视角进行系统功能分析，框架体系模型能够体现图书馆信息生态系统的自组织结构特征，描述图书馆与开放的社会组织进行信息、能量和物质交换的状态。矩阵形式的框架体系模型能够呈现图书馆系统与社会系统之间不受物理空间等因素的制约，通过虚拟网络实现资源的动态整合的特征。在图书馆系统与外部组织动态联系的过程中，信息主体与外界发生实时联系，信息本体不断吸收能量，信息介体引进优势资源进行升级，信息环体不断优化，信息链随之做出一系列调整以维持生态系统平衡。与此同时，图书馆信息生态受到国际形势、政策法规、社会发展等外部客观因素的影响，信息生态系统内部会进行一系列调整，以最大限度地利用各种资源，实现信息共享与信息公平。

框架体系模型对图书馆信息生态动态要素的描述，能够体现动态要素在社会系统宏观调控中的优化过程。信息流与社会组织进行信息与能量的交换，在外部环境调控中加速信息交互和循环过程，调整自身的有序结构；信息圈在与外部环境的适应中完善信息本体的流动和循环过程，推动图书馆信息生态系统在自动调节内部结构的前提下，保持与外界社会组织的融合共生；社会计算受社会网络结构及用户数据的影响和制约，致力于提高数据获取及知识表示能力，并将所发现的知识用于解决社会系统的实际问题；知识自动化以社会的动态变化为依据，引导社会系统中影响图书馆信息生态平衡与稳定的各种要素。可见，图书馆信息生态系统各构成要素与外部组织之间的影响和制约关系紧密而复杂，如图5-3所示。各要素在社会系统的宏观调控中优化，形成满足社会发展要求的体系结构和方法策略。

综上，图书馆信息生态框架体系模型的系统功能可以从两个维度进行分析。在图书馆信息生态的结构与功能关系维度上，框架体系模型运

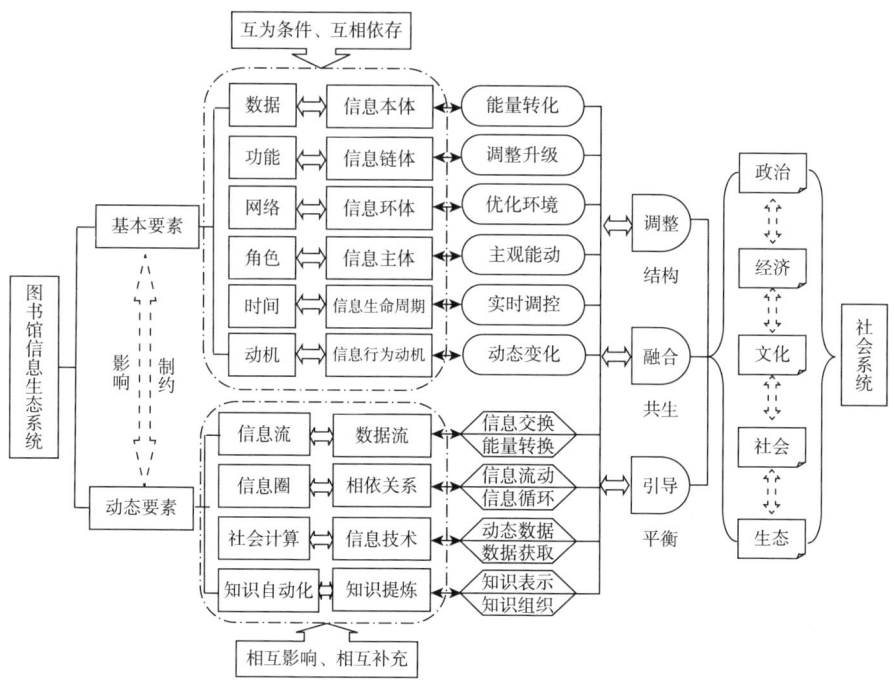

图 5-3　基于图书馆信息生态系统各构成要素与外部组织的关系进行系统功能分析

用矩阵模式和映射关系呈现图书馆信息生态框架体系的层级模式和内部组织形式，描述体现图书馆信息生态结构状况及结构特征的单元格式，利用逻辑模型比较清晰地反映图书馆信息生态构成要素的内部组织形式与系统功能之间的逻辑关系，分别从信息活动管理层面、行为层面和应用层面进行功能定位，完成由抽象到具体、由复杂到简单的功能分析过程。在图书馆信息生态系统内部各要素关系及其与外部组织的关系维度上，框架体系模型描摹了从信息生产到信息传递，再到信息应用与转化的信息流转模型，既体现图书馆信息生态系统内部各构成要素之间的作用关系，又反映图书馆系统与社会组织之间的信息和能量交换关系。图书馆信息生态系统内部各要素相互影响、彼此制约，某一要素发生变化，必然会引起其他要素的连锁反应，导致整个系统随之变化，影响信息生态系统的平衡与稳定。图书馆也与开放的社会组织进行信息、能量和物质的交换，信息生态受到政治、经济、文化、社会、生态等外部客观因素的影响，不断调整信息生态系统内部状态，最大限度地利用各种资源，实现信息公平。

四　图书馆信息生态框架体系模型的技术要素分析

在智慧社会驱动下，图书馆以建立在大数据、互联网和云计算技术之上的知识自动化技术为核心，变革知识的获取、分析和生产方式，实现"数据—信息—知识—智慧"的集成及转化。知识自动化作为一种可执行知识工作任务的智能软件系统，利用机器学习技术，把知识管理和知识技术人员的经验及知识进行显性化和模型化表达，将信息服务主体从重复劳动中解放出来。在知识自动化的影响和作用下，图书馆信息生态链结构发生了重大变化，信息生态系统功能也随之改变。因此，图书馆信息生态框架体系模型的构建要考虑知识自动化技术对图书馆信息生态的整体影响，对框架体系模型进行技术要素分析，以虚拟实施的方式判断框架体系模型的科学性与可行性。本书在确定图书馆信息生态框架体系模型的结构、功能、内容、性能等的基础上，综合考虑适用性、安全性、高效性、兼容性、时序性等多方面技术限制要素，形成满足需求的技术方案。

（一）适用性分析

技术要素的适用性是指技术要素能够适应图书馆的知识产生、传播、获取、分析、影响及应用等，并提升为智慧层面的技术综合体。这一技术综合体不仅是实现知识创新与智慧升级的技术手段和方法，还包括生产并使用这些技术时所需的管理、组织、标准等多方面支撑要素。技术选择是技术适用性分析的重要阶段。在智慧社会驱动下，图书馆变革了信息的获取和分析方式，升级了信息提炼为知识的响应过程，在知识的产生方式及决策制定等方面也发生了动态变化，这些都极大地影响着图书馆信息生态链的运行效率。因此，具有较强适用性的技术模型对于构建虚实互动的图书馆信息生态框架体系模型至关重要。知识自动化技术是迈向智慧社会的核心技术，也是机器自动化控制转向人类智慧更多参与的智能化管理的基础。知识自动化借助基于位置的服务、基于任务的服务、基于信息的服务、基于决策的服务和基于知识的服务，整合社会—

物理-信息系统，实现对社会的主动感知、积极响应，引导决策以及反馈执行。① 可见，以知识自动化技术为核心，有利于构建图书馆信息生态框架体系模型的技术应用层，对已知、已约定或未知、无法约定的知识进行表示及处理，帮助信息生态系统全面感知信息主体线上线下的虚实行为互动及其信息行为状态。同时，也能够解析并预测信息主体的信息行为、信息生态链的演化趋势及信息生态周期的变化过程。知识自动化技术的选择为系统解决图书馆信息生态框架体系模型的建模技术问题，以及智慧社会影响下图书馆信息生态系统平衡稳定和高效利用的现实需求问题，提供了一条可实现、可比较、易操作的途径。

（二）安全性分析

智慧社会驱动图书馆发生深刻变革，各种新型智能技术加速图书馆向新一代智慧图书馆迈进，图书馆信息流动中的许多组织和管理过程在复杂网络环境中的动态变化加剧，这必将催生新型信息生态框架体系模型的构建，否则，就会在信息流动与知识传播中产生许多"失衡"现象。如数字落差所凸显的信息不对称现象，因数据主权、隐私保护、数据安全和信息链规则而带来的数据摩擦，信息污染程度加剧，等等。因此，在智慧社会背景下，借助各种新型信息技术手段创新图书馆信息服务管理模式，成为关乎新一代智慧图书馆安全稳定发展的重大问题。图书馆信息生态框架体系模型的整体技术要素是在新一代信息技术支撑下，以主体信息行为及活动为传感器，针对大量时间、空间、行为的交互数据进行感知、建模和解析，构造虚拟图书馆系统与实际图书馆系统之间虚实交互、协同演化的框架体系模型，对大规模、多样性、开放性的数据信息进行平行管理，在信息链触发节点动态变化场景下对图书馆信息生态系统功能的动态演化规律与内在运行机制进行描述。这种以社会计算方法为指导，以知识自动化技术为核心，以信息生态平衡为目标，以横纵交互的单元格描述方式为驱动，通过对信息活动全过程按照信息链节点的要求进行分类表述，构建了一个安全易用的图书馆信息生态系统架构，为图书馆信息生态平衡的决策与实现提供支持。

---

① 王飞跃、王晓、袁勇、王涛、林懿伦：《社会计算与计算社会：智慧社会的基础与必然》，《科学通报》2015 年第 Z1 期，第 460~469 页。

（三）高效性分析

图书馆信息生态框架体系模型对于反映大容量的数据规模、体现多样性的数据种类和结构、支持快速度的数据实时处理、保障真实且安全的数据内容等方面的要求更具体。技术模型的构建为满足上述要求创新了技术内涵与方法体系，能够很好地适应智慧社会对图书馆信息生态框架体系的新要求与新挑战。首先，科学的技术模型算法设计缩短了信息流转周期，降低了信息成本。借鉴大数据并行挖掘算法设计，采用分布共享存储模型，提高数据选择、分析和处理的速度，缩短信息流转周期，同时降低了信息在流转过程中的损耗。其次，合理的信息技术层体系结构提高了信息利用效率，降低了信息噪声。采用数据并行与任务并行相结合的计算处理方法，利用单元格模块表示方式，使可操作算法规则能够深度有机融合图书馆系统的内外部数据，可提升信息流转价值，最大化降低由于外界干扰而造成的信息失真。最后，数据异构处理与知识模型化表示能够突破传统理念、方法及资源的约束，提升智能化环境中的信息生态平衡能力。针对用户的信息需求和信息行为规律，通过计算产生大数据，对信息流动与知识转移等多种情况下的具体问题进行个性化、智能化决策，可实现虚实互动、公开、公平、公正的平行智能信息生态系统。

（四）兼容性分析

新一代信息技术能够保障图书馆信息生态系统的稳定，图书馆信息生态框架体系模型在技术模型的支撑下不断完善与优化，以利用各种信息技术设计、实施和评估人们之间交流、协调与合作为主要特征的社会计算理论和方法论体系使技术模型的有效运行更具有现实可行性。社会计算能够反映虚拟网络、现实社会和人工社会的动态特征和运行规律，推动新一代信息技术在社会组织及活动中普遍应用，提升人们信息行为和信息活动的效益和水平。智慧社会使更加智能的信息技术手段趋于复杂多样化，对信息交互模式、信息生成模式、知识共享应用模式等方面的要求也更加具体，社会计算则为此提供了一种群体智能的计算模式。这种计算模式以用户协同为中心，基于从个体到整体、从微观到宏观的思维模式，通过软件和信息等技术，重构信息环境及信息沟通方式。一方面，大量用户参与社会软件活动，产生越来越多的社会行为数据，集合成群体智慧，推动所构建的技术模型更易于协调框架体系模型其他层级子模型的组织管理与运行，被用户所认可和接受；另一方面，对海量数据的解析能够反映更加普遍的社会信息现象，使现有的计算方法和应用逐步扩展到信息活动各个环节，进而解决各类信息问题。在社会计算的影响下，随着信息内容结构化、信息获取便捷化和计算资源共享化，图书馆信息生态框架体系模型对技术模型的兼容性要求提高，而具有越来越强兼容性的信息技术层也直接影响着信息资源的配置效率，促进模型的实现功能适应编程语言环境、外接硬件设备、网络环境和兼容插件等方面的升级与变革。

（五）时序性分析

图书馆信息生态框架体系模型的主要支撑技术模型要保障信息流网络中各节点间信息处理逻辑正确、信息传递关系匹配、信息循环流程简化，这就需要对技术要素进行时序性分析。技术模型首先要控制信息的时效性，对于信息资源的生成、传递、转化、应用等处理周期的长短要明确规定，并在程序中专门设置控制信息流转时间的模块，确保信息资源在最短时间内发挥最大价值。技术模型的各子模块在设计中也要规定响应信息处理事件的顺序，尤其要关注信息流各节点的信息响应先后顺序、响应时间间隔和响应反馈时长，在符合设计逻辑要求的前提下对信息事件响应顺序进行实时调整与优化。此外，技术模型的设计还要综合考虑每一条信息和每一组信息所构成信息事件的时间起点、时间同步精度、时间校准方式及信息传输延迟等因素，降低信息资源在流转过程中的故障风险，支持技术模型整体升级扩展功能。总之，合理控制信息流转周期、规定信息事件响应顺序、调整相关时间制约因素是对技术要素进行时序性分析的基本要求，也是优化信息链节点连接方式、完善技术模型执行方案的重要保障。

第四节　图书馆信息生态框架体系模型的框架结构

图书馆信息生态框架体系模型的框架结构基于 Zachman 框架的构建理念进行描述，通过确定图书馆信息生态构成要素及其相互间关系，从不同视角描述信息流转流程的逻辑关系，帮助了解图书馆信息生态系统的通用环境，拓展图书馆信息生态平衡实现策略的构建思路。图书馆信息生态框架体系模型以元模型为核心理念，提供一种标准化模块分类体系。运用社会计算方法对图书馆虚拟网络和现实社会中的主体信息行为进行计算与分析，结合智慧社会的发展变化情况对图书馆信息生态整体状况进行模拟与合理预测，建立图书馆信息生态构成要素与信息流转过程之间的映射关系，比较直观地描述各构成要素的内部组织形式及信息生态系统功能之间关系的逻辑结构，以技术架构体系和描述框架形式构建一个矩阵式的框架结构，以此表示对图书馆信息生态的描述性表述进行分类和组织的逻辑结构。

一　图书馆信息生态框架体系模型的基本组成结构

根据图书馆信息生态框架体系模型的构建理念和构建思路，框架体系模型由 6×6 的方阵构成。这个 6 阶方阵模型，自上而下分别从信息活动规划者、信息活动高层监管者、信息组织者、信息生产者、信息传递者和信息利用者等观点视角对信息活动整体流程进行由宏观到微观、由抽象到具体的描述；自左向右分别从信息本体、信息链体、信息环体、信息主体、信息生命周期和信息行为动机等信息生态构成要素视角刻画图书馆信息生态的结构特征。横向维度的描述焦点与纵向维度的任务视角交汇形成单元格，构成了不同任务观点视角的信息生态系统描述状态和同一个信息生态构成内容焦点视角的不同信息活动解决方案。

图书馆信息生态框架体系模型自上而下第一层为信息活动管理目标层，从信息活动规划者的视角对图书馆信息生态各构成要素进行顶层规划和战略分析。在 6 阶方阵模型的第一行自左向右进行水平移动，第一行第一列交叉的单元格是业务元素列表，即列出图书馆信息生态构成要素中的信息本体，以信息图表或者元素列表的形式描述对图书馆信息生态系统平衡产生重要影响的信息本体元数据内容，对参与信息流转活动的主要信息内容进行顶层定义；第一行第二列交叉的单元格是业务流程列表，即以列表的形式描述信息活动流程，可以从信息人的视角对信息生产者、信息组织者、信息传播者、信息消费者和信息分解者的信息循环链进行信息活动流程描述，也可以从信息本体的视角对信息产生、分析、加工、组织、传递、利用、反馈等流转过程进行流程描述；第一行第三列交叉的单元格是业务区域列表，即描述与信息活动相关的信息生态环境，也就是对影响信息生态系统发展的内部环境与外部环境进行表述；第一行第四列交叉的单元格是业务部门列表，即对参与信息活动的人或组织进行定义和描述，可以从信息服务主体和信息利用主体的视角进行定义，也可以从信息生产者、信息传递者、信息消费者和信息监管者的视角进行类型划分；第一行第五列交叉的单元格是业务时间列表，即从宏观视角描述信息链流转活动的时间序列，对信息从产生到应用直至失去价值的时间周期进行动态建模，并对不同组织、不同地域、不同层次信息之间的相对时间关系进行动态描述；第一行第六列交叉的单元格是目标、战略描述，即从信息服务主体的视角对信息利用主体的信息行为动机进行分析，以信息行为动机模型的形式体现信息活动的目标、结果和意义。

图书馆信息生态框架体系模型自上而下第二层为数据业务层，从信息活动高层监管者的视角对图书馆信息生态系统进行描述。在 6 阶方阵模型的第二行自左向右进行水平移动，第二行第一列交叉的单元格是语义模型，对概念数据对象进行建模分析，描述信息本体的属性、规则、关系等；第二行第二列交叉的单元格是从管理者的视角对信息流转活动的整个业务流程进行建模，也可以用物理数据流程图的形式刻画信息链的原理及特征；第二行第三列交叉的单元格是对信息链节点及节点间的链接情况进行描述，重点关注信息在节点间流转与信息环境的相互作用关系，以及在此过程中的能量流动和能量交换情况；第二行第四列交叉的单元格是信息主体的组织层次图，既包括信息服务主体规划并参与信息活动的各层级组织层次及关系图，又包括信息利用主体获取及再加工利用并传递信息的层级关系；第二行第五列交叉的单元格是信息活动管理层面规划的信息业务主进度表，也就是对信息生命周期的不同阶段进行的描述及定义，影响信息流转效率和信息利用效率；第二行第六列交叉的单元格是信息流转活动的业务计划，规定了信息行为的目的和任务，是数据业务模型的再生动力。

图书馆信息生态框架体系模型自上而下第三层为信息系统层，从信息组织者的观点范畴对图书馆信息生态系统的功能和数据模型进行定义。在 6 阶方阵模型的第三行自左向右进行水平移动，第三行第一列交叉的单元格是逻辑数据模型，具体描述数据的逻辑结构和格式化的数据元素，建立标准化、可兼容的数据模型，使数据更加有序化，便于信息的有效生产与利用；第三行第二列交叉的单元格是关键数据流程图和应用架构，描述图书馆信息生态链的信息流转过程及流转机制，并以框架模型的形式表述信息生态链组成要素之间的物质、能量和信息的交换关系；第三行第三列交叉的单元格是分布式系统架构，描述在不同网络间调用信息并进行信息过滤筛选的过程，这个过程也包括对杂乱无章的信息进行接口统一、载体转换和结构变换等操作；第三行第四列交叉的单元格是从信息组织者的视角对信息活动维护者进行描述，具体定义信息主体在信息筛选和信息排序管理等方面所承担的责任，以及不同信息主体的信息组织行为的相互作用关系；第三行第五列交叉的单元格是对信息流转周期进行更详细的刻画，在数据业务层的基础上，对信息生命周期每一阶段的数据流转历程都分别进行描述，并对组织内部的信息生态链与跨组织的信息生态链及其相依关系进行图示；第三行第六列交叉的单元格是对信息组织行为的标准、规则、转换流程等进行逻辑建模，在标准模型的基础上，实现管理目标层的规划设计，并将其转换为图书馆信息生态系统稳定运行的详细需求。

图书馆信息生态框架体系模型自上而下第四层为信息技术层，从信息生产者的观点范畴对图书馆信息生态系统的运行工具、技术方案和实施平台等要素进行描述。在6阶方阵模型的第四行自左向右进行水平移动，第四行第一列交叉的单元格是对数据的物理结构进行描述，定义数据归并、存储、处理等的具体方式和规则，并对数据在存储空间中的具体存放形式进行说明；第四行第二列交叉的单元格是信息流转结构图，对信息流转类型、流转路径、流转功能等进行技术模型的架构，描述在信息生态链的信息流转过程中信息本体的内容、形式、质量等对信息生态链功效的影响；第四行第三列交叉的单元格是对影响信息生态系统技术模型实现功能的网络环境、软件环境、硬件条件和兼容插件等进行架构，规划技术模型运行程序的运行环境、运行模式和层次结构，配合整个信息技术层系统功能实现的调用操作；第四行第四列交叉的单元格是对信息主体的信息生产能力进行的描述，也就是对信息主体的信息意识、信息知识、信息选择、组织及管理能力、组织信息活动的经验等进行的综合描述，体现了信息主体对信息技术和工具的掌握及应用情况；第四行第五列交叉的单元格是从技术模型的视角对信息流转周期进行描述，用控制流程图展示信息由生产到利用，再到反馈以致再利用的实时执行过程，侧重于描述信息流转速度的快慢和流转成本的高低；第四行第六列交叉的单元格是在信息组织标准模型的基础上，从技术标准的视角对信息活动业务标准进行设计，通过对业务标准的设计实现技术规范标准化，保障信息活动有序进行，以获得最佳的信息资源开发利用秩序和效益。

图书馆信息生态框架体系模型自上而下第五层为信息应用层，从信息传递者的观点范畴对图书馆信息生态框架体系模型的详细设计方案、执行程序和实施策略进行定义，也对信息流转过程中不同参与主体的协同合作与任务分工进行描述。在 6 阶方阵模型的第五行自左向右进行水平移动，第五行第一列交叉的单元格是对信息流转全过程中不同阶段、不同节点的数据设计，同时对数据在流转过程中的存储原则和存储方案进行设计，描述信息应用层的数据结构；第五行第二列交叉的单元格是从信息流转全过程视角考虑信息流转程序、规律及特点，优化信息链节点的连接方式，设计符合图书馆信息生态系统需求的信息应用模块；第五行第三列交叉的单元格是对信息生态网络架构进行描述，既包含信息流转网络的逻辑结构，又包含保障信息流转的物理网络架构，重点关注信息环体的网络架构；第五行第四列交叉的单元格是对信息服务主体在信息传递过程中的功能、作用等各种细节进行描述，并对信息利用主体在信息应用环节中的操作、规则等进行规范；第五行第五列交叉的单元格是从信息流转全过程视角整体考虑信息从产生、选择、传递到应用的运行周期，对整个信息转移过程的时间及周期进行描述；第五行第六列交叉的单元格是在信息应用过程中，在从大量的、不完全的、有噪声的随机数据中提取潜在有用信息时，基于信息服务主体和信息利用主体的信息行为构建描述模型，也包含对信息应用层面的信息加工与传递选择合适的建模方法进行规则推理、算法处理等信息行为的描述，从而设计出符合系统需求的功能模块。

图书馆信息生态框架体系模型自上而下第六层为知识提炼层，从信息利用者的观点范畴对图书馆信息生态框架体系模型执行层面的功能进行解析，保障数据挖掘与知识组织等信息活动在结构合理、状态和谐的信息生态环境中执行。在 6 阶方阵模型的第六行自左向右进行水平移动，第六行第一列交叉的单元格是对信息应用层面的数据进行集中分析，对离散、多维、海量的信息进行分类加工，使其转化为有组织的知识，构建模型对转化后的数据进行描述；第六行第二列交叉的单元格是对执行层面数据流的可执行程序进行描述，实现信息收集、数据预处理、数据挖掘、结果分析、功能反馈、优化调节等流程的功能模型，这个程序也是对图书馆信息生态框架体系的设计、功能和操作进行评价与反馈的过程；第六行第三列交叉的单元格是对知识提炼的技术与方法，及其所处的特殊信息生态环境进行定义，通过功能强大的数据收集与存储技术，集成完整、正确的数据集群，形成有利于信息呈现与应用的信息生态环体；第六行第四列交叉的单元格是从执行层面对信息利用主体进行描述的功能模型，比较关注信息利用主体对图书馆信息生态框架体系的功能、执行和应用效果的评价与反馈，通过信息利用个体或组织、团队等对信息流转的整个流程的高质性、高效性、公平性及稳定性的满意度评价实现信息生态系统程序的优化；第六行第五列交叉的单元格是对贯穿信息生态链的数据的整个生命周期进行描述，即从数据的采集到存储，再到分析和挖掘，直至最终应用，对每一个信息链节点的信息流转进度都进行监测，实时调整进度计划和流转周期，配合整个信息生态系统的运行；第六行第六列交叉的单元格是基于信息利用主体的信息需求与信息应用能力，对信息集成与知识凝练等信息行为进行解析的功能模型，构成图书馆信息生态系统的信息利用主体是多方面的，既包括利用信息的科学研究人员、科研组织或团体、学术联合体和跨区域的合作组织，又包含图书馆集成系统服务主体、数据密集型部门、互联网集合及云服务主体单元格。从多维度信息利用者视角进行信息行为功能模型的描述，力求实现信息应用及知识提炼的效果与信息利用主体的信息需求相协调，促进整个图书馆信息生态系统的和谐与稳定。

二　图书馆信息生态框架结构模型的基本架构

上述 Zachman 矩阵框架通过横纵交叉的单元格描述了图书馆信息生态框架体系模型的结构特征及信息流转和相应信息活动的解决方案。

Zachman 框架具有灵活性、协同性、可重用性、可扩展性和可移植性等功能，使每个元素都可被单独修改而不需要修订整个框架。它所具有的详细文档、元模型和过程模型等使运用它进行的设计具有综合性。①Zachman 框架以规范和清晰的架构描述图书馆信息生态内容框架体系的系统结构，从多维度多视角利用元模型和过程模型表达构成系统的各种成分或子系统之间的相互关系，在图书馆信息生态系统所处客观环境及其他约束条件的规范下，在子模型的建模过程中充分考虑各要素或子系统之间、系统局部与全局之间，以及整个系统与外部环境之间的关联关系，以其特有的分层和整合功能，降低信息生态系统的复杂性，以便于对图书馆信息生态框架体系模型的复杂结构进行不同层面的划分与描述。基于 Zachman 框架标准模型构建图书馆信息生态框架结构模型，其基本架构如图 5-4 所示。

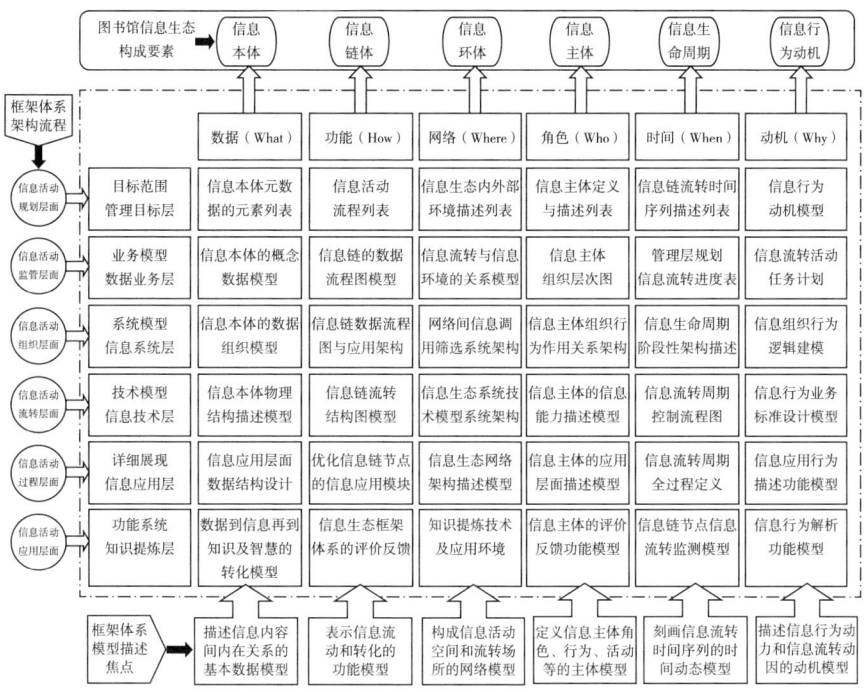

图 5-4　图书馆信息生态框架结构模型的基本架构

---

① 吴彩丽、林家骏:《基于 Zachman 框架的复杂信息系统的系统安全架构》,《计算机应用与软件》2015 年第 9 期, 第 92~96 页。

在图书馆信息生态框架结构模型的基本架构中，将图书馆信息生态框架结构利用信息本体数据模型、信息链体功能模型、信息环体网络模型、信息主体定义模型、信息生命周期时间动态模型和信息行为动机模型等不同模型进行表示，从图书馆信息生态构成要素的描述焦点视角综合考虑，才可以保证图书馆信息生态框架结构模型规划的完整性。与此同时，从与信息生态平衡密切相关的信息流转过程视角对图书馆信息生态框架体系的架构过程进行六个层次的描述，即信息活动规划者范畴的管理目标层、信息活动高层监管者范畴的数据业务层、信息组织者范畴的信息系统层、信息生产者范畴的信息技术层、信息传递者范畴的信息应用层和信息利用者范畴的知识提炼层，分别对应目标范围、业务模型、系统模型、技术模型、详细展现和功能系统进行架构，清晰地标示出不同阶段的信息特征和信息流转规律，以整体化的架构形式指导我们分析图书馆信息生态系统。上述架构展示了图书馆信息生态框架结构模型构建的要素和过程，从模型的基本架构可以获知，在决定图书馆信息生态平衡的信息活动全过程中，无论是在信息活动的整体战略规划、高层监管阶段，还是在信息活动的组织管理、解析应用阶段，都需要考虑基本数据、功能解析、流转网络、主体角色、时间动态和行为动机等六个维度的焦点内容，考虑到每个阶段的信息流转特点和图书馆角色功能特征，这六个维度上的模型建构内容有所不同。本书主要基于 Zachman 框架的基本理念和框架模型的构建思想对图书馆信息生态框架体系进行结构层面的架构，该架构包含 1 个架构流程和 6 个功能模型。架构流程展现了基于图书馆信息生态平衡考量的信息活动全过程的逻辑表示，6 个功能模型用于呈现 Zachman 框架理念指导下图书馆信息生态各构成要素在信息活动每个阶段的描述内容，也就是图书馆信息生态框架结构模型的内容和范围。基本架构的每个单元格都较为清晰地描述了图书馆信息生态构成要素在信息流转各阶段的相互映射关系及其内在逻辑联系，为优化图书馆在不同发展阶段的信息链流转过程并调节信息生态失衡提供了解决方案。

三　图书馆信息生态框架结构模型实现的核心技术与有效方法

图书馆信息生态框架结构模型对图书馆的信息流转过程、动态信息网络组织、信息链执行程序和信息生态系统规划问题进行顶层设计、逻辑建模、系统解析、目标决策及反馈执行，是实现图书馆信息生态系统科学管理与平衡稳定运行的基础。针对复杂的图书馆信息生态系统，图书馆信息生态框架结构模型以知识自动化为核心技术，驱动信息流转原理和信息链结构改变，同时，以社会计算方法为指导，全面感知主体的信息行为和信息态势，通过综合协调信息主体、信息本体、信息环体、信息介体、信息链体和信息控体等各种要素，实现整体规划、分层描述、多元参与、优化管理。

（一）知识自动化是模型构建的核心技术

工业生产过程的知识自动化系统是将人工智能技术、计算机技术、自动化系统技术融合来实现工业环境下自动感知、处理、计算、决策的智能系统。[①] 社会系统中的知识自动化是集舆情感知、平行管理和移动指挥与控制于一体，在信息社会数据采集、情报分析、人工建模的基础上，实现对社会系统中人员、组织及其职能的动态建模、知识决策和平行管理，促使社会管理由被动解释预测向主动感知响应社会现象、自适应引导社会行为与平行反馈控制模式转变。[②] 在图书馆信息生态系统中，知识自动化是构成图书馆信息生态的动态要素，通过固化主体的信息行为和决策方法，从多维度揭示数据的内在特征，提取有价值的知识对象和知识微粒，优化、复用并共享知识资源，利用现代信息技术手段来自动完成主体的知识型工作，使信息决策更具有自主性和可控性，提高信息流转效率，优化信息圈结构，对于图书馆信息生态系统的动态变化起到非常重要的作用。

知识自动化解决的是人与数据、人与知识的连接问题，实现的是人与机器的重新分工，最终用于设计各种实用系统，其核心要素包含基础数据的连接和异构处理、知识库管理、认知计算中专家经验的描述和显性表达以及数据与知识的模型化等四方面内容，如图 5-5 所示。基于 Zachman 框架理念构建的图书馆信息生态框架结构模型是一种逻辑结构

---

① 桂卫华、陈晓方、阳春华、谢永芳：《知识自动化及工业应用》，《中国科学：信息科学》2016 年第 8 期，第 1016～1034 页。

② 王飞跃、王晓、袁勇、王涛、林懿伦：《社会计算与计算社会：智慧社会的基础与必然》，《科学通报》2015 年第 Z1 期，第 460～469 页。

模型，在对信息过滤、信息抽取、信息组织、信息挖掘等进行语义分析及模型表述的时候，选择知识自动化技术为逻辑模型实现的核心技术是必要且可行的。

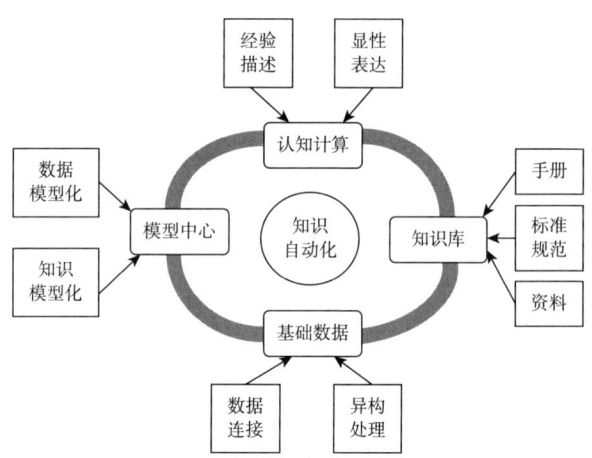

图 5-5　知识自动化的核心要素

首先，图书馆信息生态框架结构模型的实现要求各层次功能模型具有可描述性且可显性化表达，知识自动化技术的融入有利于驱动框架结构模型在层次结构、建模分析与动态特征描述等方面优化。譬如，我们已经可以在计算机里利用 Office 写文章，并通过网络进行传输，但是，只有计算机、Office 软件和网络是不能够保证写出好文章的，文章质量的好坏还是取决于人存储于大脑中的知识、经验、方法和技能，要实现人脑工作与自动化的有机融合，就需要利用知识自动化技术进行知识提炼与凝结。因此，逻辑模型的现实表现离不开知识自动化技术的融入与驱动，可通过对信息活动数据的深度挖掘，利用机器学习技术，完成信息主体的显性化和模型化表达，实现信息本体的不断累积和信息链体的无障碍流转，推动图书馆信息生态系统的可持续内生性发展。

其次，图书馆信息生态框架结构模型关注对数据内在关系的描述、信息流转过程的控制、信息活动整体流程的干预和各子模型之间关联关系的推导，而知识自动化有助于框架结构模型实现多样性知识融合、多维度主体干预和多点响应动态功能模型的运行。知识自动化的基础是基于科学的方法有效地对知识进行合理凝练、提取及处理，关键在于"知识的获取、表示、重组和关联推理"，对数据、信息和知识的获取、表示与自动化决策进行深度融合并交互的优势，既为提高图书馆信息生态框架结构模型的反馈及响应效率提供了技术保障，也为实现虚实互动的框架结构模型提供了信息对等、权利平等、多方位引导的组织结构与管理模式。

再次，基于 Zachman 框架理念构建的图书馆信息生态框架结构模型更注重自上而下的框架流程与自下而上的观点范畴的统一，知识自动化为这种双向交互的框架结构模型提供了集成与转化的综合协调技术支撑。智慧社会注重的区域一体化驱动智慧图书馆趋向于构建网络化、智能化、泛在化的融合图书馆，在这种融合性发展的大背景下，图书馆信息生态框架结构模型自上而下描述架构流程的规划与推动，自下而上呈现信息活动不同焦点视角的广泛协同与参与。知识自动化技术在这种自上而下与自下而上双向交互的框架结构模型中积极发挥统筹协调能力，在集智能化感知、多元化参与、平行化管理和智慧化控制于一体的技术支撑下，实现图书馆信息生态框架结构模型的自适应引导与动态建模过程。

最后，图书馆信息生态框架结构模型在设计时综合考虑整体规划和包容发展，知识自动化技术以全面感知社会态势、融合管理与决策模式、集成智慧服务为动力，通过协调控制信息生态构成要素之间的协同竞争关系，激发框架结构模型的内在活力。图书馆信息生态框架结构模型以要素和过程为基本架构进行整体战略规划，在综合协调人、信息、环境、技术等多种要素的过程中，更加注重智能技术的综合统筹发展，以实现更透彻的感知、更多元的参与、更精细的管理和更深入的智能。知识自动化是实现这一目标的核心技术，以智能型工作和智慧化渗透为支撑，推动框架结构模型实现复杂分析、精准判断和优化决策等。

总的来说，知识自动化是图书馆信息生态框架结构模型构建的核心技术，知识自动化程度影响智慧环境下图书馆信息生态系统的动态变化。知识自动化技术将智慧计算能力、智能存储效能和海量数据处理能力与信息主体的思维、知识、经验等有效结合，做出准确判断与优化决策，实现知识向智慧的跃升，促进图书馆信息生态系统的整体平衡与稳定。知识自动化技术超越了简单意义上机器智能与人类智慧的结合，将信息流转水平与效率的提高升级为模块化、智慧型模式的参与，实现图书馆信息生态框架结构模型在整体规划、宏观监管、信息组织、信息流转、信息管理、信息应用等层面的动态建模与协同控制。

（二）社会计算是模型实现的有效方法

在智慧社会驱动下，基于网络行为的演化和发展带来许多隐性后果，影响着图书馆信息生态系统的结构和功能。图书馆信息生态构成要素之间相互关系的复杂程度加深，组织形式和活动机制的动态变化难以预测，使得图书馆信息生态框架结构模型整体呈现动态性、开放性、交互性和数据海量等特点。社会计算作为一种面向社会科学的计算理论和方法，是处理复杂动态网络系统的建模、分析、管理、控制和预测等问题的有效方法，为图书馆信息生态框架结构模型在逻辑上的运行与实现提供了具有较强可适用性和可操作性的研究方法及手段。

社会计算是信息工作者用于解决网络社会发展相关问题的关键技术之一。王飞跃等的《社会计算的基本方法与应用》对社会计算的研究背景、历史发展、研究方法与应用领域等进行了阐释，提出基于人工系统的社会计算建模方法、计算实验与社会计算的分析与评估、平行系统与社会计算的实现等理论方法框架，探讨了基于社会传感网络的行为抽取、观点挖掘和情感分析等社会媒体数据分析方法，社区发现的基本方法与算法评价，社会网络建模与分析方法，社会行为分析与决策评估等技术方法，并展示了社会计算在情报与安全信息学、互联网舆情计算和突发事件应急管理三个典型应用领域的案例。[①] 社会计算为智慧社会动态变化衍生的一系列网络化社会问题提供了一种核心建模、实验和管理与控制的研究方法。

近年来，社会计算也成为图书情报领域理论与实践研究的关注点。金兼斌和李子玄在《社会计算领域的跨学科合作研究：基于两大文献数据库的社会网络分析》中，通过基于社会网络分析的文献计量方法，对国内外社会计算领域的合作研究情况进行梳理，并对社会计算研究领域

---

① 王飞跃、李晓晨、毛文吉、王涛：《社会计算的基本方法与应用》，浙江大学出版社，2013，第1~14页。

的现状特点和发展规律及趋势进行探讨。① 这项研究能够帮助我们理性认识社会计算在多学科交叉领域的应用情况及发展趋势，为本书科学利用社会计算研究方法提供了较充分的数据支持和理论依据。李阳等在《科学大数据与社会计算：情报服务的现代转型与创新发展》中，从科学大数据与社会计算的交叉融合点入手，探讨了融合范式背景下的情报服务数据生态圈问题，并从服务模式变化、应用空间拓展与创收能力提升等方面剖析了情报服务在新环境下的变革与创新。② 基于社会计算理念的情报服务数据生态圈的分析思路为研究智慧社会大数据驱动下的图书馆信息生态圈问题提供了一种新范式，社会计算实现的"复杂系统数据化计算分析体系"为深化图书馆信息生态功能模型和网络模型在逻辑上的表现形式提供了计算方法和手段。施蓓在《社会计算理论和方法在图书情报领域的应用探讨》一文中对图书情报领域的社会计算应用研究现状进行了分析，提出"计算社会选择、用户参与行为动机、计算实验等与图书馆管理相结合"的研究方向。③ 将社会计算应用于图书馆管理与发展决策领域有助于图书馆进行科学决策，也为数据建模在图书馆信息生态系统中的应用提供了技术支撑。

　　智慧社会驱动下，图书馆系统的数据体量剧增、类型繁多、流转速度加快，社会计算方法能够对海量、异构、高速流转的数据进行高效准确的处理和分析，为分析解决图书馆系统的数据密集和信息流转等问题提供理论指导和技术支持。目前，社会计算的研究和应用领域主要集中于社会数据感知与知识发现、个体与群体的社会建模、信息行为交互及规律分析以及决策支持等领域，能够辅助图书馆系统从纷杂的数据集群中挖掘有价值的信息和知识，观测图书馆信息生态系统的信息流转动态及规律，调控信息生态圈的结构及信息生态系统的整体平衡，并据此修正图书馆信息生态平衡机制，指导平衡策略的制定。

　　图书馆信息生态框架结构模型是诸多因素相互作用、各子模型协同

---

①　金兼斌、李子玄：《社会计算领域的跨学科合作研究：基于两大文献数据库的社会网络分析》，《南京邮电大学学报》（社会科学版）2020年第2期，第38~54页。

②　李阳、孙建军、裴雷：《科学大数据与社会计算：情报服务的现代转型与创新发展》，《图书与情报》2017年第5期，第27~32页。

③　施蓓：《社会计算理论和方法在图书情报领域的应用探讨》，《情报探索》2017年第11期，第92~96页。

合作的复杂模型。

聚焦信息活动规划层面的管理目标层，通过信息行为交互分析对信息行为动机进行建模，能够呈现主体信息行为特点及信息活动和信息组织、应用等行为的演化规律，也能够对信息网络结构、信息生态内外部环境、信息主体间的交互与协作、信息流转的动态性等进行分析，从而深化对信息活动顶层规划与战略分析层面的理解。例如，可以采用多种建模方法来分析信息在网络中的传播、扩散规律及影响因素[①]；也可以借助数据解析、仿真、推演等社会计算方法解决图书情报领域的数据生态圈问题[②]。

聚焦信息活动监管层面的数据业务层，以个体与群体的社会建模方法对信息主体中个体或团队的信息行为和认知进行建模。用来描述信息主体的组织层次图，能够揭示信息主体影响整个信息流转活动的动态过程及其演化规律，也能从计算角度展现个体与群体对于信息活动的影响大多是基于数据本体的概念数据模型、对象模型或语义模型进行的。此外，关于主体间交互模式的社会建模理念可以应用于信息流转与信息环境的关系模型构建。

聚焦信息活动组织层面的信息系统层，运用结构化信息建模理念对信息本体在组织活动层面进行模型建构，能够实现对信息链重要节点信息的动态感知，有效利用数据源所隐含的结构特征和信息价值进行应用架构描述。同时，可通过对信息行为数据的全方位、分层次感知与分析，辅助描述信息生命周期的阶段性架构，也可应用现有的多种学习算法对信息组织行为进行预测，利用信息组织行为的目标、规律，进行逻辑建模。

聚焦信息活动流转层面的信息技术层，基于 ACP 的社会计算方法同样适用于图书馆信息生态技术模型的"软"建模。可通过在软件定义的环境中对信息本体的物理结构和信息主体的信息能力进行试验和计算，模拟技术模型的系统架构，为信息链流转结构模型的构建提供支持，并

---

① 王飞跃、李晓晨、毛文吉、王涛：《社会计算的基本方法与应用》，浙江大学出版社，2013，第 13 页。
② 李阳、孙建军、裴雷：《科学大数据与社会计算：情报服务的现代转型与创新发展》，《图书与情报》2017 年第 5 期，第 27~32 页。

以计算手段引导信息流转周期控制流程图的描述。ACP 方法可利用充分的信息行为情报，实现从定性到定量的信息行为描述，使建立信息行为业务标准模型成为可能。

聚焦信息活动过程层面的信息应用层，社会计算能够向管理者和社会提供决策支持、应急预警、政策评估和建议等。数据集成在信息应用层已经形成大数据集合，可以利用大数据解析复杂系统的基本思路对信息应用层的数据结构进行解析，通过计算实验对信息生态环境的网络架构加以分析和评估，借助智能反馈与调节技术对信息链节点的应用模块执行进行引导与优化。

聚焦信息活动应用层面的知识提炼层，社会计算应用领域中强大的数据挖掘与知识发现能力对于构建数据到信息再到知识及智慧的转化模型具有指导性意义。可基于主体信息行为数据的知识发现对信息行为进行解析与挖掘，在组织行为预测的基础上，利用规划推理方法对信息链节点流转的深层信息加以识别，充分利用知识自动化技术实现信息生态各构成要素的模块化表达，以及整个信息生态框架体系的评价与反馈。

四　社会计算在图书馆信息生态框架结构模型中的应用

智慧社会的数据获取、积累、流通、汇聚和融合分析的智能化特征驱动图书馆信息主体对数据的需求和应用能力提高，以全方位的视角对来自不同系统、不同领域的信息本体进行流通与融合分析。社会计算能够辅助这种数据思维和技能在图书馆系统中运用，促进图书馆信息生态环境的智能化升级，既包括图书馆建筑、信息空间、计算与存储设备等物理空间和设备设施的改造升级，也包括通信网络、数据中心等虚拟网络空间的发展优化。在智慧化影响下，在物理空间与虚拟网络空间之间，又出现了一个智慧感知与计算的过渡空间，这个过渡空间通过软件定义和智能技术实现灵活的功能配置与管理服务。此外，保证数据合理化流通的数据确权、数据质量、数据开放与共享、数据公平获取、数据安全与隐私保护等问题，在法律法规、标准规范和支撑技术等综合监督管控下，从多维度调控图书馆信息生态平衡。上述内容是图书馆信息生态框架结构模型横向结构形态的主要构成要素，可见，社会计算方法能够辅助图书馆信息生态框架结构模型在构建过程中进行信息行为动机建模、数据挖掘与知识体系建模，解决模型构建中的复杂数据问题，并据此制定和修正信息生态平衡策略。

在智慧社会驱动下，图书馆信息生态系统是受时间、空间、环境和信息本体等条件约束的诸多因素相互作用的复杂系统，具有一定的结构并表现出相应的特征。图书馆信息生态框架结构模型是描述图书馆信息生态系统功能和构成要素之间相互关联及相互作用方式的模型，是图书馆信息生态框架体系的重要组成部分，也是一个包含多主体、多要素、多子系统的复杂协同工作系统。又因为信息流动和转化的功能模型及信息活动的网络模型与复杂系统建模、分析评估与决策的计算理论契合度较高，社会心理学和社会计算学理论是信息行为动机模型构建的重要理论指导，而社会计算主张的整体论观点和有效解决方案对于图书馆信息生态体系架构流程的前期规划监督、中期组织活动和后期应用反馈等均具有一定的指导意义。所以，社会计算在图书馆信息生态框架结构模型中的应用主要体现在运用复杂系统理论、协同学理论、社会计算学理论、自适应控制理论和评估优化理论对图书馆信息生态构成要素及其相互作用关系进行识别、分类与处理，结合从定性到定量的综合集成方法和并行分布式高性能计算技术，建立不同描述焦点下图书馆信息生态框架结构的各功能模型。社会计算在图书馆信息生态框架结构模型中的应用如图 5-6 所示。

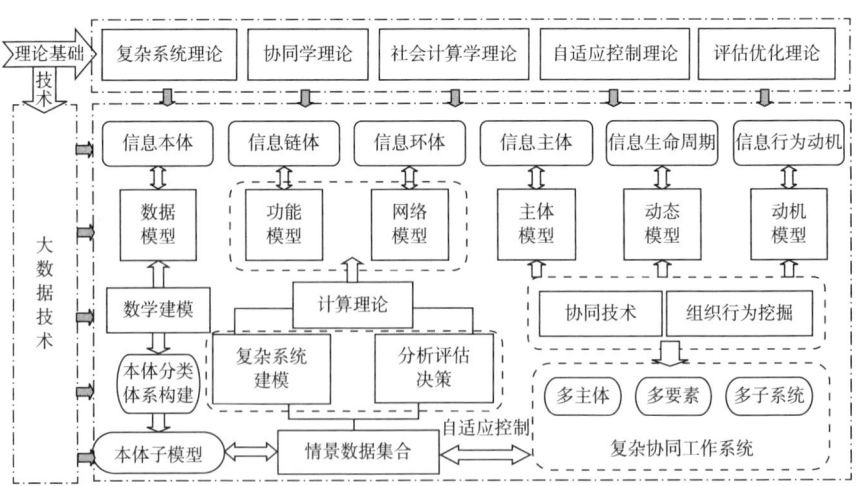

图 5-6　社会计算在图书馆信息生态框架结构模型中的应用

　　图 5-6 展现了社会计算方法中的数据挖掘、建模方法、社会网络分析及优化、组织行为挖掘等相关技术方法在图书馆信息生态框架结构模型中的应用。本书在个体与群体信息行为的社会建模、信息交互及其规律分析、信息本体的形式化描述、数据感知与知识发现等方面，对涉及图书馆信息生态框架结构模型构建的相关技术方法进行概述。

　　首先，社会网络分析方法是研究信息传播轨迹和影响的有效手段。在海量数据信息在主体间不断传播的情况下网络空间结构较为复杂，每个信息链流转节点在接收信息的同时也在发送信息，在相互嵌套和链接中驱动信息在更大范围内流转，所形成的群体社会网络拓扑关系能够比较直观地体现信息链节点间的耦合、并发与转化关系，并提供一种研究复杂社会网络中信息主客体深度融合关系的方法，探究信息不对称现象和信息失衡的根源，为信息生态平衡机制和平衡策略的探讨提供科学依据。

　　其次，模型方法是揭示信息生态构成要素内容、特征和本质的最直观的方法。构造和分析图书馆信息生态构成要素的逻辑模型，可实现认识其内在逻辑与关联关系的目的。对于不能用单一、直观方法进行表述的图书馆信息生态框架结构模型，可以通过数学模型、逻辑模型、功能模型、图形模型等，对其进行模块化表示，这也能够较为清晰地描述图书馆信息生态构成要素相互间的逻辑关系，并能够通过数学建模的方法对数据模型的本体分类形式及体系结构设计进行表述。在建模过程中，首先要根据图书馆信息生态框架结构的特征和要求进行资料与数据的搜集，厘清框架结构的特征和功能，然后在综合分析信息链流转特征与规律的基础上，经过逻辑推理建立模型，再对所构建的模型进行研究分析，观察模型是否科学有效，并根据反馈信息，不断调整与校正各模块解决方案，使模型满足简明性、完整性和规范性等方面的要求。

　　再次，数据挖掘技术应用于主体模型与动机模型的构建具有可行性。基于内容的主体信息需求挖掘能够建立主体信息需求的关系网络，利用文本信息抽取技术自动提取主体提交的信息需求主题、关键词或概要内容，识别重合信息，自动计算信息主体与信息需求之间的关系，描述信息需求网络结构。"可操作（组织）行为规则挖掘"① 方法可以应用于主体的信息行为建模，通过建立较为精确的计算模型，提出新的规则排序方法，设计高效规则挖掘算法，对主体信息行为进行预测，抑制干扰信息生态平衡的相关因素。在信息爆炸式增长的信息环境中，大量非结构化与半结构化数据包含潜在信息，影响对主体信息行为和信息生态发展趋势的预测，如互联网上大量的用户评论信息中蕴含着各种情感色彩和情感倾向，对这种带有情感色彩的主观性文本进行搜集、分析、处理、归纳和推理的过程称为意见挖掘，又叫文本情感分析，这种方法为计算科学视域下研究信息生态伦理问题提供了新的视角。

最后，协同技术为图书馆信息生态框架结构模型中各子模型的运行与协同合作提供了支持。智慧社会呈现的用户、产品、组织等多层面协同运转态势为图书馆信息生态框架结构模型的协同工作系统构建提供了演化动力，也为打破跨区域、多项目、集团化发展趋势所带来的团体与组织间的信息孤岛提供了技术支撑，从而提升了信息链结构的柔韧性与数据管理的可靠性。在智能技术影响下，图书馆信息生态系统面临诸多方面的挑战，如数据虚拟化过程中产生的"烟囱式"系统所形成的数据孤岛，不但提高了信息流转成本，而且引发了标准、数据不统一等方面的问题。图书馆信息生态环境受到大规模数据集成与共享的影响，数据传输负载高，信息生态系统实时响应能力比较差、安全程度比较低。新一代协同技术能够保障图书馆在智慧服务过程中的全链路数据安全，从数据采集、集成到数据建模、共享，再到数据标准制定和数据传输以及数据应用与应用开发，整个过程都需要通过协同技术解决协同数据的安全性、可靠性与扩展性问题。协同技术能够协助图书馆信息生态框架结构模型中的各子系统适应不断变化的弹性信息生态环境，保障具有异构特征的数据结构、计算资源、基础设施等协同运行，使各子模块在一体化的管理协同中交互影响、协调合作，发挥效能。

---

① 苏鹏：《社会计算中的组织行为模式挖掘》，电子工业出版社，2019，第15~20页。

第五节　社会计算在图书馆信息生态框架 体系建模场景中的应用实例

智慧社会驱动图书馆信息生态框架体系重构，在智慧技术的助力与社会新需求的变更下，数据转换为信息再提炼成知识过程的高效性的提升及数据分析与建模技术的发展，为社会计算在图书馆信息生态领域的应用营造了良好的环境。一方面，"诸如 Altmetric.com 等数据平台的构建，使得越来越多的研究开始采用'文献数据+'的模式"[①]，在文献数据基础上引入社交媒体数据、地理空间数据、信息行为数据等多源数据，为面向信息生态领域的信息行为、信息活动、信息生态内容、信息结构、信息组织及其作用和效应的建模与分析提供了较为丰富的数据支持；另一方面，自然科学、计算机科学、管理科学等多学科的理论与方法被广泛运用于信息生态研究中，学科交叉与学科融合逐渐加强，为图书馆信息生态框架体系的研究提供了分析、计算与建模方法。社会计算的应用需要模型理论的支撑，因而，本书提出一种面向社会计算的图书馆信息生态框架体系建模路径，以期突破静态知识和经验型模型的局限，对智慧社会影响下的图书馆信息生态框架体系的组织结构与内部运行模式及规律加以揭示，解决其建模、分析和决策支持等问题。

一　建模路径

基于社会计算的图书馆信息生态框架体系建模旨在将图书馆信息生态框架体系与计算技术建立联系，为利用科学建模的直观化方法剖析图书馆信息生态系统构成，以及开展社会计算应用于图书馆学领域的研究，提供模型构建与方法论方面的借鉴。首先，通过构建图书馆信息生态框架体系的概念模型，厘清框架体系内部构成要素的相互关系，科学表述图书馆信息生态系统重构规则、内容及信息链结构特征，实现对图书馆信息生态框架体系结构的抽象化表示；其次，利用多源数据对主体信息

---

① 马亚雪、毛进、李纲：《面向科学社会计算的数据组织与建模方法》，《中国图书馆学报》2021 年第 1 期，第 76~87 页。

活动和信息行为的相关属性进行数据化表示，实现对影响图书馆信息生态系统运行状况的相关信息组织形式及信息行为规律的数据化表征，为图书馆信息生态框架体系构建结构化的属性描述框架；再次，根据抽象化表示模型对图书馆信息生态框架体系的构成要素进行"主体—内容—属性—关系—数据"的关联，将独立的构成要素单元连接起来，形成关联关系网络，实现数据建模；最后，面向图书馆信息生态系统的研究场景，融合信息行为和信息活动相关数据，实现对图书馆信息生态框架体系构成要素的组织结构及内部关联关系的系统分析，揭示图书馆信息生态框架体系的特征与规律。基于社会计算的图书馆信息生态框架体系建模路径如图 5-7 所示。

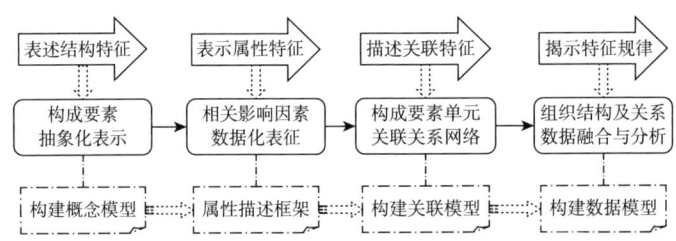

图 5-7　基于社会计算的图书馆信息生态框架体系建模路径

二　构成要素的抽象化表示

构成图书馆信息生态的主要内容可以抽象为由信息主体、信息本体、信息环体、信息介体和信息控体构成的五元链路网络模型，如图 5-8 所示。信息主体是链路网络的逻辑起点，信息服务主体通过识别、筛选、处理、加工并传递信息本体，在特定的信息环体中利用信息介体开展信息活动，在伦理、规范等信息控体的协调下，借助信息链，最终服务于信息利用本体的需要，实现信息的循环流动、有效利用与知识提炼。信息主体、信息本体、信息环体、信息介体、信息控体和信息链在图书馆信息生态系统中具有实体形式，对这六类实体之间的关联进行分析，能够较为直观且全面地反映图书馆信息生态系统的运行模式与内在规律，实现对图书馆信息生态框架体系的多维度建模。

主体、本体、环体和介体是图书馆信息生态系统运行中的主要链路

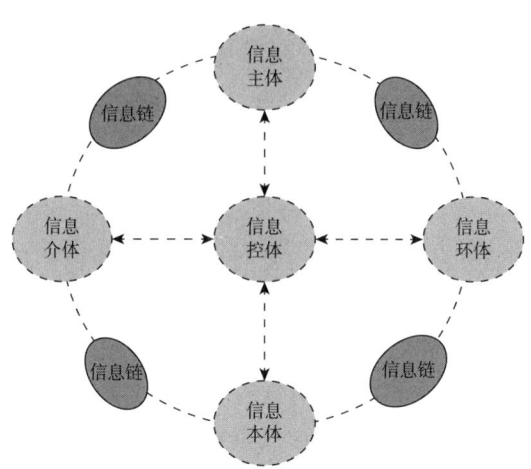

图 5-8　图书馆信息生态五元链路网络模型

要素。"主体"是组织、操控并参与信息活动的图书馆信息主体，既是信息活动的组织者和实施者，又是信息活动的驱动者和受益者，发挥着推动并控制信息活动正常运行的作用，是图书馆信息生态系统中的主体要素。信息主体既包含人、团体、组织、机构和联盟等实体主体，又包含平台、系统、信息组织活动等虚拟主体。"本体"是主体操作、管理并控制的信息内容和结构，也是主体从事信息活动的对象，简单来说，就是参与信息链流转的信息或知识本身。在图书馆信息生态系统中，信息本体本身就是一个概念模型，即在信息合理流转和公平利用过程中的逻辑抽象概念化模型描述中，对信息存在方式与存在状态的概念化表述，具体通过主题、关键词、数据集等形式进行表征。"环体"是信息主客体进行沟通及信息本体有效流转所依赖的环境体系，主体与本体之间的所有信息交换活动都在信息环体中进行，其决定了图书馆信息生态系统中各要素的组成、联结及变化趋势。信息环体具有多种表示形式，既包含保障信息流转有序进行的基础设施、网络条件和物理空间，也包含与信息生态有关联的政治、经济与人文因素，还包含指导、统筹、协调图书馆信息生态系统运行的法律、法规、政策等制度要素。"介体"是信息传递和信息流转所依赖的技术方法、手段和方式等，是开发、管理并利用信息本体的驱动力，能够保证信息合理流动。信息处理和传播所借助的技术方法、信息组织形式与传播方式，以及信息传递途径等都属于信息介体的范畴。信息介体是实现信息生态平衡的最直接动力，由技术方法、信息传播方式和传递途径等进行表征。图书馆信息生态领域的技术方法主要包含互联网技术、人工智能技术、计算技术、大数据技术、空间技术、控制技术等新一代信息技术；信息传播方式包含书刊、文件、信件、电话等媒介传播和网络平台、数据库、邮件、微信等网络传播；信息传递路径包含信息由高势能向低势能传递、由低势能向高势能传递及横向之间的平行传递，信息传递路径可以是开放的，也可以是闭合的。

信息控体是一类特殊的链路要素，是在行为准则、道德规范和精神活动等伦理层面和价值观层面对信息活动和信息流转进行的调节与控制，主要包括信息伦理和信息文化。信息伦理实质上是对信息流转中各种利益关系的调节，不仅包括计算机伦理、网络伦理、传播伦理，还包括以信息为中介的各种信息活动伦理，一般通过信息行为规范和伦理要求、准则、关系及相关研究论文进行表征；信息文化是信息流转过程的物质表象与精神内在的整合，由体现信息意识、信息素养和信息价值观等的数据、文档、研究论文进行表征，以体现信息意识活动、信息素养能力和信息价值选择。

在链路网络模型中，信息链是一类特殊的链路实体，主要是对信息生态系统中的信息组织、传播与应用等信息行为过程进行描述，强调由信息利用主体的信息需求开始，到信息服务主体提供满足其需求的信息及服务的全流程中的信息流转行为和过程。信息链通过数据挖掘、信息生产、信息流通、信息决策、信息应用和优化反馈等流转链条，聚合信息主客体，利用多节点动态响应形成网状链式结构。信息链可通过结构、类型、效能、节点属性、流转效率、动态演化等信息单元进行表征，贯穿图书馆信息生态链路网络的每个环节，以主体为基础、本体为内容、环体为保障、介体为纽带、控体为调控手段，共同构成了信息流转与循环的链路网络模型。通过分析主体、本体、环体、介体和控体的活动与关联可以初步得到信息链的描述状态，但复杂与多样化的信息链实体结构需要从图书馆信息生态系统运行全局角度进行演化推理与描述。

三　相关影响因素的数据化表征

数据化表征是通过搜集、获取并融合多源数据实现对影响图书馆信息生态的相关信息活动和信息组织行为的属性化数据表示，进而形成较为直观的结构化数据单元，实现对图书馆信息生态框架体系的数据建模及后续计算储备。数据化表征过程包括多源数据获取及汇聚、内容属性结构化、数据融合及预处理等任务。

多源数据获取及汇聚的目标是对影响图书馆信息生态的相关信息活动和信息组织行为数据进行获取与有效组织，以服务于框架体系的数据建模与计算。数据获取的主要来源包括数据库系统（图书馆及移动端管理系统、网站、引进与自建数据库等）、信息共享与整合平台（知识发现系统、资源整合平台等）、在线平台（微博、在线社区等）、数据源网站（Google Dataset Search、Altmetric.com 等）、文献和自主调研等。本书采用数据库系统、信息共享与整合平台及文献作为获取图书馆信息生态构成要素实体属性与关系数据的主要途径，其中，数据库系统与文献凭借直观、清晰、结构化和易获取的特点为影响图书馆信息生态的信息活动与信息行为的集成计算及经验计算提供数据支持。随着开放获取的发展与数据开放性及数据处理技术水平的提高，文献数据被运用到行为主体的信息行为动机及相关研究中，如"学术文献全文本数据被运用到科学社会计算的相关工作，以期更加准确地测度和评价学术影响力并透视作者的引证动机"[①]。数据获取的主要方法是数据库统计与导出、文献或网页数据采集（爬虫软件等）。图书馆信息生态框架体系的多源数据汇聚问题，可以通过数据提取、数据精炼和数据特征表述解决。由于通过文献和数据库系统等渠道获取的数据具有多样性特征，因而要基于多维度、互补性和准确性原则通过数据主题鉴别和内容筛查尽可能全面地采集并提取相关数据。针对不同来源数据的类型、精度和质量差别，在保证数据完整性的基础上，可根据影响图书馆信息生态的信息活动特征属性的数据要求，对所提取的数据进行有效筛选，保留研究必需的有效数据，剔除相关度低、损耗大的冗余数据，提升数据质量，实现数据精炼。对不同结构的数据，可以有针对性地采用不同的数据查重方法精炼数据，减少冗余，如根据主题词、关键词等语义标签之间的语义关联对数据库

---

① 赵蓉英、曾宪琴、陈必坤：《全文本引文分析——引文分析的新发展》，《图书情报工作》2014 年第 9 期，第 129~135 页。

中的结构化数据进行查重；也可利用机器处理与人工标注相结合的方法通过文本匹配对文献数据中的非结构化数据进行查重。提取数据特征的方法有很多，如"多粒度特征提取方法"[①]可以多维度解析与透视信息行为的数据特征，形成能够直接被利用的基础数据集。

图书馆信息生态构成要素的属性结构化是为图书馆信息生态框架体系中的子模型（或基本单元）构建结构化的属性描述框架，实现对各构成单元的规范化描述。"实体属性描述框架的服务对象是各类实体数据单元，其构建需遵循全面性、针对性与可扩展性的原则，根据各类实体的独特之处从不同角度对实体属性进行描述。"[②]构成图书馆信息生态的基本要素承担着各自的角色，具有不同特点，可以从不同角度对其进行属性描述，如表5-3所示。信息主体属性描述框架的内容是信息活动的参与者，包括信息服务主体和信息利用主体，可基于信息获取、组织、传递与利用全过程的不同阶段的主体特征，利用用户画像方法进行描述，具体从主体基本属性、需求属性、结构属性和行为属性四个维度进行；信息本体属性描述框架的内容是信息活动的内容和对象，包括信息服务本体和信息利用本体，可利用数据挖掘与知识提取方法从基本属性、结构属性和状态属性三个维度进行描述；信息环体属性描述框架的内容是信息活动的场所与保障，包括物理环境、社会环境和制度环境，从基本属性、空间属性、社会属性和制度属性四个维度进行描述；信息介体属性描述框架的内容是信息活动的途径与方法，基于信息活动的技术方法、组织形式与传播方式等角度考虑，可从信息技术的基本属性、信息组织属性、传播方式属性与传递路径属性四个维度进行描述；信息控体作为伦理和价值观层面的一类特殊链路要素，其属性描述框架可以采用价值判断法从关系属性、伦理属性和文化属性三个维度进行描述；信息链属性描述框架与前述要素不同，信息链是对信息流转过程进行的描述，与各要素相互作用关系及规律有关，由不同层级的信息链节点结构、信息流转组织形式及信息流转状态表征，其属性用于描述信息流转与循环全

① 马亚雪、毛进、李纲：《面向科学社会计算的数据组织与建模方法》，《中国图书馆学报》2021年第1期，第76~87页。

② 牛力、蒋菲、曾静怡：《面向数字记忆的数字文档资源描述框架构建研究》，《档案学研究》2019年第4期，第40~49页。

过程中各要素的动态演化及相互作用关系。根据图书馆信息生态构成要素的特征对其属性描述框架进行分类细化，可形成全方位、多维度的层次结构描述框架，实现对不同要素的属性结构化描述。

表5-3　图书馆信息生态构成要素的属性结构化描述

名称	信息主体	信息本体	信息环体	信息介体	信息控体	信息链
属性	基本属性（自然属性和社会属性）需求属性结构属性行为属性	基本属性（物质属性）结构属性状态属性	基本属性（软件环境属性和硬件环境属性）空间属性社会属性制度属性	基本属性（技术方法和手段属性）信息组织属性传播方式属性传递路径属性	关系属性伦理属性文化属性	信息链节点结构信息流转组织形式信息流转状态

数据融合是对影响图书馆信息生态的相关信息活动和信息组织形式进行数据化的过程。这种数据化是指基于构成要素的属性结构化描述，利用获取并汇聚的基础数据源进行建模，形成图书馆信息生态构成要素的数据单元。数据融合首先要提取有效的数据用于描述属性结构，在多源数据汇聚阶段进行数据初步组织的基础上，根据构成要素的不同特征及信息流转的内在规律，制定相应的属性数据提取规则，实现从数据到属性的映射。多源数据提取可以根据数据特征进行分类提取，对于具有较为清晰对应关系的结构化数据可采用程序处理方式，批量提取源数据中的相关数据形成数据单元或数据集，建立数据与属性的关联关系。对于属性对应关系不明晰的非结构化数据，可以结合语义、图像或行为分析技术实现数据与属性的关联。属性数据一般分散于多种数据文本中，需要对其进行融合并预处理，以形成比较完整的属性数据集合。在相同属性的数据层面，对于属性名称完全一致的数据文本，可以直接合并实现实体融合；而对于属性名称不完全一致的数据文本，则对其差异进行调整，完成一致性校验，然后再进行实体融合。对不同属性数据进行数据融合时，需要根据数据的来源将其分装到相应的属性描述框架中，在各自框架里进行数据特征提炼，然后再对具有相同或相似特征的数据进行融合，形成结构系统、内容完备的数据单元。融合后的数据要经过数据预处理过程进行数据抽取、清洗、集成、加载等操作以提高数据质量。

预处理程序能够检验数据资料是否真实地反映属性结构化特征，数据结构是否符合逻辑，数据内容是否合理，各构成要素属性结构化描述是否相互矛盾。在经过一系列检验后，将不符合特定要求的数据予以调整或剔除，符合要求的数据集成优化，加载到建模程序的相应阶段参与程序运行。

　　上述多源数据获取及汇聚、内容属性结构化、数据融合及预处理等数据化表征过程如图 5-9 所示。

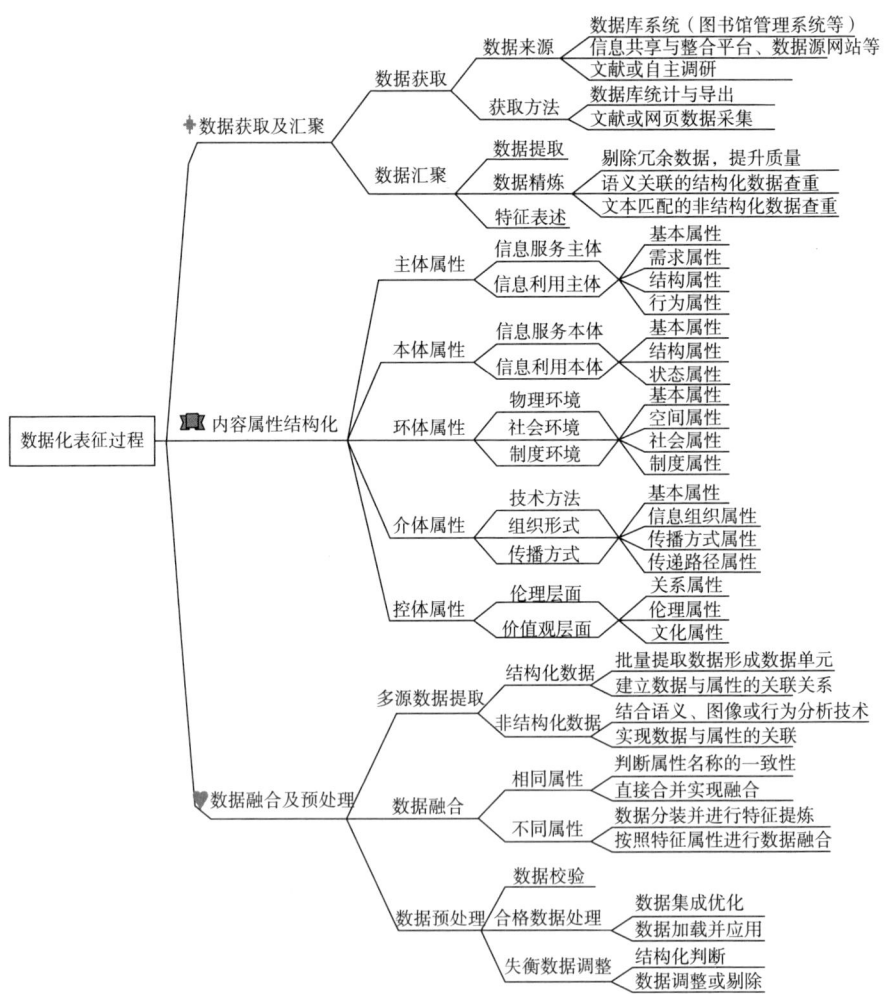

图 5-9　图书馆信息生态构成要素数据化表征过程

四　构建关联模型

从系统论视角解析图书馆信息生态构成要素的框架体系结构，可以将其视为一个由信息主体、信息本体、信息环体、信息介体、信息控体和信息链等共同构成的复杂自组织系统。构建以图书馆信息生态构成要素为单元的关联关系模型旨在将独立的数据单元连接起来，形成关联关系网络，为社会计算视角下构建图书馆信息生态框架体系模型提供直观描述的数据支持。五元链路网络模型能够通过数据单元的多重组合有效表述图书馆信息生态构成要素的交叉关联关系，因而，可以基于五元链路网络模型的内在逻辑与特征进行关联模型的构建。构建关联模型包括关联关系群落划分、可操作行为规则挖掘和多维关系整合三个环节。

（一）关联关系群落划分

基于五元链路网络模型的内在逻辑关系厘清图书馆信息生态框架体系中不同类型构成要素数据单元之间的内在联系，以服务多重关联关系网络的构建。关联关系群落划分是在构成要素抽象化表示和属性结构化表述的基础上，提取构成要素数据单元的链路关系并实现其关联关系整合的过程。

首先，要基于属性描述框架，从信息主体的信息需求与信息行为特征出发获取与主体信息活动相关的其他要素特征，这个过程可以采用逆向提取的方式，通过信息链节点与信息生命周期各阶段的匹配形成较为完整的链路关系；其次，根据属性描述特征对不同的五元链路进行特征提炼，将具有相同特征的链路实体集成为链路关系群，形成若干具有不同属性特征的五元链路关系群；再次，对不同五元链路关系群中的每个节点实体都进行辨别，根据实体属性对不同链路关系群中的同一实体进行匹配，在匹配过程中要注意相似节点的辨别与区分；最后，通过对具有相同或高度相似特征的实体的合并，结合五元链路关联关系，实现以信息链流转特征为中心的关联关系群落划分。

五元链路的形成使得与之密切关联的信息链得以固化，因此，关联关系群落划分主要考虑的是信息主体、信息本体、信息环体、信息介体和信息控体等五元链路的主要节点。根据实体匹配与整合环节中所选择的匹配中心不同，可以形成五种类型的关联关系群落，如图 5-10 所示。

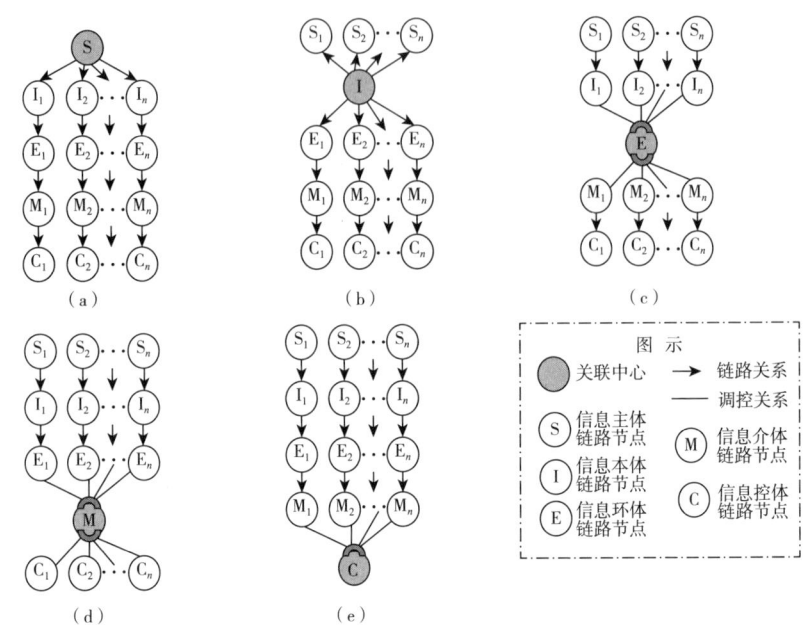

图 5-10　图书馆信息生态构成要素关联关系群落

其中，关系群落（a）是以链路节点——信息主体为中心建立的关系群落，该群落基于信息主体的信息需求和信息行为特征，整合五元链路的所有节点，用于表征信息主体在图书馆信息生态构成要素中所起到的主体控制作用及其与其他要素所建立的各类关联关系。关系群落（b）是以链路节点——信息本体为中心建立的关系群落，该群落整合了以信息本体为主体的链路关系，用于表征信息本体参与图书馆信息流转的全过程及其与其他要素所建立的实体关系。关系群落（c）是以链路节点——信息环体为中心建立的关系群落，该群落描述了以信息环体为主体的链路关系，用于表征信息主体和信息本体有效沟通所依赖的物理环境、社会环境和制度环境等，同时表述信息本体在图书馆信息生态系统内，以及图书馆与社会系统之间有效流动所建立的环境实体关系。关系群落（d）是以链路节点——信息介体为中心建立的关系群落，该群落强调以信息介体为主体的链路关系，用于表示操控信息流转和信息合理流动的技术方法、传播方式和传递途径的实体关系。关系群落（e）是以链路节点——信息控体为中心建立的关系群落，该群落刻画了以信息控体为主体的链路关系，用于表征图书馆信息生态系统中主体的信息行为、本体的流转过程、环体的管理规范和介体的应用转化等的横向联系与调控关系。五种类型的关联关系群落从图书馆信息生态构成要素的基本要素视角对框架体系中的实体关系进行建模，旨在适应智慧社会影响下图书馆信息生态演化的不同研究场景，为图书馆信息生态框架体系的数据建模提供具有可操作性和可应用性的关系模型。

（二）可操作行为规则挖掘

可操作行为规则挖掘的本质是研究行动和效果之间的相关及依赖关系，这种技术的应用能够挖掘以不同链路节点为中心的关联关系群落的内外部关系，是实现将分散的关系群落有效关联的过程。苏鹏在《社会计算中的组织行为模式挖掘》一书中详细阐释了一种以规则形式呈现的可靠建议或预测——"可操作行为规则挖掘"，以可操作规则的形式向用户提供明确的建议影响组织行为并因此获益。[①] 已有的一些研究可以基于特定分类规则对上述关联关系群落构建行动规则，如对图书馆信息生态构成要素的描述属性进行分类，可以分为稳定属性和灵活属性两类。稳定属性是不能被信息生态系统运行所改变或影响的属性，如信息主体的自然属性、信息本体的物质属性等；而灵活属性则相反，如信息主体的结构和需求属性、信息本体的状态属性、信息环体的基本属性等。分类规则以灵活属性优先的方式从决策表中抽取，而行动规则从该分类规则库中构建。这样，属性值就与行动规则（策略）建立起关联关系。一条关联策略定义为 $[(\omega)\char`^(\alpha \rightarrow \beta)] \Rightarrow (\gamma \rightarrow \varphi)$，其中，$\omega$ 是稳定属性值的合取，$(\alpha \rightarrow \beta)$ 表示灵活属性值的变化，$(\gamma \rightarrow \varphi)$ 是执行策略的预期结果。规则指明某些属性需要如何调整，以使相应的属性对象进行分类的转变。

在新建立的可操作行为规则挖掘算法中，可操作行为规则可表示为 $[(\alpha \rightarrow \beta)] \Rightarrow [(\gamma \rightarrow \varphi, p)]$，其中，$p$ 表示行为相应效果的概率。这种挖掘算法能够对当前关联关系群落中的所有要素进行整体观测，能够相对比较准确地描述数据集中的对象含义，并且能够对多个对象属性进行决策。我们可以借鉴信息系统定义和上述文献中对组织行为信息的形式化定义对本书中涉及的图书馆信息生态构成要素关联关系信息进行形式

---

① 苏鹏：《社会计算中的组织行为模式挖掘》，电子工业出版社，2019，第16页。

化定义，如将图书馆信息生态构成要素关联关系群落定义为一个 5 元组 $I = (O, o^*, A, D, \rho)$，其中，O 是对关联关系群落观察的有限非空集，$o^* \epsilon O$ 是下一个观察的投射，A 是属性的有限非空集，$D = U_{a \epsilon A} D_a$（D_a 是属性 a 的值域），$\rho: O \times A \to D$ 是一个将每个观察和属性值的集合关联起来的函数。A 可进一步分为两个子集，即 $A = A_{en} \cup A_{be}$，其中，A_{be} 是描述关联关系群落中心节点的属性的集合，A_{en} 是描述其他相关要素属性及相互间有影响关系的属性的集合。[①]

　　在对规则进行定义的基础上，进一步利用挖掘算法进行关联关系的构建。"可操作行为规则挖掘提出 MABR-1 和 MABR-2 两种新的挖掘算法"[②]，其中，MABR-2 算法的效率更高，利用 FA-tree 数据结构减少计算迭代，通过内嵌的函数实现要素间的逐条比对，并按照规则进行属性分类。在本书中，我们不需要探讨这种挖掘算法和程序是如何具体运行的（算法和程序详见附录 2），但可以借鉴这种理念和思路，为关联关系群落模型的构建提供算法支撑，最终形成相关要素和属性分类的关联关系网络。

（三）多维关系整合

　　图书馆信息生态构成要素关联关系网络的构建旨在从整体和全局的视角将表面上相对独立的关联关系群落进行多维连接，进行"属性—关系—数据"的关联，实现数据建模的过程。相关构成要素的数据化表征与以不同链路节点为中心的关联关系群落构建为图书馆信息生态框架体系建模提供了可用的数据单元和具有不同属性中心的纵向关系群落。在横向维度上，分别以信息主体、信息本体、信息环体、信息介体和信息控体为中心节点构建关联关系网络，实现五元链路节点关联关系群落的横向关联。纵向关系群落与横向关联网络在层级间和每一层级的节点间都建立联系，形成基于五元链路网络模型的多维关系网络。

　　图书馆信息生态构成要素的五元链路多维关系网络可以看作一种元网络模型，其本质上不是多种网络的简单组合，而是由多个网络组成的

---

①　苏鹏：《社会计算中的组织行为模式挖掘》，电子工业出版社，2019，第 74~75 页。

②　苏鹏：《社会计算中的组织行为模式挖掘》，电子工业出版社，2019，第 81~90 页。

更高层面的网络，强调不同网络的异质性、关联性和动态性。[1] 元网络模型更强调网络之间的关联性，这种关联来自目标系统本身的运行规律。[2] 构建多维关系网络首先要确定网络的中心节点，可以构成要素中某一具体要素为中心，根据其属性描述框架获取可用的属性分类、关系类型及相关数据，构建基础关系整合网络。在此基础上，提炼基础关系整合网络中的链路中心节点，提取以不同链路节点为中心的关系群落，作为其他几类关联关系网络的基本构成单元。然后，依据链路节点名称和属性特征对关联关系群落中重复的部分进行辨别和去重化处理，构建具有相同属性特征的关联关系网络，实现关联关系群落的横向联系。

图书馆信息生态的构成要素之间通常具有多重关系，在进行多维关系网络构建时，也要考虑到对不同类型关联关系网络的分析，以实现全景化建模。对于具有不同属性特征的关联关系网络，可以通过各层次单元中具体构成要素之间横向与纵向的关联形成多维异构网络，从不同维度反映关联关系网络中节点间的关系结构，这种关系结构的描述是多维关系整合的基础。图书馆信息生态构成要素多维关系网络的构建，能够连接信息流转活动中信息链所代表的链路实体集合，形成以信息链体集合为节点的关系网络，并实现信息链的关联。信息链体关联网络根据五元链路网络模型的多维关系网络实现应用层面的连接，也可以根据信息链本身的特征及信息流转规律建立信息链体层级网络，以描述链路节点间的功能联系及层级关系，实现从信息生态领域的视角建立信息链关系网络。多维关系网络的整合能够实现对图书馆信息生态框架体系中基本构成要素的全局关系建模，同时描述节点间的关联关系和数据连接，为组织结构分析与数据建模奠定基础。

五 概念化数据模型

面向数据模型构建的应用场景，在构建关联模型的基础上，采用多源数据融合的方法对图书馆信息生态构成要素的基本要素节点与关系进

---

[1] Bohannon, J., "Counterterrorism's New Tool: 'Metanetwork' Analysis," *Science* 325 (5939) (2009): 409-411.

[2] 李纲、毛进:《元网络视角下科研团队建模及分析》,《图书情报工作》2014年第8期,第65~72页。

行融合，能够在框架结构模型中有效揭示各要素的潜在关系，实现从多角度对图书馆信息生态构成内容、组织形式、结构特征、信息流转过程及规律进行计算。智慧社会驱动下，图书馆信息生态框架体系重构是图书馆信息生态研究的主要对象之一，通过研究图书馆信息生态的基本要素中信息主体、信息本体、信息环体、信息介体、信息控体和信息链体之间的关联关系网络，揭示框架体系结构及其运行规律。随着数据挖掘、机器学习等智能化数据分析方法的引入，社会网络行为分析、文本情感分析等影响信息行为、信息活动和信息流转方式的研究所用数据的量级不断提升，在一定程度上能够实现对影响信息生态系统运行的相关因素的数据模型搭建。

基于多源数据融合的图书馆信息生态框架体系重构旨在全方位揭示构成要素中相对隐含的关联关系，为图书馆信息生态构成要素的内在运行机理及相关规律的揭示提供支持。对于描述信息流转活动与过程的信息链体而言，以其为中心建立基础关系整合网络，本质上是由信息主体在信息环体中通过信息介体的干预，并受到信息控体的调控而实现对信息本体的一系列加工处理，整个信息流转过程中多种关系所构成的要素节点中心网络，能够用于反映构成要素所具有的多重关系与属性特征。面向图书馆信息生态的研究场景，对属性关系数据进行整合，可以从不同角度揭示各要素之间的关系强度，辅助图书馆信息生态框架体系建模的研究。从信息生命周期全过程视角看，多源数据融合弥补了信息生态研究领域中非结构化数据和单一数据的不足，能够较为直观地揭示图书馆信息生态构成要素之间的关联关系，厘清各要素的内部结构以及相互之间的影响关系。例如，网络行为分析数据的引入使得信息主体与信息环体、信息介体以及信息链流转之间的关联关系得以呈现，通过综合信息主体属性特征并结合主体信息行为数据、空间数据、情感分析数据等多来源数据，在较大程度上辅助信息主体与其他构成要素关联关系数据模型的构建，并发现主体要素的影响与作用规律。这种数据建模能够快速识别并提取与信息生态构成要素关联关系网络中心节点有关的其他要素及其属性特征，按信息流转事件顺序对各构成要素形成的基本单元进行有向关联，形成具有一定关联特征和层级关系网络的图书馆信息生态框架体系结构，实现对影响信息流转的相关信息行为数据与构成要素属性关系（即数据与关系）的有效组织与建模，揭示信息活动的一般规律。

社会计算理论与方法的发展和可用的结构化与非结构化数据量级的增大，拓展了图书馆信息生态系统及其构成要素的研究范畴。目前，将社会计算引入图书馆信息生态领域的研究鲜见，难以形成更为直观且系统的模型和结论。本书以推动图书馆信息生态理论研究创新与发展为目标，以以拓展性思路构建框架体系模型为驱动力，借鉴社会计算理念，引入社会组织行为分析、科学系统研究等多领域的研究思路与方法，提出对图书馆信息生态的基本要素进行抽象化表示，然后构建属性关联关系网络，最后基于多源数据融合实现框架体系建模，形成一种面向社会计算方法的框架体系建模思路，以期为图书馆信息生态框架体系模型的研究提供新思路和新方法，进而实现对图书馆信息生态系统的合理规划、布局和调控。

第六节　本章小结

EA框架的系统规划方法是构建和优化信息系统框架体系模型的重要参考依据，Zachman框架作为主流EA框架方案中基于多视角、多维度的通用组织架构模型分类方案，为信息技术领域提供了一种可被理解的信息表述方式的逻辑结构。

Zachman框架用最简便直观的形式刻画了信息系统规划中具有内在关系的构成元素及其功能和作用。图书馆信息生态框架体系模型从满足图书馆信息生态系统整体需求出发，针对智慧社会信息流动和知识组织需求，参考Zachman框架模型的构建理念，以内容框架体系构成要素为基本单元，从横向与纵向两个维度进行模型建构，描述图书馆信息生态框架体系的整体架构。图书馆信息生态框架体系模型的横向维度用于描述图书馆信息生态的结构特征；纵向维度的架构层次反映信息流转的框架结构，描述信息活动中不同信息主体参与者的观点及看法。图书馆信息生态框架体系模型的整体构建思路参考Zachman框架模型的构建理念，从横向与纵向相交互的整体视角对图书馆信息生态的架构进行分解描述，充分体现了图书馆信息生态框架体系模型的系统整体性和逻辑结构性。

　　在正确认识图书馆信息生态框架体系模型的构建具有复杂性的前提下，可基于技术目的范畴、技术功能范畴和技术要素范畴三个维度的技术特征进行决策，通过其内在关系确定科学的方案集，最终形成框架体系模型构建的技术方案。在拟定技术方案的基础上，进行模型的框架结构设计。图书馆信息生态框架体系模型的框架结构基于 Zachman 框架的构建理念进行描述，通过确定图书馆信息生态构成要素及其相互间关系，从不同视角描述信息流转流程的逻辑关系。针对复杂的图书馆信息生态系统，图书馆信息生态框架结构模型以知识自动化为核心技术，驱动信息链结构的改变，同时，以社会计算方法为指导，全面感知主体信息行为和信息态势，通过综合协调基本要素与动态要素，实现整体规划、分层描述、多元参与、优化管理。

　　面向社会计算的图书馆信息生态框架体系建模路径包括构成要素的抽象化表示、相关影响因素的数据化表征、构建关联模型和概念化数据模型等环节，以对图书馆信息生态框架体系的组织结构与内部运行模式及规律加以揭示，解决其建模、分析和决策支持等问题。

第六章　智慧社会建设中图书馆信息生态的平衡机制

　　智慧社会建设驱动新一代智慧图书馆发展，2019 年 11 月，以"跨界融合智慧——新一代智慧图书馆"为主题的"2019 中国未来智慧图书馆发展论坛"在南京召开，众多学者在国家"双一流"战略布局和新一代信息技术大发展的背景下，展望了新一代智慧图书馆的发展前景。新一代智慧图书馆在其内涵、特征、功能等方面发生了新变化，我们面临的不仅仅是建设一个集成"智慧服务+智慧业务+智慧建筑"的新型图书馆形态，还要关注智慧图书馆发展变革过程中所产生的一系列信息生态新问题。因而，在厘清智慧社会建设中图书馆信息生态的内容构成要素及其内部关系，重构图书馆信息生态内容框架体系的基础上，探讨新一代智慧图书馆信息生态失衡现象，构建适应新一代智慧图书馆发展模式的信息生态平衡机制，对于保持图书馆信息生态系统平衡、稳定和有序运行，推动新一代智慧图书馆健康、和谐、可持续发展具有重要意义。

第一节　信息生态平衡机制的含义

　　理解信息生态平衡机制的含义，明确相关概念，才能较为透彻地分析图书馆信息生态失衡现象，探讨适应智慧社会发展的图书馆信息生态平衡机制。

一　生态平衡

　　"生态平衡"（Ecological Balance）是美国学者威廉·福格特在《生存之路》中提出的，初始含义为"没有遭受人类严重干扰的自然环境的天然状态"。随着生态学的发展，生态平衡概念和理论被不断拓展并广泛应用于其他学科领域。《中国伦理学百科全书》中生态平衡的定义为"生态系统发展到一定阶段，其结构和功能，包括生物种类的组成、各种种群的数量比例以及能量和物质的输入、输出等都处于相对稳定的状态，这种状态称作生态平衡，又称自然平衡"。① 专科辞典数据库中对生态平衡的定义为生态系统处于成熟期的相对稳定状态，此时，系统中能量和物质的输入和输出接近于相等，即系统中的生产过程与消费和分解过程处于平衡状态。我国生态学家马世骏先生关于生态平衡的阐述是，生态平衡是指一个系统内生物与生物以及生物与其生存环境之间的相互关系，三者之间所表现的稳态，属于生态系统的一个特征。② 曲仲湘等将生态平衡定义为，在一定时间内生态系统中生物和环境之间以及生物各种群之间相互制约、维持某种协调，并由于系统内在的调节机制而遵循动态平衡法则，使能量流动、物质循环和信息传递达到一种动态结构的相对稳定状态。③ 此外，还有很多学者对"生态平衡"进行过阐释。在信息生态领域，娄策群等将生态平衡阐述为，在一定时间内生态系统中的生物和环境之间、生物各个种群之间，通过能量流动、物质循环和信息传递，达到高度适应、协调和统一的状态。④ 可见，关于生态平衡的定义聚焦于参与要素的界定与系统状态稳定两大方面，也就是说，处于生态平衡状态的系统，既要关注系统组成成分及其之间保持的一定比例关系，使能量、物质等的流动在一定时间内维持平衡；又要注重系统结构和功能趋于稳定状态，使其在受到外界干预或干扰时能通过自我调节达到新的稳定状态。

二　信息生态平衡

将生态平衡概念引入信息生态领域形成信息生态平衡的概念。信息生态平衡是指信息生态系统各组成部分之间相互适应、协调互补，系统结构合理、功能良好的一种相对稳定状态。或者说，信息生态平衡是指

---

① 魏英敏主编《中国伦理学百科全书》（职业伦理学卷），吉林人民出版社，1993，第442页。
② 马世骏：《生态平衡的整体观和经济观》，《北京农业科技》1982年第4期，第1~2页。
③ 曲仲湘、王焕校、吴玉树：《生态平衡概述》，《生态学杂志》1982年第4期，第39~42页。
④ 娄策群等：《信息生态系统理论及其应用研究》，中国社会科学出版社，2014，第144页。

信息生态系统中信息人种类和数量等合理匹配、信息生态环境因子相互协调、信息人与信息生态环境高度适应、整个系统的信息流转畅通高效的相对稳定状态。[①] 信息生态平衡强调的是信息生态系统整体的一种平衡状态，既包含系统内部各要素的稳定和平衡状态，又包含信息生态系统与外部环境及其他系统之间相互作用而形成的稳定状态。处于平衡状态的信息生态系统，内部结构具有合理性，体系结构优化，各要素间相互适应性较强，要素间的协调性高，信息流转高效、迅捷，物质及能量的输入输出量值相当，系统自我调节能力强，表现出多维度的综合平衡。但是，这种平衡是一种动态的平衡，也是一种具有相对性的平衡。由于信息生态系统内部各要素之间，以及系统与外界其他系统之间始终存在信息流转、能量流动和物质循环等，因而，系统的平衡状态也是一直动态变化的，若某子系统受外界影响发生改变，引起生态失衡，其他子系统会通过自我调节使系统达到新的平衡状态。信息生态平衡绝不是指信息生态系统各方面都能达到理想状态的完全平衡，这种平衡是指一定程度上的平衡，具有相对性。即便某一系统在一定时间范围内整体上看是平衡稳定的，但其内部各子系统或构成因子之间也是存在局部不平衡的，且由于物质的运动性，这种整体的平衡状态时刻受到外界干扰，在平衡与不平衡之间变化，系统永远无法达到一种绝对的平衡稳定状态。

三 信息生态平衡机制

"机制"强调系统内部的结构及运行机理。"平衡机制"能够将系统中存在的某些不确定因素、不协调关系或系统运行过程中发生的影响稳定状态的因素，控制在最小范围或最低限度内，并尽可能地加以调整和排除，使系统运行恢复至平衡稳定状态。"信息生态平衡机制"是在信息生态系统中传递并贯彻平衡机制理念，按照社会发展进程中平衡机制的作用原理和信息生态系统的运行规律，正向调控系统在平衡线上下波动的不稳定趋势，实现信息生态系统中各要素组成关系、结构形态及行为运动的协调与平衡，达到各组成部分相互匹配、相互适应、相互协调、

[①] 娄策群等：《信息生态系统理论及其应用研究》，中国社会科学出版社，2014，第145页。

相互补充的优化结构状态。"当信息生态系统的变动处于'生态阈限'范围内时，系统凭借自我调节机制，呈现不断调节、变动而又相对稳定的系统状态，保持着动态的平衡。当信息生态系统的变动超出'生态阈限'范围时，会出现失衡现象，失衡的信息生态系统要重新恢复平衡。"① 可见，一个初始状态为相对平衡状态的信息生态系统，其信息生态平衡机制包含两方面的内容。一方面，信息生态系统能够承受一定程度的压力或冲击，具有一定的自我调节能力，在阈限范围内，通过信息生态平衡调节机制（或称信息生态平衡维持机制）调节并保持相对稳定时期的平衡状态；另一方面，当信息生态系统所受到的外界干扰超出系统本身的调节能力，导致生态失衡，使系统变动超出阈限范围时，信息生态系统则通过信息生态平衡恢复机制使系统重新恢复平衡状态。信息生态系统需要经历形成、发展、成熟、优化的过程，这个过程是系统构成要素分工逐渐明确、任务逐步细化、结构趋于合理、功能力求完善，最终实现理想状态下系统平衡的过程。信息生态平衡机制旨在探究信息生态系统从初始的无序状态到基本平衡状态，再到调节并维持这种平衡状态的发展过程中，相关因素的构成状态、影响关系及其作用机理和实现方式等。

第二节　图书馆信息生态平衡与失衡的交互作用

智慧社会建设驱动新一代智慧图书馆发展，图书馆面临对更为复杂的信息行为的分析和对海量数据的处理，信息爆炸、信息泛滥、信息超载、信息失真、信息失衡等问题随之升级，因数据主权、信息隐私、信息安全等带来的信息摩擦也无可避免。这些挑战冲击着图书馆信息生态系统的平衡与稳定，导致其信息生态平衡与失衡现象呈现新特征。

一　图书馆信息生态平衡特征

信息生态平衡强调信息生态系统的信息输入和输出效率及系统构成

---

① 　娄策群等：《信息生态系统理论及其应用研究》，中国社会科学出版社，2014，第154页。

要素比例都处于相对稳定状态，在信息流转和逆流转的过程中，信息主体、信息本体、信息环境、技术要素等彼此之间相互作用，使信息系统处于相对稳定和通畅的状态。智慧社会驱动下，图书馆信息生态平衡呈现新特征。

（一）信息主体间的相互依存与转化关系更加密切

智慧图书馆信息生态系统是某一具体地点的客观存在与逻辑组织相融合的结合体。信息主体由信息生产者、组织者、传递者、消费者和分解者等构成，各信息主体有着明确的角色和任务分工，智能技术在信息传递各环节的深入渗透融合导致在不同阶段或场所的信息主体的角色转换频率增加，信息服务主体获取并提供信息的效率提高，信息利用主体接收并利用信息的速率提高，信息转化与信息增值速率随之提高，信息利用主体在信息流转过程中转化为信息服务主体的周期缩短，信息流转效率提高，信息服务主体与信息利用主体之间的相互依存和转化关系更加密切。

（二）信息本体的智能感知与自适应调节能力增强

智慧社会驱动智能技术渗透到信息流转全过程的各个节点，信息本体的信息流转环节增加了信息提炼为知识的智能反馈环节，虽然信息链节点数量增加，但是，大数据和人工智能技术在智慧图书馆中的应用非但没有使信息流转效率降低，反而驱动信息生态链流转机制发生相应变化，使信息流在新的信息生态链中有秩序、有规律地流动，信息本体的智能感知与自适应调整能力增强，信息生态平衡影响因素的可控性增强，信息本体的易用性、及时性和准确性提高。

（三）信息流转与逆流转过程优化

超大规模的海量信息资源通过重新组织、挖掘和传递，构成满足信息生态环境内部各有机组成部分需求的信息生态圈。信息利用主体对图书馆信息服务本体的需求呈现个性化、多元化、移动化、异质化等新趋势，在智慧技术和方法的干预下，图书馆信息生态在信息流转层面上实现人、信息与环境在一定程度上的协调，这种阶段性的协调特征驱动信息服务主体智慧化地选择有价值的信息，并将其无障碍地输送到有相应需求的信息利用主体，满足"随时随地随身"的信息需求，优化了信息资源在信息生态系统内流转与逆流转的过程，实现了智慧图书馆在更高起点上的再信息化、再数字化和再网络化。

总之，新一代智慧图书馆信息链节点上的信息主体和本体的构成及分工协作关系发生重组，信息生态链不断优化以适应内外部的变化，而智慧服务加强信息生态系统各要素之间的相互依存、相互影响关系，推动各构成因子共同作用、相互协调与兼容共生。

二　图书馆信息生态失衡现象

信息生态失衡强调信息生态系统中各要素发展的不均衡性，图书馆信息生态系统的结构与功能、输入与输出、构成要素比例等均呈现非均衡性，信息主体、信息本体、信息环境之间也体现不平衡发展特征，集中表现为信息不对称、信息资源分布不均、信息使用障碍等现象。

（一）图书馆信息资源协同现状无法满足信息生态平衡的内在诉求

张寒生等学者从信息运行与发展的角度，对信息生态失衡的原因进行分析，认为信息生产者在经济利益的驱动下，制造了大量的信息垃圾；信息传播者会有意或无意地延缓信息的传递，导致过时信息的产生；信息分解者由于缺乏统一协调机制，导致信息资源重复建设现象严重；信息消费者的信息素质差，影响信息的利用和吸收；信息环境的"软硬失调"现象及信息政策和立法的滞后，远远不能适应和满足信息产业发展的需求。[①] 智慧图书馆信息资源更加注重面向区域的一体化发展，更加关注图书馆、用户、政府、市场及社会各方协同参与的智慧管理模式，更加重视智能互联技术联结图书馆与社会各行业的统筹发展与协同应用。但是，在智慧图书馆的运行实践中，信息资源表现出海量、异构和动态性强的特点，在信息流转过程中，跨馆或跨平台协作的现象已经比较普遍，而且，由于各馆的信息资源管理模式和服务方式各有特色，信息共享平台的标准和运行准则存在差异，图书馆信息资源协同机制相对缺位，导致出现信息流转程序长、渠道少、损耗大、质量低等多种问题，不能满足快速响应异构信息、深入挖掘知识资源的协同决策需求。图书馆的

---

① 　张寒生、岳贤平、张小怡、王伟赟、高菲、张萍、赵满红：《和谐信息生态分析及其构建研究》，《现代情报》2009 年第 3 期，第 66~70 页。

信息资源协同现状无法满足信息生态平衡的内在诉求，非协同因素成为影响信息生态稳定的重要因素。

（二）知识内容大众化、浅层化和知识存储状态无序化现象突出

智慧社会驱动图书馆在大数据技术的影响下深入发展，图书馆领域开发的知识服务平台层出不穷。这些知识服务平台虽然在跨库检索、海量存储等方面已经消除了技术壁垒，但是，各平台系统受元数据标准不统一、馆藏元数据不规范、底层链接不畅通、知识产权、经济利益、区域差异等限制，在内容获取和跨平台协作方面仍存在很大漏洞，资源建设大规模重复。这些问题使图书馆信息资源呈现简单堆积的状态。以图书馆引进的数据库资源为例，当前各图书馆都根据自身性质和办馆宗旨引进种类繁多的中外文数据库，其中相当一部分数据库收录的资源具有交叉性和重复性。虽然很多图书馆已经致力于建设知识发现系统或资源共享平台，但这些跨库检索平台由于多种原因都具有各自的局限性，且平台之间的协作性和兼容性有限，导致很多数据库资源仍处于堆积状态。因此，图书馆系统在宏观层面的资源整合理念下实质上是信息资源的分散状态，信息过剩致使分散在信息空间中的外围知识和重复知识与日俱增，信息资源的累积量越大，其复杂性就越高，由此导致知识内容的大众化和浅层化，以及知识存储状态的无序化，不同层面的信息生态失衡现象不断涌现。

（三）信息资源供求不均且信息获取不公平现象尚存

在智慧社会背景下图书馆存储与提供的信息资源得到极大丰富，但总体来看，信息供大于求和供不应求所导致的信息供求不均现象较传统图书馆及数字图书馆时期更加显著，信息主体对信息资源的获取存在失衡现象。智能技术使信息推送和处理能力倍增，当主体所接收的信息数量超出其处理能力时，超量信息成为主体筛选并组织有价值信息的沉重负担，此时表现为信息供大于求；当主体对特定信息资源的需求大于其所能够获取的信息量时，则表现为信息不足所产生的信息供不应求。在导致信息供求不均的众多因素中，智慧计算和智能技术的发展及应用成为重要影响因素。作为信息主体的个人或机构组织虽然把智能技术运用到信息资源管理与建设工作中，但由于受主体能力、硬件设施、技术水

平等多方面因素的制约，难免产生资源过度开发或利用不当问题。信息服务主体筛选及处理信息的能力差异显著，间接导致信息利用不均衡，累积的低利用率信息积压、老化和失效，长此以往，信息供求不均表现更为突出。从主体的信息意识和信息获取能力层面分析，信息意识超前且信息获取能力强的主体能够认识到获取信息的必要性，具有较高的信息价值提取能力和知识转化及增值潜力，并能够利用各种智能技术和手段将信息需求转化为信息活动，以满足自身的信息需求。反之，信息意识落后或信息获取能力弱的主体在获取信息的主动性和创造性方面有局限，信息的获取和知识的转化能力也较弱。当前，无论是以个体形式存在的信息主体，还是以组织或机构等形式存在的信息主体，受社会、经济、文化、科技等方面区域发展不平衡的影响，在信息意识和信息获取能力方面都存在较大差异，导致部分信息主体对其所占有的信息时空利用不合理，对信息的获取和利用达不到预期效果。加之智慧社会使信息技术更新更加快速，主体利用新技术处理信息的能力差距较大，数字鸿沟依然存在，这些都使主体在信息资源获取上存在不公平。

三 图书馆信息生态平衡与失衡的交互影响

智慧社会驱动图书馆数字化、网络化和智能化融合发展，这种新态势驱动图书馆主动参与社会的信息化发展、数字化转型、网络化重构和智能化升级，图书馆信息生态系统各构成因子共同作用、相互协调、协同合作、兼容共生，以智慧服务为支撑对图书馆信息资源进行合理组织，促进信息资源组织结构有序化、信息链流转程序优化，实现信息资源优化配置和信息服务智能化升级。而随着数字技术、移动互联网、物联网、大数据技术等飞速发展，图书馆面临对人们复杂信息行为的分析和对海量数据的处理，信息爆炸、信息泛滥、信息超载、信息失真、信息失衡等问题更为突出，因数据主权、信息隐私、信息安全、信息流动规则等带来的信息摩擦无可避免。这些挑战冲击着图书馆信息生态系统的平衡与稳定，导致信息生态失衡问题严峻。智慧社会建设进程中的图书馆信息生态系统就是在这种平衡与失衡的交互影响中发展进化。

在新一代智慧图书馆信息生态系统中，信息服务主体生产信息资源，利用新一代智能技术筛选、处理并加工信息资源，在智能技术的驱动下对信息资源进行再分配与传播；信息利用主体根据自身的需求，选择和利用信息资源，提升个人价值，实现知识的提炼，同时，对信息资源和服务进行评价和反馈。信息主体协同合作、信息本体有效流转、信息生态环境趋于平衡，此时满足用户的信息需求，为其相关信息活动和信息行为提供保障，信息生态系统在一定范围内保持相对的平衡和稳定，进而促进社会、政治、经济、文化和生态的进步与可持续发展。但是，在庞大的信息网络中，主体的信息意识、信息理念、信息素养和信息处理能力有所差异，信息技术水平参差不齐，信息环境区域性特征明显，信息流转过程在某些特定情况下会出现信息堵塞、信息断流、传送中止等现象，导致信息生态链变异或断裂，信息爆炸、信息超载、信息污染等众多问题凸显，信息生态系统平衡被打破，进而引起社会信息环境的紊乱与失序。当图书馆信息生态系统处于不平衡状态时，图书馆的管理模式、方法、系统等均做出迅速反应，智慧图书馆调入网络访问控制技术、智慧计算访问控制技术等新型技术参与信息监管机制，改进信息流转循环链的运行控制环节，减少信息缺失、堵塞、干扰等负面效应，提高信息流转效率，抑制信息生态失衡，使系统逐渐达到新的平衡状态。

智慧时代，在以虚拟技术、智慧计算、空间技术等为核心的技术群影响下，信息环境进化为物理空间、虚拟空间、共享空间和感知空间交互一体的多维智慧空间构成的信息生态空间，信息主体的动态组织演化特征明显，主体与客体的交互作用模式优化，增强了社会网络的激励作用，最终汇聚主体共享学习与群体智慧。这一过程中的信息流转是一个动态发展、往复循环的过程，信息链上主体之间环环紧扣的关系不变，相互依存程度因信息技术的升级降低，主体独立从事信息活动的能力与机会增多，但主体之间的共生、互动、协作、竞争等关系并未减弱。在智慧技术驱动信息生态环境发生巨大变化的背景下，用户对信息的需求更新，信息需求响应速度提高，对信息的获取途径和获取方法提出更新的要求，这种多样化、灵活性、差异化的特征加速了信息生态链的演化进程。此外，在智慧社会建设中，数据价值和数据摩擦并存。技术应用和数据共享带来信息价值增大，新的海量数据导致数据的复杂性呈指数级增长。在不同的应用环境中，相当一部分数据在不同程度上处于沉寂与分散状态，要想使这些数据流转并连接起来，数据安全、隐私保护和数据流动规则带来的数据摩擦就不可避免。这种摩擦间接导致信息链结构不稳定,降低了信息链各环节衔接的有序性,致使信息生态系统处于不均衡状态。由于信息生态链的结构不断发生变化,图书馆信息生态系统以优化信息生态平衡机制为驱动,在平衡→不平衡→平衡中动态发展,实现信息生态链各要素的共同进化。

第三节　基于 SS 的图书馆信息生态自适应平衡机制

如上所述,图书馆信息生态平衡与失衡的交互作用驱动图书馆信息生态平衡机制优化,并以此推动图书馆信息生态构成要素之间相互协调与相互适应,使信息生态系统达到结构优化、功能良好、流转高效的相对稳定状态。智慧社会带来的图书馆发展新态势促进信息主体、信息本体、信息环体和信息链体等信息生态构成要素协同优化与整合,推动分布式、智能化、全响应的信息生态系统管理模式升级,形成信息公平、协同合作、效益良好的信息生态环境。在大数据的渗透和参与下,高强度的信息组织形式使图书馆信息生态环境呈现杂乱无序的状态,信息趋于协同但数据联系微弱,信息流转加速却隐藏大量污染信息,新技术日新月异却带来信息噪声困扰……诸多问题持续影响着图书馆信息生态平衡,驱动新一代智慧图书馆信息生态平衡机制自适应调整与优化,实现信息流在新的信息生态链中有秩序、有规律地流动,以期有效预测信息运行规律、引导信息行为模式、调控信息生态平衡状况。在信息生态平衡与失衡的交互作用驱动下,图书馆信息生态平衡机制以大数据解析和新信息技术渗透为依托,突破传统调控机制宏观性强但缺乏针对性、调控时机和力度把握不准确、调控效果评价多元但缺乏指导性等方面的局限,构建主体、需求、行为有效关联的虚实互动的信息生态平衡机制,通过互动演化、反馈调节和智能响应为图书馆信息生态系统的管理和控制提供决策依据与智力支持。图书馆信息生态系统在信息生态平衡与失衡的动态变化影响下存在诸多问题,本书通过构建智能感知(Smart Sensing, SS)的自适应平衡机制,实现信息的智能集成、智能存储、智能推送和智能终端的知识自动化,达到适应图书馆智慧化发展的服务全域化、资源数据化、支撑系统智能化的信息生态平衡状态。

一　基于 SS 的图书馆信息生态自适应平衡机制的构建依据

图书馆信息生态平衡机制研究的主要目的是构建能够依托新一代信息技术的图书馆信息生态平衡调节机制。实现这一目标的主要依据包括三个方面。一是智能感知的理念引导。智慧图书馆在万物互联智能化的时代背景下应运而生，智能感知信息技术是智能时代的重要基础，感知无界限、连接无障碍、数据超规模、计算智慧化的万联网生态系统覆盖图书馆系统，实现数据感知、收集和处理的可靠性，引领构建智慧图书馆信息生态平衡机制。二是自适应控制的客观驱动。自适应是指在数据处理和分析过程中，根据数据特征自动调整处理方法、顺序等，使其与系统结构、特征相适应。自适应系统原理在图书馆信息生态平衡机制构建中的应用能够修正图书馆信息生态系统在运行中的特性和状态，以适应系统在生态失衡临界点的动态变化，使系统始终自动调整到最优或次优的运行状态，满足智慧图书馆支持系统智能化的客观要求。三是多维技术融合发展的技术支撑。物联网、云计算、大数据、人工智能等信息技术加速图书馆的创新、融合与发展，使图书馆信息生态系统在规划组织与管理优化等环节能够实现智能感知与自动调节，促进信息流在新的信息生态链中有秩序、有规律地流动，以期有效预测信息运行规律、引导信息行为模式、调控信息生态平衡状况，为智慧情境中图书馆信息生态平衡机制的构建提供现实可行性。

二　基于 SS 的图书馆信息生态自适应平衡机制的设计原则

智慧社会驱动图书馆信息生态平衡机制的构建以智能感知理念为指导，根据信息活动对信息生态系统的影响情况自动调整系统约束条件和平衡措施，使系统运行与其构成要素的结构特征和组织形式相适应。一方面，以安全高效便捷的方式实现对信息生态失衡的自我感知与信息生态平衡的自我调节；另一方面，在宏观调控与监督基础上，形成在组织、引导、管理、应用、优化等流程上的优质信息流，实现复杂系统的自主激发、自适应引导与智能优化。因此，基于 SS 的自适应平衡机制的设计应遵循"理念创新、过程协调、适应调节、智能优化"的原则，注重

"规划—过程—引导—优化"一体化的设计思路，兼顾规划、组织、协调、反馈、优化等环节的相互影响作用关系，以实现设计科学、过程协同、运行合理的目标。

第一，强调理念创新。密切结合当前我国信息生态学的理论和实践，针对智慧社会的新变革与新要求，以新视角、新方法和新思维模式对图书馆信息生态内容框架体系进行重构，并基于信息生态的内容架构和组织体系进行信息生态平衡机制的探讨，为图书馆信息生态系统的合理规划、布局与调控带来全新的分析视角和思路。

第二，注重过程协调。图书馆信息生态构成要素之间通过相互合作与竞争实现协同进步，进而推动整个信息生态系统进化。信息生态系统从开始形成到基本平衡的过程是系统组分关系的逐渐协调，是系统结构趋于合理、系统功能不断完善，然后实现系统平衡的过程。在信息生态平衡机制的协调下各子系统协同作用、交互运动，形成新的有序结构。

第三，促进适应调节。图书馆信息生态平衡机制旨在促进信息生态系统构成要素之间相互适应与协调互补，使系统达到结构优化、功能良好的相对稳定状态。自适应平衡机制的构建更加注重对信息流转过程的组织协调与反馈调节，保障信息生态系统在平衡机制干预下的每个过程都具有逻辑关联性与系统承接性。

第四，引入智能优化。图书馆信息生态系统是一个动态发展、不断提高、循环往复的运行系统。因此，信息生态平衡机制必须能够实时调整系统的运行态势，客观反映信息生态系统的状况，揭示其内在规律，形成具有自适应性的机制体系，根据系统失衡形势进行应急响应，优化系统结构，使信息生态链处于持续的动态平衡状态。

三　基于 SS 的图书馆信息生态自适应平衡机制的设计模型

智慧社会驱动图书馆信息生态系统在智能感知的协调作用下以自适应方式实现系统平衡。因此要兼顾科学规划、过程协调、自适应引导和智能优化，构建布局科学、结构优化、分工明确、功能良好的信息生态系统，最大化实现图书馆信息生态平衡。自适应平衡机制在规划与监管的顶层设计下，首先要解决图书馆业务流程中信息流转过程的协同问题，设计相应机制对信息流转动机、信息组织模式与管理应用过程进行规范和调节，保证信息流转过程中引导职能的合理执行、智能响应驱动的多主体有效参与，以及智慧技术对信息生态环境深入影响的适应。因此，图书馆信息生态自适应平衡机制要兼顾规划、过程、引导和优化，以达到科学、合理、适用、高效的目的。自适应平衡机制的设计模型如图6-1所示。由设计模型可知，针对智慧环境下图书馆信息生态平衡的调控目标，需要从规划、过程、引导和优化四个方面设计相应机制，而过程层面的信息组织引导→对称反馈→管理服务与其他调控机制形成一个有机整体，实现对图书馆信息生态平衡的调控。

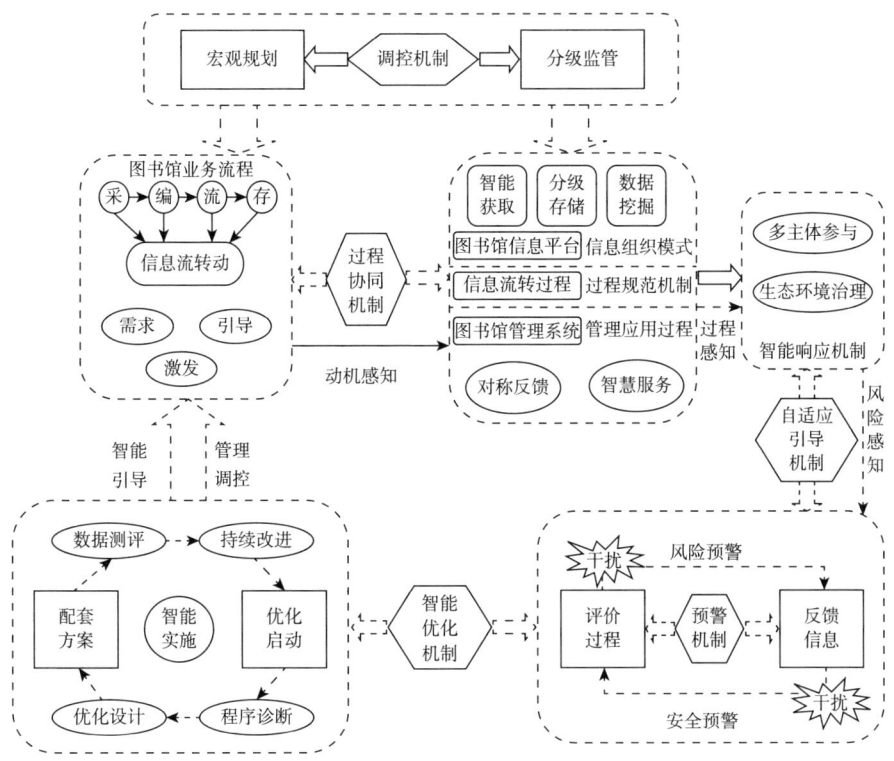

图 6-1　图书馆信息生态自适应平衡机制的设计模型

四　基于 SS 的图书馆信息生态自适应平衡机制的框架内容

上述设计模型兼顾规划、过程、引导和优化的整体思路，以智能感知和组织引导为基础，呼应智慧社会背景下图书馆信息生态的新特征，通过构建创新、动态、可发展的自适应平衡机制，实现图书馆信息生态系统的有序运转，从而提高其自适应平衡能力。

（一）宏观规划与监管机制

任何系统想要实现平衡稳定的运行状态都首先要从宏观上对整体概况、基本构成以及系统与运行环境的关系等进行总体计划，保障系统运行的科学性与稳定性。图书馆信息生态系统想要实现信息流和能量流在信息链中有效运转，首先也要对信息生态各构成要素在一定时期的结构状况、相互关系、构建机理等进行总体规划，并从信息组织与管理的角度对信息活动整体流程与规范加以监管，对信息组织方法、原则与策略提出具体要求，以规范并调节信息链节点上信息主客体的构成及分工协作关系，有效控制智慧图书馆信息生态系统中的信息活动行为和信息流转过程，科学把握信息流转的规律与方式。

当前，关于图书馆信息生态系统的宏观规划与管理的相关研究，主要通过对图书馆信息资源战略规划与协调、信息资源优化配置与共享、知识挖掘与增值等关键问题的研究，形成一套契合我国智慧社会建设发展实际和特点，对图书馆信息生态平衡策略有参考价值的规划与监管方案。首先，要根据我国已经出台的相关信息化专项规划和发布的信息资源建设政策指南等，对图书馆信息生态系统建设的宏观目标进行定位，使之与国家信息化整体战略目标相一致，推进信息生态系统建设总体战略的发展，有效利用政策杠杆手段及其他多种方法实现信息生态平衡的预定目标；其次，针对我国信息资源建设边界条件不同所导致的信息生态失衡问题，探讨政治、经济、文化、社会等多方面的影响因素，探究症结所在，从国家或组织机构监管的角度提出宏观规划与调控的方式及手段；再次，宏观规划层面的信息生态系统建设也应重视理论架构及实施手段，基于现有的信息资源规划建设成果，遵循一定的标准规范，利用开放数据和软件支持工具进行宏观层面的信息需求及数据流分析，建立规范的信息生态系统框架，实现信息生态理论架构上的宏观规划；最后，信息生态系统的宏观规划与监管问题需要以先进理念和科学方法为指导，因而有必要从制度设计角度探讨信息资源优化配置的制度合理性问题，使构建的信息生态系统架构实现有效规划与整合。上述讨论可视为对图书馆信息生态系统的基本制度设计，试图从机制层面上体现对图书馆信息生态系统建设的宏观规划与监管。如果从实际操作层面上探讨，还应考虑有效解决信息生态系统宏观规划与监管的技术顶层设计等问题。

此外，也要重视在信息安全立法与制度建设层面对图书馆信息生态系统进行规范与约束。通过完善信息安全法律法规调整信息生态构成要素之间的关系，规范信息本体内容与信息链结构，约束信息主体的信息行为，明确信息主体在信息流转各阶段的责任和义务，界定信息失衡边界点，配合监管机制的有效运行，以相对完备的信息安全法律体系保障信息生态系统的良性运行。建立健全制度保障体系，从国家层面、地方各级层面统筹信息流转规范及流转制度，制定信息安全与组织管理方案，严格监管信息流转过程，及时发现引起信息生态失衡的危险因素或隐患并提出改进措施，有效监督信息活动，防止信息污染，减少信息流转过程中的诸多不确定性因素，以实现对图书馆信息生态系统的整体规划与有效监管。

（二）信息组织引导机制

智慧社会驱动图书馆建立智能化与自适应的信息组织引导机制，科学组织并合理配置信息资源。信息组织是对信息的内容与外部特征进行揭示和描述，并按照规定的原则、参数和序列公式进行排列，使信息由无序状态转换为有序集合的过程。信息组织需要遵循一定的组织原则并利用技术方法进行信息增值操作。数据挖掘与智能技术应用到信息组织过程中，不但提高了对信息载体物理形态、信息流通或传播标记等外部特征的揭示能力与水平，而且深化了对关键词、主题词或其他知识单元所表达的信息内容特征的描述与关联性挖掘。智慧计算驱动的信息选择对有用信息的甄别效率更高、效果更好，使信息在一定时间序列中的排列组合、聚类状态、结构层次呈现更明显的规律性。大数据技术优化了信息分析过程，使得对选择过的信息内容与外部表征所进行的细化、挖掘、加工整理并归类等标准更高，工作流程更加清晰明确。云技术拓展了信息存储的手段与方式，分布式海量数据存储通过任务分解和集群，提高了数据可靠性，降低了数据存储与保护的成本，使用户可以更加快速、准确地识别与定位所需资源。

信息获取与组织要注重信息安全、知识产权保护、信息价值和利用便捷等方面的问题，构建以用户需求为导向的信息联合体，挖掘信息链节点的信息价值，对信息链上游信息节点进行判断、认证、甄选、吸收，提高信息资源获取和组织的准确率及过滤筛选能力。新一代信息技术在信息组织中的广泛应用使信息呈现有序的结构及规律，形成了不可逆转的信息组织智能化趋势。在此基础上对信息流转活动进行自适应引导，可使信息资源实现快速、高效、智能化配置与管理成为可能。超密集异构网络为智慧图书馆信息资源自适应引导过程的实现提供了关键技术，传感技术、通信技术、空间技术和控制技术在信息组织及传递中协同应用，信息价值在智慧化的技术平台上展现，主体对信息的可控性减弱，信息传播成本降低，资源以易扩展的方式按需呈现，信息的智能感知与自适应调整状态显著，信息组织与引导的开放性、多元性、针对性和可控性增强。

（三）信息对称反馈机制

在信息组织引导机制下，信息传递与共享过程成为信息生态链中至关重要的环节，在这个过程中，注重信息对称是实现信息公平并提高信息共享程度的重要因素。经济体中的信息对称是指，在市场条件下表现出均匀性、信息对称性的分布过程，市场规范化要求达到公平交易的过程，要达到这一目标需要双方都掌握对称性的信息内容。① 信息生态领域的信息对称是在信息流转过程中，在时间的阶段性、空间的区域性、信息主体的接受性、信息本体的利用性和信息链节点的流动性等方面所表现的信息平等状态。新一代智慧图书馆通过智能处理技术，将筛选整合的有价值的信息揭示出来并呈现给用户，通过数据挖掘和智能推送技术减小信息无知状态的信息不对称差异；利用动态感知和预测模型支撑不完全信息对称，干预信息不完全状态下的信息环境；基于智能监测与优化技术实时调控完全信息对称状态，提高信息流转效率。新一代智慧图书馆利用智能处理技术提升图书馆信息对称共享程度，充分发挥信息共享平台、知识发现平台、智慧管理平台等多功能平台的优势，降低信息流转成本，提升信息流转效率，降低信息流动过程中的信息失真风险，提升信息生态系统效能。

---

① 刘建勖：《信息对称理论优化企业产品标准公开声明制度的研究》，《品牌与标准化》2021年第2期，第7~10页。

在利用信息对称驱动信息合理流转与有效共享，进而影响信息生态平衡的过程中，图书馆与用户多节点间的信息交互与反馈尤为重要。在图书馆信息生态系统中，信息反馈实质上是信息传播的中间过程，在控制系统的干预下，对信息传输情况进行有针对性、有层次的实时反映。既要反映信息的生产、加工、管理和传播过程，使信息生态系统能够起到控制信息流转态势进而稳定和调控信息共享公平状态的作用；又要适应信息生态系统管理决策的需要，使系统能够为信息链各节点的信息流转活动服务，促进信息流动符合信息生态系统管理决策的需要。社会网络中的信息反馈是人与人、人与系统、系统与系统之间交换信息的行为，要求处理、反映信息及时准确，具有控制既定方案和管理策略使之处于最佳状态的功能，便于进行信息生态平衡策略的选择和优化，并有助于生态失衡预测工作的开展。这种信息反馈能够保证被选择利用的信息在预期的信息对称目标状态下流转，通过反馈机制将组织引导机制控制的信息流的状态返送回来，并对信息组织与知识体系的再生成和组织引导信息的再传递发生影响，从而调整信息生态系统的实际运行情况和预期的阶段性目标。因此，信息对称反馈机制宏观上掌控信息流转动态和组织引导信息的传递状况，在不断调控信息对称状态中，进行信息跟踪与实时反馈，以修正或调整信息生态平衡的决策方案和具体措施。

（四）智慧管理服务机制

智慧社会背景下，图书馆更加依赖大数据分析平台的动态分析功能，通过智能化感知用户属性、信息行为特征、价值分层、信息需求和服务标准，挖掘分析信息隐含价值，针对用户信息需求的变化趋势对信息资源进行智慧配置、优化与实时推送，构建准确高效的智能管理与服务系统。在智能创新模式下，管理与服务不再是一个简单的过程，而是一个基于智慧化开放环境的复杂的管理机制，图书馆的信息资源存量和信息管理能力诉求已经由封闭式创新模式下的内部积累引导，转向开放网络环境下由知识积累与增值产生的内外结合的综合价值生成导向。图书馆创新管理模式在这种环境下，需要建立良好的智慧管理服务机制才能保障其运行。智慧管理服务机制的构建能够加强图书馆与外部环境之间的信息沟通、交流等，在此过程中，智能技术促进了对信息资源的挖掘，推动了信息的转移与扩散，在信息流转过程中能够辨识、吸收与转化外部资源，促进信息生态系统内部协调，进而转化为自适应平衡能力，而信息节点之间的信息流转活动使信息主体之间持续互动，从而促进信息流转效率提高。信息流转效率提高后，又进一步促进对信息资源的挖掘与管理，最后形成良好的循环。

新一代数据挖掘技术为网络搜索引擎通过文档列表响应用户信息查询行为提供优化途径，这个列表可以被看作引擎与用户相关性想法的模型，基于智能查询算法扩展信息资源的组织管理模型，在新模型的设置中完善用户的信息反馈渠道，及时调整资源内容、组织形式、管理模式和推送方式等相关性模型，特别重视数据跟踪与预测模型的优化，构建智能知识库，促进信息资源配置效率最大化。智慧管理服务机制的本质是充分利用智慧技术、知识资源等要素，使之与信息环境、信息流转机理等条件相结合，充分发挥主客观优势进行创新管理，建立智慧服务竞争优势，进而提高信息资源利用效率。只有建立智慧管理服务机制，才能加速信息传播，提高信息流转速率、信息存取质量和效率，在最大程度上丰富资源内涵，为自适应平衡机制的实现带来可能。智慧管理服务机制的运行是较为复杂的系统工程，在实践中要根据信息生态环境条件和用户信息需求变化进行调整与优化。

（五）智能预测与风险化解机制

图书馆在实现智慧感知、信息行为预测和信息服务定制的过程中，信息生态系统整体的运行状况是动态变化的，为了有效预测影响信息生态平衡的复杂因素，及时发现信息生态失衡风险并科学化解，应该建立图书馆信息生态失衡风险预测与化解的长效机制，在对信息生态系统存在的风险进行正确预判的基础上，引导系统以最快的速度准确应对。智能预测程序包含风险预测和安全预测两大模块。

风险预测模块是在对信息活动的智能反馈数据进行分析验证的基础上，通过建立风险识别、评估、计量、监测和控制的模型体系，对影响信息生态失衡的因素及指标变动情况进行分析，预测风险变化轨迹，形成风险管理和控制系统。风险预测模块是图书馆进行风险预警和危机预控的综合运行系统，具备智慧管理、智能预测和风险转化的功能，能够纠正信息生态失衡的不良趋势。风险预测模块的运行流程如图6-2所示。由于图书馆信息生态系统的运行面对各种不确定的环境和因素，在复杂多变的情况下，风险预测模块不但要指导信息组织引导机制的运行，还要构建与智慧管理服务机制相适应的运行机制，对信息流转全过程进行监测、识别、评估和判断，并对可能出现的风险异常状态进行识别与警告，既可以发出辨别、判断等正向警报，也可以发出修正、反馈、调整等逆向警报。

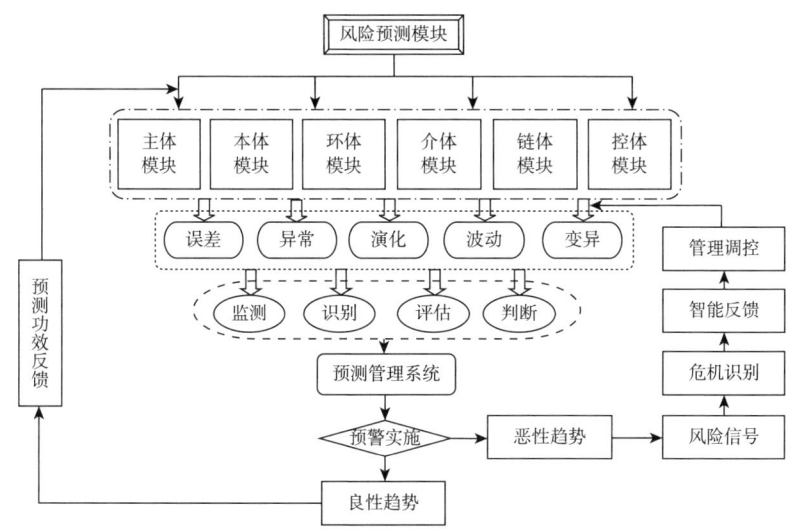

图 6-2　风险预测模块的运行流程

安全预测模块通过对图书馆信息流转全过程进行监测、跟踪和信息发展动态预测等，建立一整套对信息流转状态进行监测预警的功能系统，防止信息生态系统运行偏离正确轨道。安全预测需要在图书馆信息生态系统运行发生动荡之前采取措施，预防信息生态平衡被打破，抑制危害信息生态系统科学运行的主要因素发生作用，对系统安全隐患发出预警，并监测其运行的可持续发展状况。安全预测模块由信息获取、预测分析、管理调控和智能反馈等四个基本功能模块构成，运行流程如图 6-3 所示。信息获取模块对图书馆信息生态系统运行的整体信息数据进行收集和整理，形成动态信息库，保证安全预测模块能够获得数据并进行识别和分析。预测分析模块对汇总整理后的信息数据进行深度分析、筛选、加工并传输，并对可能造成信息生态失衡的风险因素进行辨析，确定安全隐患，将安全隐患依据类别和级别传输给管理调控模块。管理调控模块在预测和推断一段时间内是否会出现信息生态失衡的基础上，揭示异常现象出现的概率及原因，给出预测、警示和调控手段，并根据实际情况不断调整与完善方案。智能反馈模块能够及时接收预测信息和调控方案，自动启动反馈功能，采取解决和消除危险的有效措施，防范并化解影响信息生态系统平衡的安全隐患。

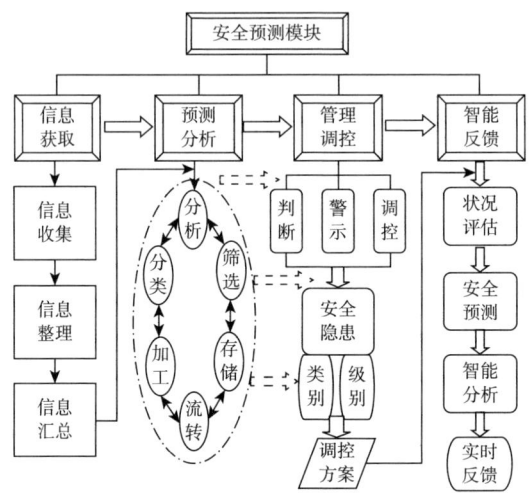

图 6-3　安全预测模块的运行流程

风险化解机制能够对智能预测程序的反馈状况进行分析，判断一段时间内是否会出现信息生态系统功能失衡，揭示异常现象出现的概率及原因，构建信息生态失衡的预防机制、预警机制、处置机制及事后恢复机制，并根据实际情况不断进行调整和完善。智能预测与风险化解机制能够把各类影响信息生态系统稳定运行的因素预测在先，反应在前，及时发现并科学化解，形成正确预判并高效准确应对风险的长效机制。

（六）自适应响应优化机制

图书馆信息生态系统具有系统所特有的自组织特性，即信息在流转过程中受到信息主体、信息环境、技术等多重因素协同影响不断变化，获得增值，同时，通过自组织过程自我完善，即自适应响应。自适应响应过程是一个不断逼近平衡目标的过程，在对信息流转过程进行处理和分析时，根据反馈信息自动调整处理方法、顺序、参数和约束条件，使信息链整体态势与信息主客体及信息环境状况相适应。在自适应响应程序中，受污染或干扰的信息本体被校正信息代替，所有拥塞的信息请求可转移到较为安全的信息空间中，通过自适应平衡算法避免信息超载或拥阻。如果某个信息链节点被认定遭到攻击或是可疑的，整个信息生态环境将自动对其关闭，不再与其发生传送关系，以保护其他节点间信息流转的正常状态。信息生态系统的多级响应措施可根据生态环境的内外部情况进行调整，通过自适应架构调节算法和面向需求的元模型设计提升信息生态系统的应急处理能力，驱动其自适应性能完善，优化信息生态平衡调节功能。

自适应响应优化机制是图书馆信息生态平衡机制的完善性要素，能够积极响应风险预测模块和安全预测模块的反馈情况，为组织引导机制和智慧管理服务机制提供科学的运行保障。图书馆信息生态系统通过自适应响应优化机制对预警信息做出响应，调整具有安全隐患的构成要素的体系结构和构成关系，从而实现系统运行优化和内部构成要素的综合优化配置。通过对影响信息生态平衡的相关事件的发生发展过程进行预测并预警，将传统上对导致信息生态失衡的突发事件的被动处置，提升到主动预防层面，打造智能感知的自适应响应优化机制。

完善自适应响应优化机制，一方面，要提高智能预测与风险化解机制对风险化解或危机预测的应急协调能力，构建科学化、智慧化、常态化、标准化的智能响应体系。有效结合新一代信息技术与信息生态环境要素，灵活运用相关政策及标准规范，提升对信息生态失衡风险的实时回应能力，构建动态的预防机制、预警机制、处理机制和事后恢复机制，突破信息生态系统内部新陈代谢与优胜劣汰的障碍，为信息主体与信息本体之间的有效沟通提供必要渠道。另一方面，要提高互动回应与响应优化能力。当图书馆信息生态环境或其他构成要素发生变化时，信息主体有义务及时发布全面准确的消息，保障信息流转的有序进行。只有确保信息服务主体与信息利用主体的信息对等，才能提高智能回应能力，使自适应响应优化机制得以有效运行，推动发生变化的信息生态系统恢复到原来的平衡状态，甚至达到更高层次的系统平衡状态。

第四节　图书馆信息生态自适应平衡机制的协调运行

图书馆在智慧社会新一代信息技术的影响与驱动下，构建自适应平衡机制有效抑制不同层面的信息生态失衡现象。宏观规划与监管机制、信息组织引导机制、信息对称反馈机制、智慧管理服务机制、智能预测与风险化解机制和自适应响应优化机制从宏观调控与过程兼顾相结合的层面进行设计，六方面内容相互依托、互为支撑、协调运行，提高图书馆信息生态系统的自适应平衡能力。其相互关系及具体运行方式如图6-4所示。

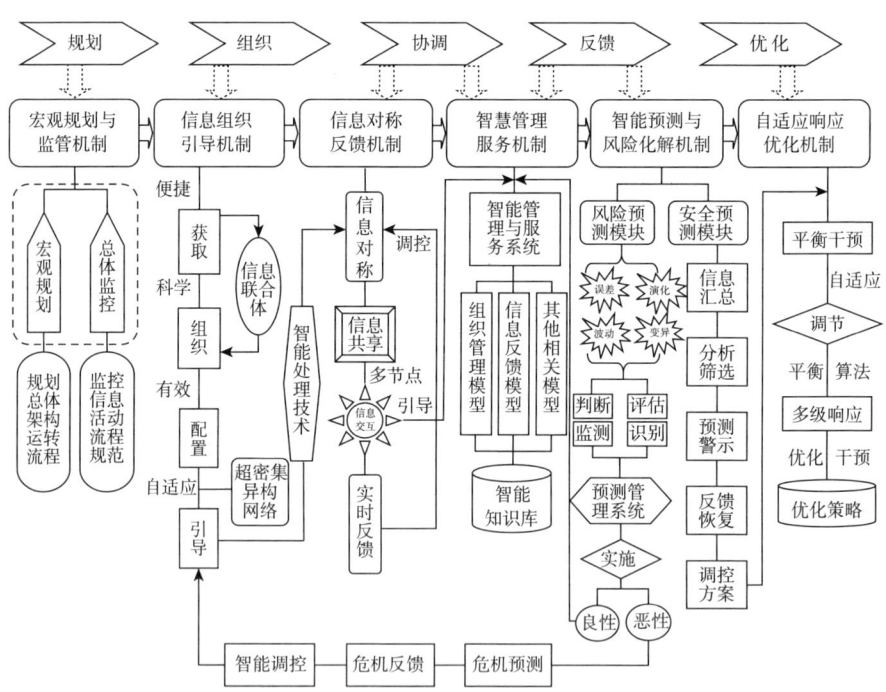

图 6-4　图书馆信息生态自适应平衡机制的内部关联及运行方式

由图 6-4 可知，图书馆信息生态自适应平衡机制的协调运行既要保证智能技术干预下信息流转的整个过程在宏观规划与监管中有序进行，又要兼顾信息流转质量与利用效率的提高。宏观规划与监管机制为自适应平衡机制的运行提供宏观指导与科学规范，使图书馆信息生态系统在具有全局性、综合性、引领性的计划中有序运行，保障自适应平衡机制最大限度地发挥作用。在其调控下，信息组织引导机制实现对信息资源的科学组织与合理配置，促进信息由无序状态转换为有序集合，深化信息内容描述和关联性挖掘，驱动信息对称反馈机制提高信息共享程度以实现信息公平，并针对信息生态新特征对资源进行智慧配置、优化与推送。不断完善智慧管理与服务机制，营造良好的信息生态环境，促进信息生态系统的内部协调与外部交流，提高系统的自适应平衡能力。为了提高自适应平衡机制的自我诊断与修复能力，智能预测与风险化解机制有效预测信息生态失衡风险，及时化解各方面复杂矛盾，自适应响应优化机制调控信息生态各要素的协同作用机制，优化信息生态平衡的自我调节功能。可见，构成自适应平衡机制的 6 个具体运行机制在内容上具有逻辑关联性，在功能上具有统一性，在形式上具有明确性与承接性，在运行上具有相互引导与制约性。它们相辅相成、协调运行，以自感应、自调节和自适应的方式优化新一代智慧图书馆的信息生态平衡机制。

在智慧社会建设背景下探讨图书馆信息生态相关问题，不但要聚焦其发展中所产生的信息生态新问题，而且要围绕新问题与新挑战，关注图书馆的信息生态平衡机制，助力新一代智慧图书馆开放互联、多元融合、安全公平等优势的展现。面对复杂的信息活动和海量数据的冲击，图书馆信息失衡问题不断升级，导致图书馆信息生态平衡与失衡现象呈现新特征。图书馆信息生态平衡与失衡的交互作用，驱动图书馆信息生态平衡机制不断优化，以提升信息生态系统的应急响应能力。

第五节　本章小结

图书馆在历经传统图书馆、数字图书馆和智慧图书馆的发展历程中，面对更加复杂的信息活动和海量数据的冲击，信息失衡问题不断升级，导致图书馆信息生态平衡与失衡现象呈现新特征。智慧图书馆信息生态平衡与失衡的交互作用，驱动图书馆信息生态平衡机制不断优化，以提升信息生态系统的应急响应能力。图书馆信息生态自适应平衡机制的设计遵循"理念创新、过程协调、适应调节、智能优化"的原则，按照"规划—过程—引导—优化"一体化的设计思路，兼顾规划、组织、协调、反馈、优化等过程环节的相互影响作用关系，以构建主体、需求、行为有效关联的虚实互动的信息生态平衡机制。图书馆信息生态自适应平衡机制以宏观规划与监管机制、信息组织引导机制、信息对称反馈机制、智慧管理服务机制、智能预测与风险化解机制和自适应响应优化机制为基本内容，从宏观调控与过程兼顾相结合的层面加以设计，提高图书馆信息生态系统的自适应平衡能力，推动智慧环境下图书馆信息生态系统的有序运转。

第七章 智慧社会建设中图书馆 信息生态的平衡策略

　　智慧社会驱动图书馆信息生态内容框架体系重构，新的架构体系需要图书馆信息生态系统在运行中不断调整，关注基本数据、功能解析、流转网络、主体角色、时间动态和行为动机等多维度焦点内容，通过信息流转和能量流动，使各构成要素之间达到高度协同、相互适应、彼此促进、和谐统一的状态。图书馆的运行与发展需要一个保持平衡状态的信息生态系统做保障，如果信息生态系统处于失衡状态，则会阻碍图书馆系统的整体运行，使图书馆信息流转能力及服务能力处于较低水平，甚至对信息主体的信息选择与决策产生误导。因此，探讨适应智慧社会发展的图书馆信息生态平衡策略，有利于调节图书馆信息生态构成要素的比例关系，使各要素在物质与能量的输入、输出、转化等过程中保持动态对等，保障信息生态系统结构稳定，系统功能发挥正常，促进图书馆信息生态系统整体处于相对稳定的状态。一套有效的信息生态平衡策略，能够使信息生态系统在受到外界干扰发生动荡时，通过自我调节、自我优化、自我提升和自我适应恢复到初始的平衡稳定状态。

第一节 图书馆信息生态平衡策略的 构建目标与原则

　　图书馆信息生态平衡策略的构建以信息生态理论为指导，应用系统科学、管理科学等多学科的方法与手段，辨识、分析、提炼、总结图书馆信息生态构成要素的内部关系，确定信息生态平衡标准，探讨优化系统结构与功能的对策，从而促进信息生态系统的可持续发展。

一 图书馆信息生态平衡策略的构建目标

　　在智慧社会建设背景下构建的图书馆信息生态平衡策略，既要能反映重构的图书馆信息生态构成要素之间的协调状态，促进各要素协同合作与自适应调节，也要有推动图书馆信息生态系统良性运行的指导作用，旨在实现信息生态系统的平衡稳定与可持续发展。具体来说，图书馆信息生态平衡策略要实现如下目标。

第一，反映图书馆信息生态构成要素的构成比例与协调关系，指导图书馆信息生态系统良性运行。根据智慧环境下图书馆信息生态系统的变化情况及运行状况，综合评判信息生态平衡与失衡的动态变化情况，协调各构成要素的相互制约与转化补偿等作用关系，提高信息生态系统的自我调节能力，使系统能够达到一个相对稳定的平衡状态。

第二，合理构建图书馆信息生态框架体系模型，保障图书馆信息生态系统的结构与功能在一定时间内相对稳定。图书馆信息生态框架体系模型是信息生态自适应平衡机制有效运行的内容框架基础，通过信息生态平衡策略的有效干预，促进信息流转过程中的物质、能量输入与输出的动态变化在一定时间范围内保持相对稳定状态。

第三，有效避免信息生态失衡，促进信息集成共享与创新应用，实现信息收益最大化。有效的信息生态平衡策略能够使图书馆信息生态系统保持健康状态，使其构成要素的比例、结构处于相对稳定状态，降低信息垄断、信息超载、信息污染、信息茧房等信息生态失衡现象的发生概率，营造均衡的信息生态环境，确保有效信息在最广范围内和最大程度上被充分利用，提高信息生态链各构成要素之间共生共变的自组织能力与自适应能力，最大限度获得信息收益。

第四，优化图书馆信息生态链结构，提升图书馆信息生态系统的协同进化能力，提高图书馆系统在智慧化背景下的生态创新活力。图书馆在信息生态平衡策略的指导下，对于新一代信息技术的应用更加具有针对性和实效性，能够有效避免技术滥用和盲目混用，使信息流转过程中的信息识别、分析、提炼、浓缩、整合、共享、评价等更加高效而精确，系统各成员或子系统之间的协同作用增强，系统的自我调节和协同进化能力也随之提高，促进图书馆信息生态系统更快形成新的有序结构。

二　图书馆信息生态平衡策略的构建原则

根据图书馆信息生态构成要素的特点、结构及图书馆信息生态平衡策略的构建原理与构建目标，图书馆信息生态平衡策略的构建需遵循以下几项原则。

第一，效率与公平兼顾原则。智慧社会背景下构建图书馆信息生态平衡策略，主要是为了解决图书馆信息生态失衡问题，同时提高图书馆信息生态系统的运行效率。因此，兼顾效率与公平原则是构建图书馆信息生态平衡策略应遵循的首要原则。既要考虑在不同环境与场景下合理配置与利用有限的信息资源，妥善处理信息生态构成要素之间的关系，最大限度地满足用户的信息需求；又要兼顾信息资源公平配置与用户获取信息资源的权利平等，构建公平的信息生态内容框架体系，营造公平的信息生态环境，使信息生态系统保持平衡稳定状态，保障系统良性运行。

第二，系统整体性原则。图书馆信息生态平衡策略是针对图书馆信息生态系统的平衡稳定状态而构建的指导方法与实践依据，因此，它的构建应遵循系统整体性原则。统筹考虑图书馆信息生态各构成要素相互关联、相互作用与相互协调的关系，综合考量信息生态平衡的约束条件及标准，系统规划实现图书馆信息生态平衡的具体路径与方案，才能实现策略的整体最优，使其在运行时达到功能倍增的效果。

第三，趋适开放性原则。图书馆信息生态平衡策略要坚持趋适开放性原则，以信息生态系统构成要素的协调稳定状态、信息生态环境承载能力和生态平衡适宜度为依据，优化信息链结构，充分发挥信息生态系统的自我调控能力，强化图书馆信息生态系统整体运行态势适应未来生态变化趋势的能力。信息生态平衡策略也要具有开放兼容性，为信息服务主体和信息利用主体的信息活动提供保障，同时要充分考虑信息本体的动态交换性和信息环境的开放性，注重自适应平衡机制作用的发挥。

第四，多维差异性原则。图书馆信息生态平衡策略的构建要综合考虑信息主体的个体差异性、图书馆所处地理位置的区域差异性、图书馆类型差异性、层次差异性和信息生态系统结构差异性等多方面差异特征，从多维度进行信息生态平衡的路径设计与方案搭建，这样才能使构建的策略有针对性地指导信息生态实践工作。针对差异性特征科学配置信息资源，可实现对图书馆信息生态系统的有效调节，使系统达到有序与动态平衡状态。

第五，高效最优原则。构建信息生态平衡策略的目的是将图书馆信息生态系统建成一个高效、稳定、平衡、有序的系统。充分利用新一代智慧技术，提高信息生态框架体系结构的适用性，合理简化技术流程，使信息生态系统内部的物质代谢、能量流动和信息流转形成一个有序的循环体系，促进系统的动态发展与循环利用能力不断提高，各子系统以最小的消耗实现系统整体的最佳功能发挥。

第六，可持续发展原则。可持续发展是集生态、环境、经济、政治和伦理于一体的综合性概念，强调对信息资源的适度建设与信息资源的永续发展。构建图书馆信息生态平衡策略遵循可持续发展原则的目的是谋求信息公平和满足主体信息需求，在关注图书馆信息生态系统构建与运行的同时，重视信息伦理问题，在信息生态系统运行发展中满足社会、组织与个体的信息需求。只有从长远的战略角度探究图书馆信息生态内容框架体系的构建内容与途径，才能实现在发展中寻求平衡，达到信息生态系统可持续发展的目的。

第二节　基于演化博弈论的图书馆
信息生态平衡策略

智慧社会驱动图书馆信息生态内容框架体系重构，基本要素与动态要素协同作用于图书馆信息生态系统，增加了图书馆信息生态链节点之间关系的复杂性，使得图书馆系统内部信息生态链节点与节点之间、链与链之间的协同竞争关系随之演化。由图书馆信息生态链协同竞争的一般规律可知，协同主要存在于信息主体对信息本体的挖掘、选择与管理阶段，竞争主要存在于信息主体对信息本体的利用与知识提炼阶段。图书馆信息生态链上下游节点之间的协同是绝对的，竞争是相对的，而同级节点之间的竞争是绝对的，协同则是相对的。在现实中，协同竞争普遍存在于图书馆信息生态系统的主体信息活动中，这种协同竞争关系不是始终不变的，当动态要素发生变化时，信息生态链节点之间的协同竞争关系也随之发生变化。智慧社会建设中的多重影响因素驱动图书馆信息生态链同级节点之间的协同竞争关系影响信息利用效率与效果，不同级节点之间的协同竞争关系影响信息价值增值，链与链之间的协同竞争关系决定了信息流转的顺畅程度及信息生态系统运行的稳定性。上述多主体之间的存在及互动关系相对复杂，在构建图书馆信息生态平衡策略时，需要对上述相互制约和相互依存的复杂关系进行全面分析，演化博弈论的相关理论能够提供寻求最优均衡策略的解决方案。

一　博弈论与演化博弈论

博弈论，又叫对策论，是研究两人或多人之间竞争合作关系的一门学科，通过数学模型解决现实生活中的各种利害冲突问题。简单来说，博弈论就是研究在不同情境下选择策略的理论和方法。具体来说，博弈论是指某个人或是组织在一定的环境条件和规则约束下，依靠所掌握的信息选择并实施各自所倾向的行为或是策略，从中取得相应结果或收益的过程。[①] 博弈论是一种分析问题、权衡利弊、解决冲突、实现协调合作的理论工具，能够在满足各要素利益最大化的前提下进行最优策略的选择。

传统博弈论通常假设参与者是在完全信息条件下进行策略选择，并且策略选择是完全理性的。但在现实中，这种假设很难实现。主体之间总是存在差别，客观环境与博弈问题本身的复杂性所导致的信息不完全和主体有限理性成为影响决策的重要因素。演化博弈论是把博弈理论分析和动态演化过程分析结合起来的一种理论。在方法论上，它不同于博弈论将重点放在静态均衡和比较静态均衡上，它强调的是一种动态的均衡。[②] 演化博弈理论最核心的概念是模仿者动态与演化稳定策略（RD&ESS），分别表征演化博弈的稳定状态和趋近这种稳定状态的动态收敛过程。演化博弈论能够突破经典博弈论的局限，相对于经典博弈论，演化博弈论有两个突出的特点。一是结合生物演化思想，采用有限理性假设，以有限理性的博弈方法作为博弈分析的基础。博弈方之间的策略均衡是学习调整的结果而不是一次性选择的结果，博弈方的学习行为和策略动态调整过程，适用于分析与预测有限理性博弈。二是注重对群体演化的动态过程的分析，强调博弈结果实现的动态过程及其机制。群体

---

① 徐文：《博弈论：人人都在用的博弈技巧》，中国致公出版社，2018，第1~2页。
② 朱建明、田有亮等：《博弈论与信息安全》，北京邮电大学出版社，2015，第30~31页。

是随着时间变化的社会存在，其演化是一个动态过程，影响群体动态变化的因素既具有一定的随机性和突变性，又具有通过演化过程中的选择机制而呈现的规律性。

演化博弈论将组织中的群体作为研究对象，对组成博弈各方面的若干群体在长期的、反复的博弈过程中的策略调整过程、调整趋势以及博弈的局部稳定性进行分析。① 演化博弈模型的建立主要基于选择和突变两个方面。选择是指"能够获得较高支付的策略在以后将被更多的参与者采用"②；突变是指"部分个体以随机的方式选择不同于群体的策略（可能是能够获得高支付的策略，也可能是获得较低支付的策略）"③。突变是一种选择，也是一个不断试错的过程，在学习与模仿、不断改进的过程中，只有最优的策略才能更多地被选择。演化博弈模型是在有限理性的条件下，群体进行选择和突变，不断试错、模仿和改进。其判断条件有三个：一是以群体为研究对象，演化过程具有动态性，分析过程为解释群体为何能达到以及如何达到目前的状态；二是群体的演化包含选择和突变两个过程，不满足选择和突变的模型不是演化模型；三是经群体选择的行为具有一定的惯性。

在图书馆信息生态系统多种行为策略的相互作用与相互迭代过程中，信息生态链上的节点由于有限理性不会一开始就寻求到最佳的协同竞争策略，而是在反复博弈过程中通过多次试验、纠错、调整，才寻找到最优的均衡策略。同样，参与协同竞争博弈的其他组织或系统的信息生态链节点，或某图书馆信息生态链整体也都趋于选择某个稳定的策略，这些稳定的协同竞争策略集合构成了进化稳定策略。当一个群体的行为模式可以消除其他任何小的突变群体时，那么这一群体的行为模式一定能够获得比被消除的突变群体更高的期望支付。随着博弈的不断进行，突变群体最终会从原博弈群体中消失，剩下的群体所选取的行为策略即进化稳定策略。演化博弈模型的构建以系统论观点为依据，描述系统的动态变化状态，注重群体行为的动态调整过程。

---

① 桂晓苗：《电子商务信息生态链协同竞争机制研究》，华中科技大学出版社，2017，第93页。
② 朱建明、田有亮等：《博弈论与信息安全》，北京邮电大学出版社，2015，第32页。
③ 朱建明、田有亮等：《博弈论与信息安全》，北京邮电大学出版社，2015，第32页。

二　图书馆信息生态平衡策略演化博弈模型的基本假设

在现实理论研究中，可以运用生物进化理论中的"复制动态"机制来模拟图书馆信息生态链在演化博弈中的平衡策略调整过程。演化博弈论对理性的要求有三个层面：第一个层面为个体潜意识的选择倾向性所体现的生物意义上的进化机制；第二个层面为主体有意识地努力改进和调整所体现的对理性要求较高的最优反应动态机制；第三个层面是一种介于上述二者之间的模仿学习机制，其不断改进与调整的过程为复制动态机制。与最优反应动态机制相比，复制动态机制下的博弈方同样缺乏在复杂局面下准确判断与全面预见的能力，但其具有一定的学习能力，能对不同策略结果进行比较，从而正确评估并调整策略。复制动态机制假设博弈方为有限理性的行为人，通过模仿、试错等手段，而非求最优的理性建构手段，决定博弈方的行为选择。复制动态机制的分析框架是博弈方随机配对反复博弈，并通过进化稳定策略探讨博弈方的动态策略调整及其稳定性。[①]

"复制动态"实质上是一个动态微分方程，用于描述图书馆信息生态链某一节点或某条生态链整体采用特定平衡策略的比例或频率。复制动态方程为 $\dfrac{\mathrm{d}x}{\mathrm{d}t} = x(U_s - \overline{U})$，其中，$\dfrac{\mathrm{d}x}{\mathrm{d}t}$ 为一个图书馆信息生态链节点或一条图书馆信息生态链所采用策略的比例随时间的变化率；x 为一个图书馆信息生态链节点或一条图书馆信息生态链所采用的平衡策略 s 的比例；U_s 为该信息生态链节点或该信息生态链采用策略 s 的预期收益；$\overline{U}$ 为该信息生态链节点或该信息生态链采用策略空间中所有策略的平均获益。

本书基于演化博弈理论，对图书馆信息生态链同级节点间（信息服务主体之间、信息利用主体之间、图书馆各业务子系统内部、同级别同类型图书馆系统之间都属于同级节点）、上下游节点间（信息服务主体与信息利用主体之间、图书馆业务流程子系统之间、具有从属关系的图书馆系统之间都属于上下游节点）、信息生态链间（图书馆内信息流转

---

① 　王莹莹、魏波、程春红：《中国法治政府的演化博弈模型构建》，《湖南工业大学学报》（社会科学版）2016 年第 2 期，第 109~113 页。

生态链、馆际之间信息链）的协同竞争关系进行分析，构建图书馆信息生态链协同竞争关系的总体框架，为图书馆信息生态平衡策略的制定提供依据。本书主要讨论两个对象（两个节点或两条链）之间的协同竞争演化博弈模型。假设形成协同竞争关系的节点是博弈双方，且每一个博弈者在行动时并不知道另一个博弈者的行为，那么一个对象（一个节点或一条链）在选择策略时存在单纯性协同和对抗性竞争。

三　图书馆信息生态链同级节点的演化博弈模型

智慧社会背景下，在图书馆信息生态链中，无论是纸质资源还是电子资源，图书馆提供的资源平台与系统、智能化设备和移动及可穿戴设备都增加了信息资源的载体类型，在信息资源产生、管理与功能发挥等层面拓展了信息采集、存储、处理、组织、传递等职能，形成了相对复杂的信息传递业务链。信息服务主体与信息利用主体在上述业务链中不断进行信息交互，形成信息服务生态链。智慧平台作为核心节点与信息服务主体和信息利用主体直接进行联系，获得实时反馈消息并进行及时调整，也可以通过主体间的互动联系发掘隐含信息，从而针对信息链结构进行优化。在信息服务生态链中，诸多信息主体隶属不同节点，不论是信息服务主体、信息利用主体还是具有相应功能的组织均可被视为节点，各个节点的地位、作用及功能均存在差异，在信息生态链中呈现一定的交叉特征。信息服务主体中的个体及组织所表现的关系特征为同级节点的关系特征，同理，信息利用主体中的个体及组织所表现的关系特征亦为同级节点的关系特征。在图书馆信息服务生态链中，各节点不断相互作用与转化，从而存在多种博弈关系，可以利用演化博弈模型对同级节点间的动态平衡关系进行分析。

在图书馆信息服务生态链中，信息服务主体之间的单纯性协同表现在信息整合、共享、交流等合作与共同维护信息权利平等，以及各个数字资源平台与智慧整合挖掘平台的协同等方面；信息利用主体之间的单纯性协同表现在对信息资源的识别、筛选、有效利用、知识挖掘与价值转化等方面。信息服务主体的对抗性竞争主要表现为信息服务主体在挖掘、提炼并传递信息利用主体所需信息过程中，信息处理能力差别所导致的信息质量与效率差异，存在于智慧管理平台的信息链中。信息利用主体的对抗性竞争主要表现为信息需求内容、形式和时效的差别决定着信息活动过程，存在于对急需信息或有效信息的挖掘与抢占中。同级节点之间的协同竞争关系存在于两类主体中，信息服务主体之间的协同竞争主要是在信息挖掘与提炼层面上的既协同又竞争，信息利用主体之间的协同竞争主要是在信息利用与知识增值层面上的既协同又竞争。

（一）模型构建

图书馆信息主体生态链中的节点 A 与节点 B，在不参与对方节点竞争的情况下，都能够在自身的时空生态位上独立获取收益。当节点 A 和节点 B 与对方进行协同竞争时，其在付出协同成本的同时，能在竞争中获取收益。因此，节点 A 与节点 B 在协同竞争中的收益为独自进行信息活动时的信息收益与相互之间协同竞争时获得的信息收益之和再减去信息生态链协同竞争过程中所损耗的信息成本。根据图书馆信息主体生态链节点的特征，构建节点 A 与同级节点 B 的博弈矩阵，如表7-1所示。

表7-1　节点 A 与同级节点 B 的博弈矩阵

		B	
		协同	竞争
A	协同	$A + a_A I - P_{AB}$, $B + a_B I - P_{BA}$	$A - E_B$, $B + m_B B - J_{BA}$
	竞争	$A + m_A A - J_{AB}$, $B - E_A$	$A - E_B + m_A A - J_{AB}$, $B - E_A + m_B B - J_{BA}$

在上述博弈矩阵中，A 表示节点 A 的自身收益；B 表示节点 B 的自身收益；I 表示节点 A 与节点 B 因协同合作而增加的收益；P_{AB} 和 P_{BA} 分别表示节点 A 和节点 B 协同合作所付出的成本；a_A 和 a_B 分别表示节点 A 与节点 B 协同合作获得增加收益的比例，这个比例关系与节点 A 和节点 B 协同合作所提供的信息资源和技术价值有关；E_A 和 E_B 分别表示节点 A 和节点 B 在竞争过程中与对方之间相互作用的程度；m_A 和 m_B 分别表示节点 A 和节点 B 在竞争时有效资源占有率的变化；$m_A A$ 和 $m_B B$ 分别表示节点之间的竞争过程对各自收益的影响；J_{AB} 和 J_{BA} 表示同级节点之间竞争所付出的成本。

假设在图书馆信息主体生态链上节点 A 选择合作的概率为 x，那么，这个节点选择竞争的概率则为 $1 - x$；节点 B 选择合作的概率为 y，那么，这个节点选择竞争的概率则为 $1 - y$。当 $x = 1$ 时，节点 A 选择的是单纯性协同；当 $x = 0$ 时，节点 A 选择的是对抗性竞争；当 $0 < x < 1$ 时，节点 A 选择的是既协同又竞争。同理，当 $y = 1$ 时，节点 B 选择的是单纯性协同；当 $y = 0$ 时，节点 B 选择的是对抗性竞争；当 $0 < y < 1$ 时，节点 B 选择的是既协同又竞争。

根据节点 A 和节点 B 的博弈矩阵，可以得出以下公式。

（1）节点 A 选择单纯性协同的收益为：

$$U_{AC} = y(A + a_A I - P_{AB}) + (1 - y)(A - E_B)$$

（2）节点 A 选择对抗性竞争的收益为：

$$U_{AD} = y(A + m_A A - J_{AB}) + (1 - y)(A - E_B + m_A A - J_{AB})$$

（3）节点 A 协同竞争的收益为：

$$\overline{U_A} = x U_{AC} + (1 - x) U_{AD}$$

（4）节点 A 协同竞争的演化博弈动态方程为：

$$\frac{\mathrm{d}x}{\mathrm{d}t} = x(U_{AC} - \overline{U_A})$$

由上述公式可推导出：

$$\frac{\mathrm{d}x}{\mathrm{d}t} = x(1 - x)[y(a_A I - P_{AB} - m_A A + J_{AB}) + (1 - y)(J_{AB} - m_A A)]$$

同理，节点 B 的演化博弈动态方程为：

$$\frac{\mathrm{d}y}{\mathrm{d}t} = y(U_{BC} - \overline{U_B})$$

可推导出：

$$\frac{\mathrm{d}y}{\mathrm{d}t} = y(1 - y)[x(a_B I - P_{BA} - m_B B + J_{BA}) + (1 - x)(J_{BA} - m_B B)]$$

上述推导公式能够反映节点 A 与节点 B 之间的演化动态博弈，由两个动态方程可得到五个均衡点：

$$(0,0) \text{、} (1,1) \text{、} (0,1) \text{、} (1,0) \text{、} \left(\frac{m_B B - J_{BA}}{a_B I - P_{BA}}, \frac{m_A A - J_{AB}}{a_A I - P_{AB}} \right)$$

（二）均衡分析

演化博弈模型均衡点的稳定性可以由雅可比矩阵的局部稳定性分析得出，其能够体现一个可微方程与给出点的最优线性逼近。上述系统的雅可比矩阵列为：

$$G = \begin{bmatrix} \dfrac{\left(\dfrac{dx}{dt} \right)}{\partial x} & \dfrac{\left(\dfrac{dx}{dt} \right)}{\partial y} \\ \dfrac{\left(\dfrac{dy}{dt} \right)}{\partial x} & \dfrac{\left(\dfrac{dy}{dt} \right)}{\partial y} \end{bmatrix}$$

通过矩阵分析可知，当动态方程位于均衡点（0，0）时，雅可比矩阵的迹是 $J_{AB} - m_A A - m_B B + J_{BA}$，迹的符号与初始值相关，根据初始值的变化而变化，无法明确其符号。而雅可比矩阵的行列式是 $(J_{AB} - m_A A) \times (J_{BA} - m_B B)$，初始值不能确定行列式值的符号。同理，节点 A 与节点 B 的雅可比矩阵列的每个均衡点的行列式和迹的符号也都是不能确定的，也就是说，这五个均衡点的局部稳定性与初始值相关，随着初始值的变化而变化。

（三）策略分析

在节点 A 与节点 B 之间，节点状态、位置、角色和节点之间关系的改变会使图书馆信息主体生态链的结构与状态发生相应变化，呈现动态性特征。在信息服务主体、信息利用主体等同级节点之间协同与竞争的不断博弈过程中，其均衡点也呈现动态变化特征。这个协同与竞争的博弈过程是图书馆信息主体生态链上各节点不断变化的过程，同级节点之间协同竞争的演化博弈过程没有稳定点，节点之间的竞争与合作及其潜在竞争者与合作者对同级节点间的博弈关系具有一定的影响。可见，图书馆信息主体生态链同级节点会根据对方节点所采取的协同竞争形式与方案而采取相应的协同竞争策略加以应对。也就是说，在同级节点间的协同竞争关系中，以对方的协同竞争方式选择同级节点的执行命令，是图书馆信息主体生态链同级节点的优化策略。例如，在图书馆信息服务生态链中，某信息资源共享平台通过开通免费文献互助与资源传递端口降低用户的信息资源获取成本，与其他信息服务平台展开对抗性竞争，以获取更多的用户群体关注，挖掘潜在的信息价值，那么，能够提供信息资源服务的其他资源共享服务平台也一定会同时跟进，开通类似的免费资源定制与个性化服务通道以展开对抗性竞争。再如，在以图书馆业务系统为主体的信息服务生态链中，当某一业务模块与其他业务模块协同合作完成信息服务业务流程时，在遵守图书馆业务规则和业务标准的前提下，两个业务模块之间则会展开单纯性协同，完成信息服务业务工作。关于这种业务流程比较具有代表性的实例是图书馆业务系统中读者身份认证模块与移动服务资源推介业务模块之间的协同合作，两个系统模块之间开通访问端口进行数据交互，共同完成移动服务模式下的信息资源共享服务任务。当两个信息利用主体同时需要某一方面的稀缺信息资源，且此信息资源获取的时效性与丰富详细程度直接关系到信息利用主体的切身利益时，其中一个信息利用主体采取"在提供信息需求方面协同，在获取、选择并利用信息资源过程中竞争"的方式开展协同竞争，那么，另一个信息利用主体也会采取相同的协同竞争策略加以应对。

四　图书馆信息生态链上下游节点的演化博弈模型

智慧社会背景下，图书馆信息生态链结构发生变化，智能技术渗透到信息服务主体与信息利用主体的信息交互中改变信息流转方式，图书馆智慧平台、移动平台、空间系统等增加了业务子系统的信息链节点数量，促使具有从属关系的图书馆系统智能链结构更新，这些上下游节点之间不断相互作用与相互转化，具有动态平衡关系，存在多种演化博弈。在单一的图书馆信息生态链中，有效信息在上下游节点之间传递的单纯性协同包括信息生产主体、信息服务主体、信息利用主体中任意二者之间的单纯性协同。信息生产主体与信息服务主体之间、信息利用主体与信息服务主体之间的协同主要是信息管理平台、信息服务平台、知识发现平台在图书馆业务信息流、服务信息流等方面的协同；信息生产主体与信息利用主体之间的协同主要是指二者之间的信息需求与反馈交互协同和信息传递协同。上下游节点之间的对抗性竞争存在于需求与服务的竞争中。信息生产主体与信息服务主体之间的对抗性竞争源于信息服务主体在行使信息资源管理平台职能的同时，还履行着信息生产主体的部分职责进行知识挖掘，提取信息利用主体的需求与反馈信息，为其提供个性化信息服务；信息利用主体与信息服务主体之间的对抗性竞争主要是有效信息的利用价值竞争；信息生产主体与信息利用主体之间的竞争主要是信息需求、反馈与服务的竞争。信息生产主体、信息服务主体、信息利用主体之间在信息筛选成本、信息价值、信息流转速率等方面均存在既协同又竞争的关系。

（一）模型构建

根据图书馆信息生态链上下游节点在信息流动过程、信息价值转化等方面的特性，构建上游节点 W 与下游节点 V 的博弈矩阵，如表 7-2 所示。

表 7-2　上游节点 W 与下游节点 V 的博弈矩阵

		V	
		合作	竞争
W	合作	$W + w_W I - P_{WV}$，$V + w_V I - P_{VW}$	$W - P_{WU}$，V
	竞争	W，$V - P_{VZ}$	W，V

在上述博弈矩阵中，W 表示上游节点 W 的自身收益；V 表示下游节点 V 的自身收益；I 表示上游节点 W 和下游节点 V 协同合作而增加的收益；P_{WV} 和 P_{VW} 分别表示上游节点 W 和下游节点 V 协同合作所需付出的成本；w_W 和 w_V 分别表示上下游节点协同合作获得增加收益的比例，这个比例与二者为协同合作提供的有限性资源及技术价值相关；P_{WU} 和 P_{VZ} 分别表示上游节点 W 和潜在竞争者 U 协同合作所需付出的成本及下游节点 V 和其潜在竞争者 Z 协同合作所需付出的成本。

假设，在图书馆信息生态链运行中，上游节点 W 选择合作的概率为 x，则该节点选择竞争的概率为 $1 - x$；同样，下游节点 V 选择合作的概率为 y，那么其选择竞争的概率则为 $1 - y$。当 $x = 1$ 时，上游节点 W 选择的是单纯性协同；当 $x = 0$ 时，上游节点 W 选择的是对抗性竞争；当 $0 < x < 1$ 时，上游节点 W 选择的则是既协同又竞争。同理，当 $y = 1$ 时，下游节点 V 选择的是单纯性协同；当 $y = 0$ 时，下游节点 V 选择的是对抗性竞争；当 $0 < y < 1$ 时，下游节点 V 选择的则是既协同又竞争。根据上下游节点的博弈矩阵，可以得出如下公式。

（1）上游节点 W 选择单纯性协同的收益为：

$$G_{WU} = y(W + w_W I - P_{WV}) + (1 - y)(W - P_{WU})$$

（2）上游节点 W 选择对抗性竞争的收益为：

$$G_{WZ} = yW + (1 - y)W$$

（3）上游节点 W 协同竞争的收益为：

$$\overline{G_W} = xG_{WU} + (1 - x)G_{WZ}$$

（4）上游节点 W 协同竞争的演化博弈动态方程为：

$$\frac{dx}{dt} = x(G_{WU} - \overline{G_W})$$

由上述公式可以推导得出：

$$\frac{dx}{dt} = x(1 - x)[y(w_W I - P_{WV} + P_{WU}) - P_{WU}]$$

同理，下游节点 V 的演化博弈动态方程为：

$$\frac{dy}{dt} = y(G_{VU} - \overline{G_V})$$

可以推导得出：

$$\frac{dy}{dt} = y(1 - y)[x(w_V I - P_{VW} + P_{VZ}) - P_{VZ}]$$

上述推导公式能够反映出上游节点 W 和下游节点 V 之间的动态博弈过程，由动态方程能够得到如下五个均衡点：

$$(0,0) \text{、}(1,1) \text{、}(0,1) \text{、}(1,0) \text{、}\left(\frac{P_{VZ}}{w_V I - P_{VW} + P_{VZ}}, \frac{P_{WU}}{w_W I - P_{WV} + P_{WU}}\right)$$

（二）均衡分析

演化博弈模型均衡点的稳定性可以通过雅可比矩阵的局部稳定性分析得到，上述系统的雅可比矩阵列为：

$$G = \begin{bmatrix} \dfrac{\left(\dfrac{dx}{dt}\right)}{\partial x} & \dfrac{\left(\dfrac{dx}{dt}\right)}{\partial y} \\ \dfrac{\left(\dfrac{dy}{dt}\right)}{\partial x} & \dfrac{\left(\dfrac{dy}{dt}\right)}{\partial y} \end{bmatrix}$$

通过计算得到：

$$\begin{bmatrix} (1-2x)\left[y(w_W I - P_{WV} + P_{WU}) - P_{WU}\right] & x(1-x)(w_W I - P_{WV} + P_{WU}) \\ y(1-y)(w_V I - P_{VW} + P_{VZ}) & (1-2y)\left[x(w_V I - P_{VW} + P_{VZ}) - P_{VZ}\right] \end{bmatrix}$$

由于雅可比矩阵列的特征值小于零是系统维持稳定的必要条件，且矩阵列特征值的和等于矩阵列的迹，矩阵列特征值的积等于矩阵列的行列式，所以可以对均衡点进行局部稳定性分析。假设，只有当协同合作获得的利益大于其付出的成本时，图书馆信息生态链上下游节点才会选择合作，那么，$(w_W I - P_{WV}) > 0$，$(w_V I - P_{VW}) > 0$。图书馆信息生态链上下游节点协同竞争演化博弈的均衡点局部稳定性分析如表 7-3 所示。

表 7-3　图书馆信息生态链上下游节点演化博弈的均衡点局部稳定性分析

均衡点	行列式（符号）	迹（符号）	结果
(0, 0)	$P_{WU} \times P_{VZ}$ （＋）	$-P_{WU} - P_{VZ}$ （－）	稳定
(1, 1)	$(w_W I - P_{WV}) \times (w_V I - P_{VW})$ （＋）	$-(w_W I - P_{WV} + w_V I - P_{VW})$ （－）	稳定
(0, 1)	$(w_W I - P_{WV})P_{VZ}$ （＋）	$w_W I - P_{WV} + P_{VZ}$ （＋）	不稳定

均衡点	行列式（符号）	迹（符号）	结果
$(1, 0)$	$(w_V I - P_{VW})P_{WU}$ （ + ）	$w_V I - P_{VW} + P_{WU}$ （ + ）	不稳定
$(\dfrac{P_{VZ}}{w_V I - P_{VW} + P_{VZ}},$ $\dfrac{P_{WU}}{w_W I - P_{WV} + P_{WU}})$	$\dfrac{- P_{VZ}P_{WU}(w_V I - P_{VW})(w_W I - P_{WV})}{(w_V I - P_{VW} + P_{VZ})(w_W I - P_{WV} + P_{WU})}$ （ − ）	0	鞍点

通过均衡点局部稳定性分析可知，现有五个局部均衡点 $O(0, 0)$、$M(1, 0)$、$N(0, 1)$、$H(1, 1)$、$K(X_K, Y_K)$，其中，$K(X_K, Y_K)$ 为鞍点坐标。在这五个局部均衡点中，只有 O 点和 H 点稳定，能够形成演化稳定策略，分别对应于图书馆信息生态链上游节点 W 和下游节点 V 的协同策略与竞争策略。

（三）策略分析

由图书馆信息生态链上游节点 W 和下游节点 V 协同竞争的演化博弈模型可知，博弈演化的长期均衡结果可能是上游节点 W 和下游节点 V 都采取合作策略，也可能是二者都不采取合作策略。上下游节点具体采取哪种策略、得到何种结果、实现什么状态则与博弈矩阵密切相关，还会受到初始值变化的影响。若上游节点 W 和下游节点 V 通过协同合作所增加的收益 I 越大，则 $w_W I$ 和 $w_V I$ 的值越大，那么，上下游节点选择协同合作的概率就越大；若上游节点 W 和下游节点 V 协同合作所付出的成本 P_{WV} 和 P_{VW} 越大，则上下游节点共同选择竞争的概率就越大。可见，图书馆信息生态链上游节点 W 和下游节点 V 的策略选择与协同合作的成本与收益有一定关系。

如果上游节点 W 和下游节点 V 的协同合作收益与成本变化相一致，当二者的协同合作收益远远大于其协同合作成本时，节点会采取单纯性协同的策略；当上下游节点的协同合作收益远远小于其协同合作成本时，节点会采取对抗性竞争的策略；当上下游节点的协同合作收益与其协同合作成本相差不大时，节点则会采取既协同又竞争的策略。对于上下游两个节点各自的收益与成本而言，如果下游节点 V 的协同合作收益等于其协同合作成本，而上游节点 W 的协同合作收益远远大于其协同合作成本，那么，上游节点 W 和下游节点 V 会保持相对密切的单纯性协同关系。经过长期博弈，上游节点 W 和下游节点 V 的协同合作收益与协同合作成本会转变为上述各种情况。

可见，图书馆信息生态链上下游节点的博弈策略比较复杂。随着信息流转过程的阶段性变化，信息生产主体、信息服务主体和信息利用主体中，任一节点有时与其他节点紧密合作，有时则与其他节点展开对抗性竞争。比如，在一般情况下，信息生产主体、信息服务主体、信息利用主体的协同合作收益都会大于其协同合作成本，因而节点之间一般会采取单纯性协同的竞争方式。但也存在比较特殊的情况，如某数据库商为将自家数据库打造成行业内的大型品牌数据库，通过提高对各合作平台的接口服务费用、集成单一来源数据、提供单独接口服务等方式，欲将中小型数据库商家挤出同行业内相似数据库产品的竞争圈，于是提高了中小型数据库商家的协同成本，导致其协同合作成本大于合作收益，致使中小型数据库商家与其展开恶性竞争。又如，某信息资源共享平台开放后，迎来了大量与其合作的数据库服务商，在一段时间内，该信息资源共享平台自有的数据信息资源与合作平台提供的数据信息资源存在一定的重复，并且其自有信息资源的存取效率与质量要高于合作平台提供的信息资源。对于合作数据库服务商来说，该共享平台的竞争降低了合作者的协同合作收益，但由于其重复的资源不多，故合作收益不低于协同合作成本，因此，其他合作数据库服务商对该信息资源共享平台采取了既协同又竞争的策略。再如，某区域图书馆信息资源共享平台为防止自有信息资源与联盟成员馆可提供的信息资源发生重复，对平台开放端口的数据资源进行了规范。一方面，尽量不开放相同信息资源的访问端口，让每一种信息资源只有一个来源渠道，从时间生态位上减少信息重复检索情况的出现；另一方面，同一地区同一种信息资源根据各成员馆资源的获取渠道、成本等因素选择开放一个信息检索通道，从空间生态位上避免高成本或重复资源的出现。这样，尽量增大各成员馆的协同合作收益与合作成本的差距，促使各个成员馆与区域联盟保持紧密的单纯性协同关系，进一步提高联盟的稳定性与协调性。

五　图书馆信息生态链链间节点的演化博弈模型

智慧社会驱动数字化技术与实时、大量、多模态和高质量的数据交互结合，使图书馆信息资源的流转场景发生相应变化。在这个场景中，组织内成员即时交互、信息网络错综复杂、信息流转节点数量增加、数据量异常庞大且高度交互，对图书馆信息生态链的各个重要流程产生了深刻影响。图书馆最基本的书目数据在业务系统中的采、编、流等过程中形成信息生态链；图书馆的馆藏资源、自建数字资源和外购信息资源经筛选、整合、共享、传递、智能推送等流程形成信息生态链；馆际合作通过平台整合和知识服务全流程数字化形成信息生态链；等等。以上信息生态链之间也不断地相互作用与相互转化，同样可以采用演化博弈模型来分析链间节点的动态平衡关系。

（一）模型构建

图书馆信息生态链链间节点的单纯性协同主要存在于同级的链间节点之间，如业务系统信息生态链之间的单纯性协同主要表现在数据标准的统一上；共享平台信息生态链之间的单纯性协同主要是指信息共享平台之间的协作交互；馆际合作信息生态链之间的单纯性协同主要存在于用户信息需求传递与知识转化方面。不同信息生态链之间的对抗性竞争也主要存在于同级节点之间，如不同业务系统信息生态链之间的对抗性竞争主要是处理同质数据的效率与质量的竞争；不同共享平台信息生态链之间的对抗性竞争主要是对资源本体和用户资源的竞争；不同馆际合作信息生态链之间的对抗性竞争主要是知识提炼标准、技术、能力和水平的竞争。信息生态链之间的既协同又竞争主要存在于共享平台信息生态链之间，这种协同与竞争主要表现为信息共享平台之间在共享标准、技术、服务和各种信息方面的既协同又竞争。而链间的业务系统之间、馆际合作之间也存在一定的既协同又竞争的关系，如业务系统在数据存量与存储标准方面既协同又竞争，馆际合作在平台整合标准与知识管理技术等方面既协同又竞争。

图书馆信息生态链链间节点可以用信息生态链 C 和信息生态链 D 表示，二者的博弈矩阵如表 7-4 所示。

表 7-4　图书馆信息生态链 C 和信息生态链 D 的博弈矩阵

		D	
		合作	竞争
C	合作	$C + c_C I - P_{CD}$, $D + c_D I - P_{DC}$	$C - P_{CD}$, $D - J_{DC}$
	竞争	$C - J_{CD}$, $D - P_{DC}$	$C - E_D + m_C C - J_{CD}$, $D - E_C + m_D D - J_{DC}$

在上述博弈矩阵中，C 表示图书馆信息生态链 C 的自身收益；D 表示图书馆信息生态链 D 的自身收益；I 表示信息生态链 C 与信息生态链 D 因协同合作而增加的收益；P_{CD} 和 P_{DC} 分别表示信息生态链 C 与信息生态链 D 协同合作所需要付出的成本；c_C 和 c_D 分别表示两条信息生态链协同合作获得增加收益的比例，这个比例与信息生态链 C 和信息生态链 D 为协同合作所提供的信息资源和技术价值有关；E_C 和 E_D 分别表示信息生态链 C 和信息生态链 D 在竞争过程中与对方之间相互作用所产生的影响；m_C 和 m_D 分别表示信息生态链 C 和信息生态链 D 在竞争时有效资源占有率的变化；$m_C C$ 和 $m_D D$ 分别表示信息生态链之间的竞争过程对各自收益的影响；J_{CD} 和 J_{DC} 表示信息生态链之间竞争所付出的成本。

假设信息生态链 C 选择与其他链合作的概率为 x，那么，它选择竞争的概率则为 $1 - x$；信息生态链 D 选择合作的概率为 y，那么，其选择竞争的概率为 $1 - y$。当 $x = 1$ 时，信息生态链 C 选择的是单纯性协同；当 $x = 0$ 时，信息生态链 C 选择的是对抗性竞争；当 $0 < x < 1$ 时，信息生态链 C 则选择的是既协同又竞争。同理，当 $y = 1$ 时，信息生态链 D 选择的是单纯性协同；当 $y = 0$ 时，信息生态链 D 选择的是对抗性竞争；而当 $0 < y < 1$ 时，信息生态链 D 选择的是既协同又竞争。

根据图书馆信息生态链 C 和信息生态链 D 的博弈矩阵，可以得出以下公式。

（1）信息生态链 C 选择单纯性协同的收益为：

$$U_{CM} = y(C + c_C I - P_{CD}) + (1 - y)(C - P_{CD})$$

（2）信息生态链 C 选择对抗性竞争的收益为：

$$U_{CN} = y(C - J_{CD}) + (1 - y)(C - E_D + m_C C - J_{CD})$$

（3）信息生态链 C 协同竞争的收益为：

$$\overline{U_C} = xU_{CM} + (1 - x)U_{CN}$$

（4）信息生态链 C 协同竞争的演化博弈动态方程为：

$$\frac{\mathrm{d}x}{\mathrm{d}t} = x(U_{CM} - \overline{U_C})$$

由上述公式可推导出：

$$\frac{\mathrm{d}x}{\mathrm{d}t} = x(1 - x)[y(c_C I - P_{CD} + J_{CD}) + (1 - y)(J_{CD} + E_D - m_C C - P_{CD})]$$

同理，信息生态链 D 的演化博弈动态方程为：

$$\frac{\mathrm{d}y}{\mathrm{d}t} = y(U_{DM} - \overline{U_D})$$

可推导出：

$$\frac{\mathrm{d}y}{\mathrm{d}t} = y(1 - y)[x(c_D I - P_{DC} + J_{DC}) + (1 - x)(E_C + J_{DC} - m_D D - P_{DC})]$$

上述推导公式能够反映信息生态链 C 和信息生态链 D 之间的演化动态博弈，由两个动态方程可得到五个均衡点：

$$(0,0) \text{、} (1,1) \text{、} (0,1) \text{、} (1,0) \text{、} \left(\frac{E_C + J_{DC} - m_D D - P_{DC}}{E_C - c_D I - m_D D}, \frac{P_{CD} + m_C C - E_D - J_{CD}}{c_C I - E_D + m_C C} \right)$$

（二）均衡分析

在演化博弈过程中，信息生态链之间均衡点的稳定性可以由雅可比矩阵的局部稳定性分析法得出，上述系统的雅可比矩阵列为：

$$G = \begin{bmatrix} \dfrac{\left(\dfrac{\mathrm{d}x}{\mathrm{d}t} \right)}{\partial x} & \dfrac{\left(\dfrac{\mathrm{d}x}{\mathrm{d}t} \right)}{\partial y} \\ \dfrac{\left(\dfrac{\mathrm{d}y}{\mathrm{d}t} \right)}{\partial x} & \dfrac{\left(\dfrac{\mathrm{d}y}{\mathrm{d}t} \right)}{\partial y} \end{bmatrix}$$

通过雅可比矩阵分析可知,当动态方程位于均衡点(0,0)时,雅可比矩阵的迹符号与初始值相关,会随着初始值的变化而变化,没有确定的符号,其行列式的符号也不能确定。可见,图书馆信息生态链 C 和信息生态链 D 雅可比矩阵列的每个均衡点的行列式和迹的符号都是不能确定的,这五个均衡点的局部稳定性与初始值相关,随着初始值的变化而变化。

(三)策略分析

在图书馆信息生态链的链间节点之间,图书馆的信息流转特点决定了信息生态链 C 和信息生态链 D 之间的合作与竞争关系会发生相应变化,在协同合作与相互竞争的博弈中,其均衡点呈现动态变化特征。这个博弈演化过程也是图书馆信息生态链不断变化的过程,其潜在竞争者和潜在合作者对链与链之间的合作和竞争有一定程度的影响。经上述分析可知,图书馆信息生态链的链间节点之间的协同竞争演化博弈过程没有稳定点,某信息生态链选择的协同竞争策略与对方信息生态链的协同竞争策略存在很大关系。也就是说,图书馆信息生态链链间节点将根据对方节点所采取的协同竞争形式而采取相对应的策略进行应对。

因此,直接以对方信息生态链的协同竞争形式来应对对方信息生态链节点,是图书馆信息生态链链间节点在相互作用过程中所选择的应对策略。例如,图书馆信息资源共享平台要实现平台之间的协作交互,首先要将源数据格式标准化,这样才能减少数据流转环节,提高信息流转效率。与之相配合,业务系统信息生态链也要将数据标准化,这样才能实现馆藏资源与共享平台的无缝链接;馆际合作系统的信息生态链同样要进行相应的数据整合,制定与之相适应的文献传递标准和规范,实现对信息的最大化利用。又如,图书馆业务系统为了便于用户检索获取所需资源,以便捷性、实用性为目标定期更新用户界面,伴随人工智能和数字化技术的不断发展,业务系统逐步实现全流程数字化,信息流转的各个流程进行阶段性整合,大数据技术优化了用户个性化推送的信息链节点,从而吸引了更多的用户群体利用业务平台满足其信息需求。与之相适应,信息资源共享平台也更加注重平台管理的智能化、平台化与个性化,针对用户的信息需求进行数据挖掘,在主动推送、实时更新、知识转移等方面加强平台的功能性提升,进一步拓展了用户的信息服务渠道；馆际合作平台弥补业务系统和信息资源共享平台在资源类型、内容等方面的不足，结合大数据技术对海量数据进行整合分析，对文献传递过程中的信息流转程序自动优化，提高了用户对信息资源的利用效率。

第三节　H大学图书馆信息生态平衡
策略实证分析

智慧社会驱动图书馆信息生态研究的理论成果价值在于能够用来指导实践，解决图书馆在实践工作中遇到的信息生态问题。本节将运用课题研究得出的图书馆信息生态内容框架体系结构、框架体系模型、平衡机制与演化博弈平衡策略等结论及方法，对现实中的图书馆信息生态系统进行实证分析。课题组选择H大学图书馆信息生态系统，对其信息生态链结构模型、演化进程、运行状况等进行调查与分析，总结其信息生态链存在的问题及信息生态失衡隐患，构建能够体现其信息流转逻辑关系的框架体系结构，聚焦其内部各构成要素间的相互影响、制约与转化等作用关系，探讨其生态平衡机制，并提出相应的优化策略。

一　H大学图书馆信息生态的嬗变轨迹

分析H大学图书馆信息生态的嬗变轨迹有助于描述图书馆信息生态的发展脉络，了解信息生态变化情况及信息生态系统的结构特征，为制定信息生态平衡策略奠定理论基础。H大学图书馆信息生态的演进主要包括以下几个阶段。

（一）信息生态理念发展雏形期（1989~1997年）

H大学图书馆信息生态理念发展雏形期是指在信息生态链正式形成之前奠定资源本体与基础设施等方面基础的储备阶段，计算机系统的引入和联机检索的产生蕴含着图书馆信息生态理念的雏形。1989年，H大学图书馆引进了第一台IBM PC/XT微型电子计算机，开始运用微机管理采访目录和编目业务，拉开了图书馆自动化管理的序幕。1990年，微机室参与全省高校图书馆业务统计数据库的建设工作。1996年，图书馆引进光盘数据库，实行单机检索。1997年，图书馆建成馆内局域网，开始实行联机检索，为读者提供文献信息检索服务，成为自动化信息服务的雏形。1988 年，引进图书馆管理系统，实现图书馆采访、编目、流通、典藏等业务的管理自动化。这一阶段成为 H 大学早期数字图书馆的启蒙发展阶段，主要有两方面特征：一是纸质资源实现数字网络化管理，数字信息资源处于初期开发阶段，信息资源内容、形式、开发技术、手段等均处于起步时期；二是图书馆由单机版数字资源服务迅速向联机检索过渡，管理系统的引入推动数字图书馆发展进程加快。这一时期虽然没有明确的图书馆信息生态概念，但是，利用数字信息技术提高信息传输速率和信息服务效率等理念成为图书馆信息生态理念的雏形。

（二）信息生态链起步期（1998~2005 年）

H 大学图书馆信息生态链起步期是指图书馆信息传递过程中呈现信息生态链结构特征，且信息流转上下游节点特征明显、分工明确的信息资源建设、管理与服务阶段。分布式资源管理与数字资源集成在图书馆信息化建设中的广泛应用凸显了图书馆信息生态链的结构特征。1998 年至 2000 年，是 H 大学图书馆由传统手工操作向现代化技术转变的关键时期。1998 年，图书馆引进管理系统，开始进行大规模回溯建库，分布式资源存储管理与资源揭示技术的应用，形成了图书馆数字资源组织体系，具有业务系统信息生态链核心节点的简单结构特征。2000 年，图书馆建立了第一个主机房，构建了图书馆网络化服务体系，建成了具有一定规模的数字资源检索服务系统，形成了图书馆业务系统信息主客体与信息环境交互作用的信息服务链结构。2001 年，图书馆采用分段管理式网络拓扑结构，集中交换、分级共享，提高了网络安全性能和吞吐能力，建立了电子阅览室，提供情报检索、网络指导、光盘数据访问等服务。2002 年至 2004 年，图书馆陆续引进 7 种中外文数据库。2003 年，开展外文书目数据回溯建库工作。2005 年，依托本馆资源和学校特色学科自建 4 种特色数据库。同年，自行设计研发了数字参考咨询系统，实现表单咨询和实时咨询，并加入中国高等教育文献保障系统（CALIS）、中国高校人文社会科学文献中心（CASHL）和国家图书馆文献传递服务系统，开始开展馆际互借与文献传递服务，为建设信息资源共享系统奠定基础。在这一阶段，数字图书馆基本结构比较完整，信息生态链的核心节点标志明显，图书馆拥有符合标准规范的，具有获取、创建、存储、管理、访问、查询及后台管理等功能模块的集成管理系统，数字化信息服务体系初显，已经形成一定规模的基于内容或主题的相对独立的数字化资源库，具备了信息生态链的基本内容，符合信息生态链的结构特征。

(三) 信息生态系统形成期 (2006~2012 年)

H 大学图书馆信息生态系统的形成以图书馆建设多种类型数字资源，并实现资源整合与共享为标志。2006 年至 2010 年，图书馆进行《人民日报》、《中国学术期刊》、随书光盘等多种类型光盘数据镜像化建设，丰富馆藏数字资源的种类。2010 年，图书馆依托业务管理系统，整合全校各学院资料室资源，搭建 H 大学信息资源共享平台，建设相对完备的信息资源保障体系，推动图书馆信息生态系统的形成。2011 年，图书馆改版门户网站，增加了 WEB 检索、查收查引、文献传递和视频培训等栏目，拓展了信息传递的链路与通道。2012 年，升级图书馆业务管理系统，以大型关系数据库为支撑，实现 C/S 和 B/S 操作模式，可跨越不同 Z39.50 客户端程序，并增加新书荐购、OPAC 服务等功能。这一阶段，图书馆以丰富馆藏数字资源种类、加强资源整合并提供信息资源共享为主要建设目标，更加关注信息主体方便、快捷地利用信息资源的体验，人与信息及其周围环境的相互影响与相互作用关系开始受到重视。在信息资源共享建设的推动下，图书馆形成了以包含信息生产者、信息利用者、信息传播者和信息组织者的信息主体为核心，以多种类型信息资源为重要组成部分，以新技术为支撑的信息环境为基础与保障的信息生态系统。

(四) 信息生态系统发展期 (2013~2021 年)

2013 年以后，图书馆重点加强数字资源建设，经费投入逐年增加，数字资源和纸质资源的经费比例从 2013 年的 4:6 增加至 2020 年的 7:3，不但重视数字资源量的积累，而且强调信息资源的内涵建设。2013 年，图书馆推出了网上荐购服务平台，增强与用户之间的交流互动。依托 CALIS、CASHL 和国家图书馆文献传递服务系统，全面提升网上参考咨询的服务能力。着手建设移动图书馆服务系统，标志着图书馆开始向知识服务精细化、个性化的决策服务转型。2014 年，图书馆开通微信公众号，开展信息咨询与信息发布工作。2015 年，启动校园一卡通对接工作。2016 年，再次升级图书馆业务管理系统，采用 C/S+B/S 混合架构网络体系结构，支持 SQL Server、Oracle、Informix 等大型关系数据库，支持磁条式自助借还、RFID 标准数据通信系统、数字化校园、门禁系统、一卡通系统、移动图书馆和 CALIS 相关标准认证等接口。移动服务模式的拓展和业务管理系统的升级促进图书馆交互式信息平台与个性化知识组织体系完善，技术标准的统一对接进一步优化了图书馆信息生态环境。2017 年，图书馆进行第三次主机房改造，具备了更大的交换容量与更高的转发性能，借助于为云计算、大数据环境打造的存储操作系统、丰富的软件功能以及新一代硬件平台，较好地满足了图书馆大中型数据库 OLTP/OLAP、虚拟化、文件共享等各种应用的数据存储、容灾等需求。同年，图书馆引进自助借还、自助盘点及自助打印复印系统，搭建智能化参考咨询服务平台，实现 24 小时在线服务，开启了智能管理与智慧服务新模式。此外，图书馆还引进具有跨语言检索功能的教师教育特色库平台，推广使用"云课堂"掌上教参资源平台，并依托本校教师教育特色资源，建设本科生云端教参平台。

2018 年，在智慧校园建设的大背景下，图书馆迈入智慧化建设新阶段。图书馆门户网站实现了校园网、图书馆管理系统、WAP 手机网站和微信公众号的无缝连接，可面向智能手机、平板电脑等移动终端提供移动支持服务。引进 10 个特色资源库，加入"大学数字图书馆国际合作计划（CADAL）项目"，实现 280 万电子书免费阅读。2019 年，图书馆依托社交媒体、微信公众号、短视频、QQ 群和校园学习通开展嵌入性知识服务，拓展了学科竞争力分析、人才评价、领域前沿和学科交叉热点分析等知识服务工作。

在这一阶段，图书馆信息生态系统在更加主动化、个性化、智能化的范式的驱动下，构成要素的视角更新颖、范围更宽阔、内容更全面、描述更具体。信息主体能动性更强，信息本体内容更丰富，信息环境进化为物理空间、虚拟空间、共享空间和感知空间交互一体的多维智慧空间，信息技术形成了以智能技术、空间技术、云计算等为核心的技术群。

二 H 大学图书馆信息生态的结构特征

H 大学图书馆信息生态内容框架体系的基本要素构成呈现如下结构特征。

一是信息主体的指向性相对明确。信息服务主体主要是图书馆中进行信息采集、处理、加工、传递并提供信息服务的个体、部门和联盟团体，还包含可进行知识挖掘和智能获取的信息共享平台及知识服务系统等虚拟主体；信息利用主体主要是指该校师生读者个体、科研团队、组织和机构。在一定条件下，信息服务主体与信息利用主体具有角色间相互转化的特性。

二是信息本体的内容形式多样。高校图书馆信息本体的内容和形式与学校的办学特色、学科设置、重点学科等密切相关。H 大学图书馆信息本体包括纸质、电子、音视频等多种类型资源，涵盖自然科学、人文社科、艺术等全学科，图书、期刊、报纸、会议文献、科技报告等文献类型全面，资源的内容特征具有一定的可扩展性和适应性。截至 2020 年底，该校图书馆累计有纸质文献 380 万册，电子图书 155 万册，电子期刊 3.9 万种，学位论文 462 万篇，多媒体资源 1.7 万小时。

三是信息环境的功能性特征更加明显。H 大学图书馆包括两个校区和学院学科分馆在内的馆舍面积共计 5.1 万平方米。纸质资源按学科和资源类型收藏于 10 个阅览室中，采用藏、借、阅三位一体的开放式服务方式，实现 RFID 高频新技术管理的自助借还服务。图书馆主机房配备汇聚交换机 10 台、核心交换机 1 台、2U 机架式服务器 7 台、容量 70T 的磁盘阵列 1 台，还配备了上网行为管理机与硬件防火墙，既保障了信息流转网络通道的畅通、安全与高效，又为云计算、大数据环境打造了存储操作系统和硬件平台，较好地满足了图书馆大中型数据库 OLTP/OLAP、虚拟化、资源共享等各种应用的数据存储、容灾等需求。图书馆基础设施、网络条件和物理空间状况良好，信息流动空间、场景等方面的转换适应社会环境的变化与要求。此外，图书馆制定了《H 大学图书馆馆藏制度》，明确了文献与资源的收藏办法与管理模式，为图书馆信息流转机制、信息服务模式、信息管理方式和信息活动过程等提供了制度环境保障。

四是信息介体实现多元覆盖。H 大学图书馆业务管理系统支持磁条式自助借还、RFID 标准数据通信系统、数字化校园、门禁系统、一卡通系统、移动图书馆和 CALIS 相关标准认证等接口，支持 Z39.50 和 MARC 浏览器，采编、验收、维护、回溯等环节能够直接通过浏览器免费下载

MARC 数据。系统平台有书目检索、读者管理、网上荐购等九大模块，具有查询、流通、管理、统计和读者服务等功能。门户网站采用 PHP 动态网站开发技术，实现了校园网、图书馆管理系统、WAP 手机网站和微信公众号的无缝连接，具有对接集成信息检索、新书导读、借阅排行等功能，还具有个性化页面设计、发布、管理等功能，交互能力较强，为图书馆信息资源建设与服务提供有力支持。电子资源通过图书馆信息化服务系统提供 24 小时不间断的查询、预约、电子阅览、文献下载、新书荐购等服务，利用社交媒体、微信公众号、QQ 群和校园网开展文献传递、科技查新、馆际互借和信息素养教育等服务，通过 CALIS、CASHL、国家科技图书文献中心（NSTL）和大学数字图书馆国际合作计划项目（CADAL）进行文献传递与免费资源获取，还开通移动数字图书馆、云服务平台、远程访问系统提供资源获取与利用服务。

五是信息服务生态链呈现多元复合结构。H 大学图书馆信息服务生态链由核心节点及其上下游节点构成。信息生态链的核心节点主要负责信息资源组织与传递，承担图书馆学科服务部、技术部和编目部的部分业务职能。核心节点是连接信息主体、信息本体和信息环境协同作用的纽带。学科服务部成立于 2017 年，由之前的参考咨询部、信息技术部发展演变而成，承担数字资源试用开通、采购、宣传、使用评估、参考咨询、馆际互借、文献传递、读者培训等信息服务工作，依托引进的数据库资源开展学科竞争力分析、人才评价、领域前沿和学科交叉热点分析等知识服务工作，为学校学科建设、人才引进、决策支持提供参考。在文献传递服务方面，提供移动式实时文献传递和参考咨询服务，通过 QQ 群和微信群为用户传递文献信息。技术部前身为微机室，成立于 1989 年，负责图书馆自动化工作，2000 年更名为技术部，负责信息资源网络化服务体系设计与建构，并根据图书馆信息化发展需求进行信息组织与传递的技术升级与网络重构，为信息管理与服务提供基础保障。技术部还承担数字资源和特色数据建设、管理与维护工作。编目部于 1990 年开始进行馆藏书目数据库建设，1998 年开始进行中外文图书的回溯建库工作，2007 年建设随书光盘数据库，2009 年开展学科分馆的回溯建库工作，2010 年 H 大学图书馆馆藏信息资源共享平台正式开通，标志着文献资源全面实现整体化、数字化管理。

信息生态链的上游节点主要包括向图书馆提供数字资源内容、平台、技术和服务的上游机构、组织和个人。H 大学图书馆的数字资源主要包括引进数据库、自建数据库、文献传递资源和开放共享资源。截至 2020 年，图书馆累计引进中外文数据库 47 个，建立买卖合作关系的数据库服务商 20 余家，以国内数据库服务商为主。还有 20 余家数据库服务商与图书馆建立非买卖合作关系，提供数据库试用资源服务。自建数据库 4 个，各学科分馆和古籍部为自建数据库资源的主要提供单位。开放共享资源包含 NSTL 中心的 50 余个免费使用外文数据库和 CADAL 项目的 280 万册免费阅读电子图书。文献传递主要通过 CALIS、CASHL 和国家图书馆文献传递服务系统等组织机构和人工智能在线咨询服务系统开展，学科服务部馆员的人工传递服务也是文献传递的方式之一。

信息生态链的下游节点是指图书馆提供数字资源服务的对象——信息利用主体，主要包括本校师生读者和少数校外用户，在这个群体中，专职教师和研究生是下游节点的主要构成内容。截至 2021 年 7 月，学校共有在编教职工 2522 人，学生体量 32000 人。其中，教授 329 人，副教授 675 人；博士研究生 283 人，硕士研究生 5155 人。校外用户是指非本校师生读者的校外人员，通过浏览门户网站或文献传递平台，检索并利用图书馆自建数据库资源的用户。H 大学图书馆信息服务生态链结构模型如图 7-1 所示。

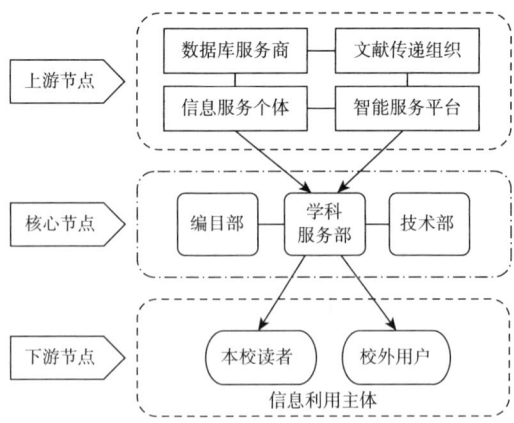

图 7-1　H 大学图书馆信息服务生态链结构模型

三 H大学图书馆信息生态框架体系模型

本书探讨了基于Zachman框架理念构建的图书馆信息生态框架体系模型，该模型用于描述图书馆信息生态的结构特征。将这种建模思想和方法应用于构建H大学图书馆信息生态框架体系模型，能够较为清晰地描述图书馆信息生态各构成要素的内部组织形式及信息生态系统目标和功能之间关系的逻辑结构，体现图书馆信息生态构成要素的综合逻辑结构特征，推动图书馆信息生态系统在不断变化的社会信息环境中实现平衡。

（一）H大学图书馆信息生态框架体系模型的系统架构

针对师范类院校的信息流动和知识组织需求，遵循本书所构建的整体建模思路，以内容框架体系的构成要素为基本单元，采用面向对象、面向行为、面向服务的系统架构设计方法，从横向与纵向两个维度描述H大学图书馆信息生态框架体系的整体架构。

在横向维度上，H大学图书馆信息生态框架体系模型6阶方阵的每一列分别为：①信息本体，即图书馆馆藏的各类型纸质资源和数字资源，引进的电子资源和文献传递获得的各类可供利用资源；②信息链体，即信息在用户、图书馆与联盟组织之间流转所形成的信息流动和转化的功能模型；③信息环体，即信息流转的虚拟网络环境与实体物理环境，以及相互之间的联通关系，具体包括图书馆网络环境、操作系统平台、软件功能及新一代硬件平台；④信息主体，即提供信息服务的图书馆员、图书馆联盟组织成员、学科服务团队，以及他们的信息行为和信息活动；⑤信息生命周期，即信息资源从因需求产生到应用结束失去其使用价值的时间范围，也就是信息在不同维度和不同组织层面的相对时间关系；⑥信息行为动机，即驱动信息流转活动的主体动机与本体动因，包括主体需求、本体适应、社会驱动，以及技术、规范、制度等方面的驱动与适应。

在纵向维度上，H大学图书馆信息生态框架体系模型的架构层次自上而下分别为：①管理目标层，规划H大学图书馆信息生态系统在功能、性能及成本等方面的整体要求，抽象描述图书馆在未来智慧空间、知识服务等方面的系统状况和业务范围；②数据业务层，对主体间信息流转、业务系统内部信息流转、各子系统间信息流转、联盟组织间信息流转、图书馆与社会系统之间的信息流转等信息活动进行定义，描述信息流转过程及其相互之间的关系；③信息系统层，依据师范类院校图书馆资源建设目标、信息环境发展趋势和知识服务需求，设计构建信息系统模型，建立通信接口、交换协议、标准认证、元数据标准等与国际标准规范相兼容的业务模型；④信息技术层，对应 H 大学图书馆已经具备的网络条件、数据库支持平台、软硬件环境、抗容灾技术等方面能力，设计能够满足兼容多种编程语言环境、外接硬件设备、一卡通多重接口、兼容插件等需要的技术模型；⑤信息应用层，依据业务系统中各子系统、多重资源整合及共享平台中功能和需求不同的信息节点间的信息传递特点及规律，设计符合信息流转与知识提炼需求的应用模块；⑥知识提炼层，依据师范类院校读者的信息需求与能力，从分散、多样的数据集中分析并获取信息，依靠图书馆管理软件服务商、学科服务部、数据库供应商、互联网集合、学术联合体和研究人员构成的图书馆信息生态主体集合，构建嵌入性知识服务模型。

通过横向焦点与纵向观点的交叉，根据 H 大学图书馆信息资源建设发展现状和信息生态构成要素特征，构建 H 大学图书馆信息生态框架体系模型，其横纵相交形成的单元格描述了图书馆信息生态构成要素的表现形式及其相互间关系，同时描述了业务流程、信息行为、信息生命周期等子模型的架构。H 大学图书馆信息生态框架体系模型的基本架构如图 7-2 所示，每个单元格均对应描述了图书馆信息生态构成要素在信息组织与信息行为活动各阶段的相互映射关系及其内在逻辑联系，为优化 H 大学图书馆在不同发展阶段的信息流转过程、提出信息生态平衡解决方案提供理论分析的基础模型。

在管理目标层，以学校发展战略为导向，以教师教育资源建设与服务为特色，对图书馆信息生态系统进行顶层规划和战略分析，分别对信息本体元数据结构、信息活动流程、宏观信息生态环境、信息主体类型、信息链时间序列、信息主体行为动机等六方面内容进行描述与定义；在数据业务层，以建模形式呈现图书馆信息生态系统构成要素的运行机理，分别对信息属性规则关系、信息链特征、信息流转与信息环境作用关系、信息主体的组织层次模型、信息流转进度模型、信息行为任务规划等进

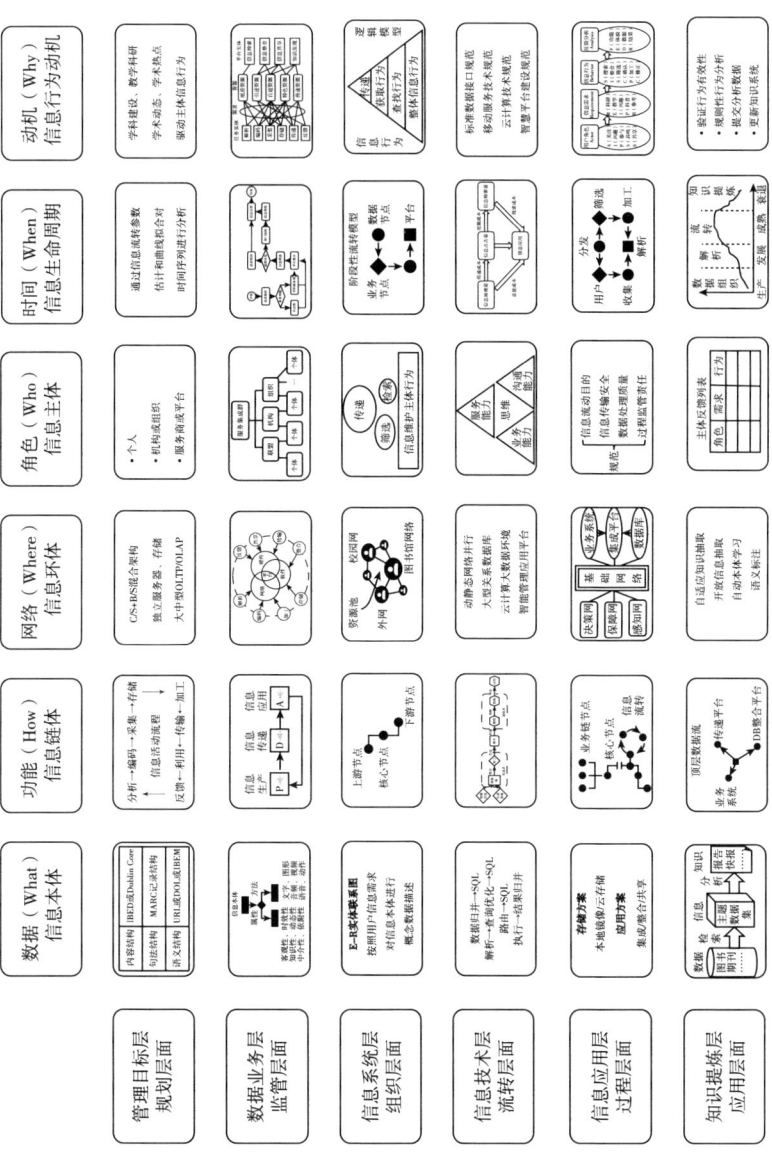

图7-2　H大学图书馆信息生态框架体系模型的基本架构

行描述；在信息系统层，用数据模型描述图书馆信息生态构成要素，分别对信息本体的标准化定义模型、信息生态链流转机制模型、网络间信息整合模型、信息维护主体行为模型、信息生命周期阶段性数据流转模型、信息组织行为逻辑模型等进行刻画；在信息技术层，对图书馆实施信息服务的技术平台和方案进行描述，分别对各类型信息的归并处理方式、信息流转结构模型、技术方案运行环境、信息主体生产能力、信息流转速度及成本、信息活动技术规范等进行描述；在信息应用层，对信息链节点的任务分工进行描述，分别对信息存储应用方案、信息链连接方式、信息环体网络架构、信息服务主体行为规范、信息流转时间及周期、信息行为描述建模等进行定义；在知识提炼层，对信息挖掘与知识组织等信息活动进行解析，分别对知识转化过程、数据流可执行程序、知识提炼技术与方法、信息利用主体评价反馈、信息生命周期调整计划、信息集成与知识凝练的信息行为等进行解析与描述。

（二）H 大学图书馆信息生态框架体系子模型解析

上述 H 大学图书馆信息生态框架体系模型的基本架构中，因单元格空间篇幅所限，部分模型显示不甚清晰，现将需要解释并呈现的部分子模型描述如下。

在数据业务层，主要以建模形式描述图书馆信息生态系统构成要素的运行机理。第二行第一列对 H 大学图书馆参与信息流转活动的信息本体属性规则关系进行描述，其子模型如图 7-3 所示；第二行第三列对 H 大学图书馆信息传递活动中，信息流转与信息环境之间的相互作用关系进行描述，旨在呈现信息环体的作用机制，具体架构如图 7-4 所示；第二行第四列对信息主体的组织层次结构进行建模描述，用于呈现信息服务主体的构成关系与结构层次，如图 7-5 所示；第二行第五列对信息流转进度进行建模描述，旨在呈现 H 大学图书馆信息服务与信息流转业务进度表，子模型如图 7-6 所示；第二行第六列对信息行为任务规划进行建模描述，主要呈现参与图书馆信息活动的资源与平台的任务计划，子模型如图 7-7 所示。

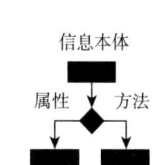

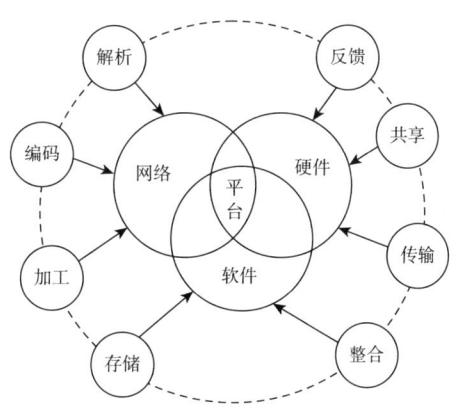

图 7-3 信息本体属性规则关系　　　**图 7-4 信息流转与信息环境之间的相互关系**

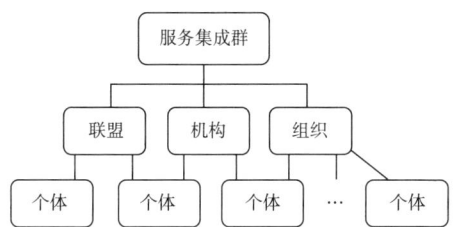

图 7-5 信息主体的组织层次结构模型

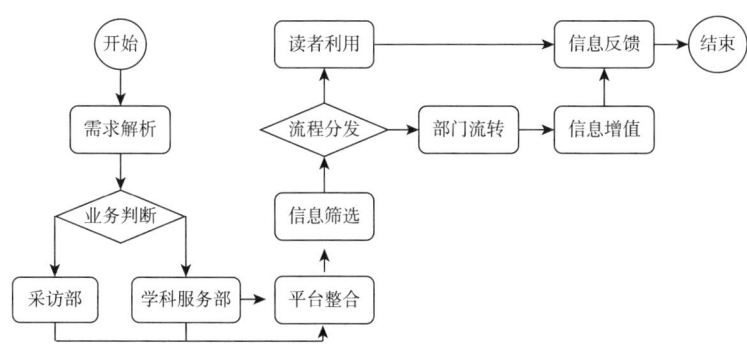

图 7-6 信息流转进度模型

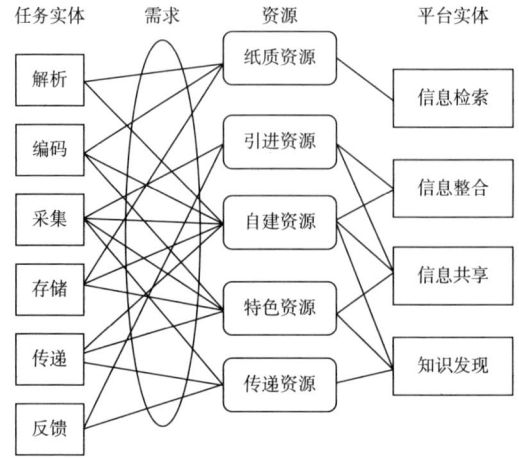

图 7-7　资源与平台的任务计划模型

在信息技术层，主要对 H 大学图书馆实施信息服务的技术平台和方案进行描述。第四行第一列对馆藏数据资源、引进数据资源、自建数据资源、特色信息资源等各类型信息资源的归并处理方式进行建模描述，具体如图 7-8 所示；第四行第二列对馆藏信息、引进资源两类最重要的信息资源的信息流转结构模型进行描述，重点刻画信息资源协同管理与信息链流转关系结构图，模型如图 7-9 所示；第四行第五列对图书馆信息流转周期的控制流程图进行描述，具体阐释信息流转速度与成本的关系模型，如图 7-10 所示。

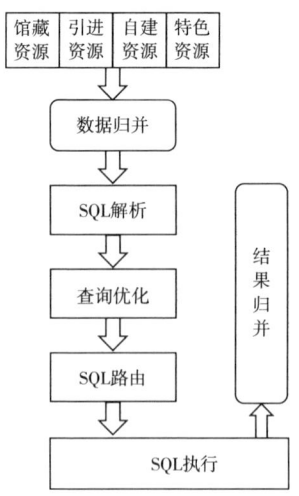

图 7-8　信息资源归并处理模型

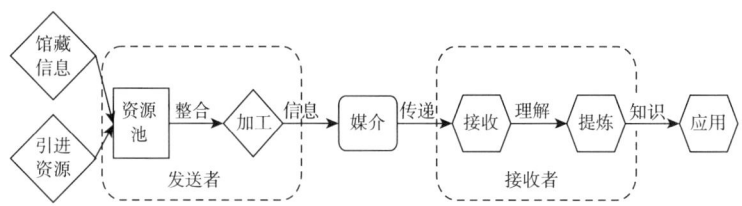

图 7-9 信息流转结构模型

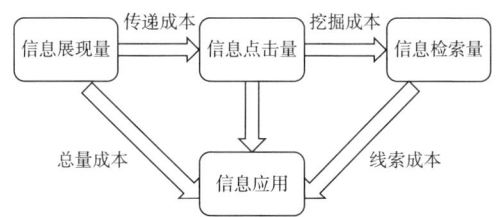

图 7-10 信息流转速度与成本的关系模型

在信息应用层，主要对信息链各节点在应用层面的具体任务分工进行描述。第五行第六列对信息应用行为加以刻画，重点针对信息利用主体的信息应用行为进行建模描述，具体如图 7-11 所示。

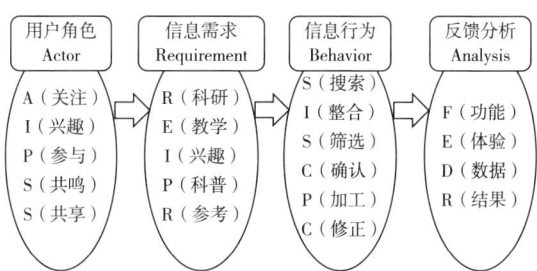

图 7-11 信息应用行为模型

在知识提炼层，主要对知识提炼与知识增值等信息活动进行解析。第六行第二列对数据流可执行程序进行描述，旨在刻画知识提炼层面的信息流转关系与信息链节点特征，具体如图 7-12 所示。

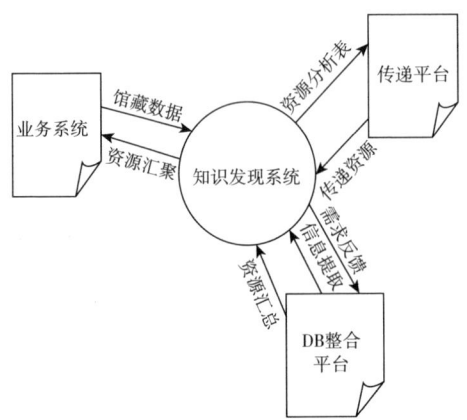

图 7-12   顶层数据流模型

四   H 大学图书馆信息生态状况分析

根据 H 大学图书馆信息生态框架体系模型的基本架构解析，能够基本了解该图书馆的信息生态构成情况，本书结合第五章所提出的"维持图书馆信息生态系统平衡的相关测度指标"，充分考虑 H 大学图书馆信息生态框架体系模型的系统结构特征和信息生态系统运行客观规律，从 H 大学图书馆信息生态内容框架的基本构成要素视角加以分析，重点基于 H 大学图书馆信息生态框架体系模型横向维度的结构特征进行考察，综合考量图书馆信息生态发展轨迹与信息流转的阶段性特征，总结 H 大学图书馆信息生态结构状况与发展趋势，旨在构建一套适应该校图书馆信息生态发展动态变化的信息生态平衡策略。

（一）信息本体维度的信息生态状况

在信息本体维度，H 大学图书馆因 H 大学师范类院校的特点，信息资源种类较丰富，包括电子图书、期刊、报纸、古籍文献、特色资源、多媒体资源、电子课件及其他类型电子资源；资源内容的学科门类较齐全，涵盖人文社科、自然科学、艺术、医药卫生等多学科；资源的来源多样，包括馆藏资源、引进数据库、自建数据库、文献传递资源等多种来源。截至 2020 年底，图书馆购买数据库 60 余个，馆藏电子图书 155 万册、电子期刊 3.9 万种、多媒体资源 1.7 万小时、学位论文 462 万篇。

从 H 大学图书馆信息生态框架体系模型的基本架构来看，信息本体在信息组织与信息行为活动各阶段的逻辑结构合理，内在组织关系脉络清晰，从规划、监管层面的元数据结构与属性规则关系，到组织、流转层面的标准化定义和归并处理方式，再到过程、应用层面的方案定义与知识提炼描述，信息本体在不同描述视角呈现结构特征。

（二）信息生态链运行情况

在信息链维度，H 大学图书馆信息生态链流转方式分为业务管理系统信息流转、引进数据库信息流转、自建特色数据库信息流转和文献传递信息流转等四种类型。图书馆管理目标层面的信息流转包括数据分析、编码、采集、存储、加工、传输、利用、反馈等全流程，能够满足馆藏数据资源管理与自建数据资源的建设发展需求。数据业务层面的信息链结构体现了四种类型信息生态链流转方式的主要流转节点和流转关系，反映出这四种流转方式之间的关联关系与逻辑联系。信息系统层面对 H 大学图书馆信息生态链结构模型进行描述，根据图书馆在资源建设、业务管理与服务体系等方面的发展特征，构建信息生态链结构模型，符合高校图书馆信息链流转的一般规律。信息技术层面的结构模型对图书馆构建信息服务技术平台主要依赖的资源载体——馆藏信息与引进资源，进行资源整合的信息链流转模型表述，直观体现出图书馆系统内部各信息链节点之间的协同合作关系。信息应用层面对图书馆信息链节点的任务分工进行描述，该图书馆业务链节点呈现多级分工的层级结构，其他来源数据则共同围绕信息服务的核心节点形成信息流转的链状结构。知识提炼层面的结构模型描述了图书馆在多源数据整合层面的数据流结构，主要依赖对馆藏资源、引进数据库资源和自建特色数据库资源的整合，结合文献传递平台，进行数据挖掘与分析、知识提炼，从而实现信息链到知识链的升华。

（三）信息环境发展状况

在信息环体维度，H 大学图书馆拥有现代化基础设施、网络环境和软硬件条件，为实现网络信息集成、信息共享、科学管理和智慧服务提供环境保障。图书馆配备的专业主机房，是整个图书馆信息流转网络的核心节点。主机房面积为 120 平方米，分区模块化设计配置独立的配电、制冷、消防系统，配有核心交换机 1 台、汇聚交换机 10 台、上网行为管理机 1 台、防火墙 1 台、2U 机架式服务器 7 台、70T 容量的磁盘阵列 1 台。上述硬件基础设施拥有较大的数据交换容量与较高的转发性能，能为云计算、大数据环境提供新一代硬件平台，从而能较好地满足图书馆大中型数据库 OLTP/OLAP、虚拟化、文件共享等各种应用的数据存储、容灾等需求。图书馆通过校园网实现对外网络通信，光纤千兆到桌面，实体网络与虚拟网络相结合，静态网络与动态网络相补充，为智能管理、移动服务和云平台建设提供网络环境。图书馆业务管理系统采用 C/S+B/S 混合架构网络体系结构，支持 SQL Server、Oracle、Informix 等大型关系数据库，支持自助借还接口、RFID 标准数据通信系统接口、数字化校园接口、门禁系统接口、一卡通系统接口、移动图书馆接口、CALIS 相关标准认证接口，为搭建智能化参考咨询服务平台、特色库云平台、多终端移动平台和知识服务平台提供安全的存储操作系统与丰富的软件功能保障。H 大学图书馆信息生态环境呈现物理空间、虚拟空间、共享空间和感知空间交互一体的多维智慧空间结构，适应智慧图书馆的发展趋势。

（四）信息主体结构特征

在信息主体维度上，H 大学图书馆信息服务主体由提供信息服务的学科服务部团队、相关图书馆员、数据库服务商、图书馆联盟组织成员构成，其组织管理形式呈树形结构。信息主体的服务方式分为主动推介、需求应答和嵌入式服务三种类型。学科服务部团队通过现场培训交流、视频宣传、超星学习通 App、慕课等多种形式开展综合性入馆教育，以世界读书日、新生入学、毕业生离校等重大活动为契机开展图书馆文献信息的宣传推广和资源利用推介活动，这些主动推介活动为点对点式的主体信息行为，具有单一的信息链结构特征。需求应答是信息服务主体按照信息利用主体的信息需求提供有针对性的信息服务，文献传递服务是需求应答的典型服务方式。2005 年，H 大学图书馆加入 CALIS、CASHL 和国家图书馆文献传递服务系统。2013 年以后，随着信息化网络化技术的发展，通过电子邮件或信息平台传递等方式为师生提供的电子期刊、图书等信息资源数量逐年提升。2017 年以后，实现了移动式实时文献传递和数字参考咨询服务，通过 QQ 群和微信群为师生每年传递文献数千篇。2020 年新冠肺炎疫情防控期间，为师生传递文献 2 万余篇。信息主体的需求应答信息活动是一对多式的主体信息行为，即信息利用主体的信息需求节点对应学科馆员、数据库服务商、图书馆联盟组织成员馆、文献传递与信息服务平台等多个节点的信息响应，呈现辐射型信息链结构特征。嵌入式服务是信息服务主体与信息利用主体深度融合、相互渗透的信息活动，将信息服务嵌入学科建设与学校发展中，融入用户学习与校园文化建设中。2017 年，学科服务部搭建智能化参考咨询服务平台，开展嵌入式参考咨询，共嵌入研究生管理和学习群 4 个，服务近千人。2018 年，图书馆将超星移动服务和各类数据库嵌入校园学习通平台，同时将馆藏借阅查询、特色资源服务、图书馆资讯浏览等内嵌于移动图书馆，为用户提供方便快捷的移动学习服务。嵌入式服务为多对多式的主体信息行为，即多学科、多主体的信息需求节点对应多种来源渠道的信息内容与需求应对方案，其知识提炼的拓展节点更加丰富，呈现扩散型信息链结构特征。

（五）不同信息生态链流转方式的信息流转周期概况

在信息生命周期维度上，H 大学图书馆信息流转过程与信息生态链流转方式密切相关。按信息资源流转特征不同，该图书馆信息生态链流转方式分为四种类型：业务管理系统信息流转、引进数据库信息流转、自建特色数据库信息流转和文献传递信息流转。根据信息流转结构模型可知，不同信息生态链流转方式与不同组织层次信息的生命周期有较大不同。业务管理系统主要实现对馆藏数据资源的管理，信息流转过程中的节点包括数据编码、采集、存储、加工、整合、共享、传输、利用、反馈等，业务链节点呈现多级分工的层级结构，信息链节点较多，信息流转周期较长。引进数据库包含正式购买数据库和试用数据库两部分，而正式购买数据库又包含网络版和镜像版两种类型。不同种类数据库的信息生态链节点数量与特征各不相同。网络版数据库信息流转过程中的节点主要包括信息检索、浏览、下载、应用、反馈、增值等；镜像版数据库信息流转过程中的节点主要包括信息存储、发布、检索、浏览、下载、应用、反馈、增值等；试用数据库信息流转过程中的节点主要包括信息检索、浏览、下载、应用、反馈等。网络版和镜像版数据库的信息生命周期较长，试用数据库的信息生命周期较短。自建特色数据库要进行前期调研、建设定位、标准确定，然后有针对性地进行资源搜集、组织、处理与整合，最后进行数据采集、加工、入库、发布及应用，信息链节点多，信息流转周期长。文献传递是依托 CALIS、CASHL 等平台从其他成员馆获取本馆没有的信息资源，或向他们提供本馆特有信息资源的信息流转方式。在信息应用反馈流程之前，信息传入流转过程包含检索、筛选、提交申请、应答、传递、获取等；信息传出流转过程包含接收申请、应答、筛选、组织、传递等。文献传递信息生态链节点增多，受文献传递平台功能和业务流程所限，信息流转周期更长。

（六）信息流转效率状况

信息行为动机及信息行为规律与信息流转效率密切相关。信息行为动机明确，结果达到预期，能够有效促进信息流转效率提升；反之，信息流转高效，也能够体现信息行为活动的计划性与科学性。图书馆信息流转效率主要体现在信息流转速度、信息流转质量及信息流转成本三个方面。[①] H 大学图书馆网络信息环境的升级更新为信息资源的快速流转提供了有力保障。2017 年，图书馆配合校园无线网络工程，对网络系统进行重新布局。全馆安装 160 余个无线 AP，实现了无线网络全馆覆盖。机房配备三层核心 S7712G 交换机和 2U 机架式服务器，实现了光纤千兆到桌面，提高了网络吞吐量与设备容载量。新型网络环境使用户可以在任何地方通过智能手机、平板电脑等移动终端访问图书馆信息资源。无线网络以其布设灵活、可移动性强、网络扩展性能高等优势突破有线网络节点的限制，增加了图书馆信息流转的网络信息节点数量，配合高性能网络设备与高速网络通道，极大地提升了图书馆信息流转速度。图书馆信息资源流转质量可以通过数据库利用情况加以反映。H 大学图书馆 2020 年数字资源使用情况的报告显示，该图书馆中文数据库访问量远远高于外文数据库访问量。在中文数据库中，与高校师生科研、教学密切相关的数据库资源与教师用户的信息需求吻合度较高，访问量及下载量都很高。其中，年访问量最高的为中国知网，检索量高达 3184 万余次，下载量达 98 万次。考试学习类数据库资源与学生用户的信息需求吻合

---

①　娄策群等：《网络信息生态链运行机制与优化方略》，科学出版社，2019，第 236～237 页。

度较高，比较有代表性的是考试学习资源数据库，访问量为 14 万余次，下载量为 12 万余次；学习类数据库访问量排名第二的是专业课学习数据库，访问量为 9 万余次，下载量为 8 万余次。与学校特色学科相关的艺术类数据库中，访问量最高的是数字音乐图书馆，访问量为 11 万余次，浏览量为 80 万余次。可见，不同类型数据库的利用情况有一定差别。访问量和下载量越高的数据库资源，内容质量越好、需求量越大，相应的信息流转质量也较高。总体而言，H 大学图书馆中文信息资源流转质量较高，大部分数据库能够得到较好的利用。图书馆数据库使用成本能够反映信息资源流转成本，也能直接反映信息资源利用效益。H 大学图书馆中国知网的使用按下载和浏览次数统计共 1643594 次，使用成本为 0.471 元/次；同种方法计算的考试学习资源数据库使用成本为 0.477 元/次；专业课学习数据库使用成本为 0.539 元/次；数字音乐图书馆使用成本为 0.065 元/次。相对于各数据库自身的总成本而言，数据库的利用率与使用成本基本成反比，利用率越高，其使用成本越低。H 大学图书馆信息流转速度、信息流转质量及信息流转成本情况体现了图书馆的信息活动状况，间接反映出用户的信息行为动机及信息行为规律。

五 H 大学图书馆信息生态平衡状况及存在问题

本书提出了一套包括 4 个一级指标、16 个二级指标、39 个三级指标的图书馆信息生态系统平衡测度指标体系。一级指标从系统结构合理度、系统功能良好度、系统运行稳定度和系统反馈高效度四个方面进行构建，每个一级指标又以其内容、结构、关系、流程等为依据构建二级指标，由二级指标再相应地派生出三级指标，最终构建出具有层级关系的图书馆信息生态系统平衡测度指标体系（见第五章中表 5-2）。参考测度指标体系中的相关标准，对 H 大学图书馆信息生态平衡状况进行分析。

（一）H 大学图书馆信息生态平衡状况

1. H 大学图书馆信息生态系统结构合理度

H 大学图书馆信息生态系统结构合理度主要从图书馆信息主体合理度、信息本体利用度、信息环体兼容度、信息介体适应度、信息链体协调度和信息控体规范度等六个方面加以分析。根据 H 大学图书馆信息生态结构状况分析得到以下几个结论。

第一，信息服务主体组织管理呈树形结构，层次清晰，结构合理。信息利用主体主要为本校用户群体，个体用户较多，科研团队或学习协作组织较少，结构较为单一，缺少信息交流与知识碰撞的主体节点。

第二，信息服务本体资源种类丰富，学科门类齐全。信息利用本体在信息组织各阶段的逻辑结构合理，内在组织关系脉络较清晰。

第三，信息物理环境拥有较大的数据交换容量与较高的转发性能，具有混合架构网络体系结构，能够为多种应用提供兼容接口，具备一定的数据存储、容灾和系统兼容等性能。在智慧社会建设背景下，图书馆更加注重智慧化建设，智能设备、知识发现平台、智慧服务系统等多种类型软硬件资源的引进必不可少。但是，学校对图书馆的经费投入20年没有变化，在每年数据库价格均有涨幅、纸质资源价格提升、信息技术日新月异等多重挑战下，图书馆对信息社会环境的适应相对一般。图书馆进行过四次规章制度修订，在馆藏资源建设、信息资源组织管理、硬件设施维护等方面都有与国家标准规范相一致的规章制度及管理规范。图书馆细化服务体系，厘清工作流程和工作规范，明确管理模式和服务标准，为信息资源有序流转提供制度保障。

第四，图书馆在信息资源组织管理中，引入大型数据库技术、云计算技术、空间技术等多种现代信息技术手段，移动图书馆、知识发现平台、智慧服务系统、云课堂等应用是信息技术方法优化的重要体现。信息在个体与组织间的传递交流方式仍然以网站平台应用为主，辅以移动服务和文献传递，在知识发现与主动推介方面相对欠缺。信息在主体间的单向传递路径较为畅通，信息双向传递路径则受技术平台和业务流程的限制。此外，信息下行传递平台建设越来越规范，利用效率较高，利用效果较好，信息平行传递也逐步受到重视，但信息上行传递仍未积极开展，存在"多索取少付出"的情况。

第五，图书馆信息生态链结构因信息流转方式不同而不同，不同种类数据库的信息生态链节点数量与特征各不相同，自建特色数据库的信息链节点最多，结构相对复杂；引进和试用数据库的信息生态链结构稳定，节点间具有较为固定的流转关系；文献传递信息生态链的动态性特征明显，节点间关系变动比较清晰且频繁。

第六，图书馆主动适应智慧化发展趋势，尊重主体对信息的感知与需求，实现无线网络全覆盖，引入自助借还系统、智慧服务平台等智能管理手段，以用户为中心开展信息服务工作，具有正确的信息价值观。但是，在学术资源推介与文献传递服务方面只针对教师和研究生群体，对于读者占比最大的本科生用户群体则仅限于入馆教育、资源介绍等常规性培训，对用户群体的主观分类与定性，限制了用户的信息存取权。

2. H 大学图书馆信息生态系统功能良好度

H 大学图书馆信息生态系统功能良好度主要从信息流转速率、信息生态链效能、信息利用率和知识转化率等四方面进行分析。根据 H 大学图书馆信息生态框架体系模型的基本架构及其结构状况分析得到以下几个结论。

第一，图书馆现代化的网络信息环境为信息流转提供有力保障，高性能的网络交换设备、安全的网络通道、多终端的资源访问方式及多渠道的信息流转路径极大地提升了图书馆信息流转速率。信息主客体之间的信息流转主要依赖引进数据库和文献传递与信息共享平台的支持，在技术和架构上都相对成熟的信息资源管理系统平台保障了信息主客体之间较高速且顺畅的信息流转。信息主体之间的信息流转方式则以邮件传递、微信或 QQ 交流、平台预约或留言等方式为主，主体之间的信息交流方式无法完全保证实时响应，在信息筛选、知识提炼与主动推送等方面也存在局限，因而限制了信息主体之间的信息流转速率。

第二，H 大学图书馆中文数据库访问量远远高于外文数据库访问量，学术资源访问量高于考试学习类专业数据库访问量，电脑端资源访问量高于移动端资源访问量，但移动端资源访问量呈快速上升趋势。图书馆中文信息资源流转质量较高，大部分数据库能够得到较好的利用。对于中文数据库，访问量和下载量较高的数据库资源内容质量好、需求量大，相应的信息流转质量也较高。中文数据库利用率越高，其使用成本越低，信息流转成本也越低。根据图书馆信息流转进度模型可知，信息增值与信息筛选及流程分发结果密切相关，读者自主进行的数据库检索、文献下载等信息活动的信息链节点数量少，产生信息增值的概率较小，而通过文献传递、馆际互借、计量分析等多部门流转的信息活动的信息链节点数量多，信息增值概率大。信息生态链流转方式分为业务管理系统信息流转、引进数据库信息流转、自建特色数据库信息流转和文献传递信息流转等四种类型，数据业务层面的信息链结构体现了四种类型信息生态链流转方式的主要流转节点和流转关系。该图书馆各种类型信息生态链节点之间具有协同合作关系，业务链节点呈多级分工的层级结构，而其他来源数据则共同围绕信息服务的核心节点形成信息流转的链状结构。

第三，在信息利用率方面，以中国知网为代表的高访问量中文数据库，使用成本较低，资源利用效益较高，与之相比，其他数据库的资源利用效益则偏低。可见，该图书馆信息本体的利用率呈现不均衡态势。

第四，H 大学图书馆知识服务主要依赖引进数据库的知识发现系统，知识提炼内容局限于各数据库具有版权使用协议的数据资源，对于本馆的特色资源和自建资源则无法有效整合，也无法参与基于内容的数据挖掘与知识提炼。受技术水平和人员能力所限，图书馆尚未自主研发资源整合与知识发现系统，知识提炼的准确性不高，可利用性也存在一定的局限，其知识增值的作用与价值有待提升。

3. H 大学图书馆信息生态系统运行稳定度

H 大学图书馆信息生态系统运行稳定度主要从系统适应性、系统稳定性和系统自组织性等三方面进行分析。根据 H 大学图书馆信息生态框架体系模型的基本架构及其结构状况分析得到以下几个结论。

第一，图书馆拥有满足大中型数据库 OLTP/OLAP、虚拟化、资源共享等各种应用的存储操作系统及软硬件平台，不但能够适应业务管理系统的应用环境及软硬件升级，而且能够满足自助服务系统和移动服务系统的功能需求与多种硬件接口的兼容性需要，在图书馆信息生态系统内部表现出较强的适应性。图书馆的基础设施、网络条件和物理空间状况相对良好，但是，受校园网络整体规划所限，图书馆部分网络端口的安全设置与信息服务系统不适配。如因网络端口的设置，移动图书馆与业务管理系统无法进行接口对接，导致移动图书馆中的馆藏查询和读者服务等应用模块使用受限。此外，受经费所限，图书馆网络及自动化设备更新升级较慢，最近一次硬件更新是 2017 年的主机房改造，距今已经四年有余。据了解，该图书馆三年内暂无网络、服务器等设备大规模更新升级的计划，网络交换设备及其功能配置等方面的技术局限在很大程度上影响了信息流动空间、场景的转换与社会信息环境变化和要求的适应性，导致图书馆信息生态系统与外部系统之间的适应性不强。

第二，图书馆主网络通道硬件设备性能良好，能够保障引进数据库资源、文献传递平台及知识服务系统的稳定运行。图书馆业务管理系统依赖本地服务器的应用功能设置，受服务器更新升级等多重因素影响，业务管理系统的稳定性相对一般，特别是在总分馆制的业务管理和对外接口服务方面，有时会出现数据丢包或服务中断等现象，这说明信息生态系统整体的稳定性还存在一定问题。图书馆配备上网行为管理机与硬件防火墙，支持基于用户、应用、时间对象的流量管控和策略设置，可有效防御各种病毒与网络攻击，同时配备机房专用恒温恒湿系统、模块化在线式双变换不间断电源和自动灭火系统、异常事件智能报警系统，有效提高了信息流转与管理系统运行的抗干扰能力。在信息流转过程中，引进数据库与自建特色数据库相互配合，文献传递系统作为有效补充，信息生态链节点功能清晰，保障了信息流转的有序进行。

第三，图书馆信息网络吞吐量与设备容载量在一定程度上能够适应信息技术发展要求，无线网络与智能设备的及时更新升级，保障了图书馆的移动服务平台、智慧服务系统与知识服务功能协同运行，软硬件系统的高兼容性与可扩展性，提高了图书馆信息生态系统的协调能力。H大学图书馆具有物理空间、虚拟空间、共享空间和感知空间交互一体的多维智慧空间构建理念，并已初步搭建起多维智慧服务体系，使图书馆信息生态系统在信息组织、知识提炼与创新学习等方面具有一定的演化能力。图书馆采用C/S+B/S混合架构网络体系结构，具备数据存储、定期备份及容灾等功能，信息生态系统具有一定程度与一定范围内的恢复能力。

4. H 大学图书馆信息生态系统反馈高效度

H 大学图书馆信息生态系统反馈高效度主要从系统评估能力、系统反馈能力和系统优化能力等三方面进行分析。根据 H 大学图书馆信息生态框架体系模型的基本架构及其结构状况分析得到以下几个结论。

第一，图书馆的引进数据库资源中，只有中国知网具有用户后台统计功能，图书馆可以实时进行资源利用情况分析、系统运行情况统计等操作，以此掌握数据库系统的信息生态平衡状况。但即使是这种统计分析，也是基于 COUNTER 报告统计数据，针对统计数据规范进行人工分析。其他数据库资源需要通过服务商进行使用情况统计，由学科服务部定期对信息资源利用情况进行分析，并发布分析评估报告，为信息资源组织管理与应用提供参考。图书馆自建数据库与业务管理系统的运行状况可以通过对本馆服务器数据的采集加以分析，实时调整资源组织情况与系统结构。目前，图书馆信息资源的整体利用情况只能通过对各种类型资源使用情况的数据进行人工整合，并加以分析评估。评估过程中的定性成分较多，导致评估结果存在一定的主观性。对信息生态系统整体结构及运行状况的评估没有形成针对本馆具体情况的评估体系，也没有科学的评估方法或行之有效的评估模式加以指导，系统整体的评估能力有待提升。

第二，图书馆的信息流转反馈情况主要表现为主体之间的信息反馈，信息服务主体信息输入端至输出端的反馈通过数据库系统的访问利用情况及信息利用主体的主观筛选与应用状况加以描述，反馈结果时效性低，反馈效果评价存在一定的主观性。信息输出端至输入端的反馈则通过网络通信工具、平台留言、电子邮件等途径实现，受众群体有限，反馈实时性较差。信息利用主体的信息应用活动是主体内在信息选择与应用的过程，信息在输入端与输出端的流转情况可以通过数据采集与分析技术加以描述，并对用户的信息行为进行分析。但若非信息利用主体有意愿参与这一信息活动，支持大量信息行为数据的搜集与集成，那么对于这一阶段的信息流转情况分析几乎不能实现。H 大学图书馆关于信息利用主体的信息行为分析尚未形成比较系统的模式与机制，无法满足端口间信息流转情况的实时反馈需求。

第三，图书馆信息业务管理系统采用 C/S+B/S 混合架构网络体系结构，这种异构体系结构能够保证数据库的安全与交互，数据查询和修改的响应速度较快，自建数据库平台和内部数据整合等的用户交互性较强。因此，以业务管理系统为核心的自建特色数据库平台、信息整合平台等内部信息生态系统的结构有序性强，系统组织协调性也相对较好。与之相对应，混合软件体系结构具有与外部系统平台的动态交互性差的特点，在进行外部用户修改和维护数据时，速度较慢、程序烦琐，因而，图书馆业务管理系统、自建特色数据库等内部系统与引进数据库、文献传递平台等外部数据库系统之间的协同与交互性较差，导致数据挖掘与知识发现系统无法有序运行，系统整体组织协调能力不强。

（二）H 大学图书馆信息生态系统存在的问题

根据对 H 大学图书馆信息生态平衡状况的分析可知，H 大学图书馆信息生态系统在以平衡测度指标体系为依据的分析中存在一定的问题。

第一，信息主体结构较为单一，信息技术水平与知识提炼能力较低。

H 大学图书馆信息服务主体以学科服务部为核心节点，包括学科馆员、数据库服务商、图书馆联盟组织、文献传递服务机构等服务主体。各数据库服务商、文献传递服务机构等外部服务机构都需要通过学科服务部与本校用户进行信息交流与文献传递。学科服务部负责资源维护与推广的馆员有 3 人，负责情报分析服务的馆员有 2 人，负责文献传递的馆员仅有 1 人。技术部是信息技术维护与多重应用集成的保障力量，图书馆负责软硬件维护的技术人员仅有 2 人。信息资源建设、管理与服务是智慧图书馆知识服务的重点之一，但其相关职能分散于多个业务部门，业务流程、规范及人员之间的协作不便。受信息服务主体数量和素质状况所限，目前图书馆信息服务主要依赖外部组织所提供的信息查询、文献传递、实时咨询、资源培训等，本馆缺少信息资源组织与管理的核心团队，不利于信息资源建设的统筹规划，也无法高效开展信息资源整合与深度挖掘工作。因而，图书馆信息服务主体虽然呈现较清晰的组织结构层次，但具体开展信息服务的主体结构不合理，信息技术水平与知识提炼能力较低，过分依赖委托服务与外部合作，限制了对本馆资源的整合与利用。此外，信息利用主体结构单一，缺少信息交流与知识碰撞的主体节点，限制了主体对知识提炼主观能动性的发挥。

第二，信息本体节点组合方式不合理，限制本体的利用效率提升。

H 大学图书馆在信息资源建设方面，无论是自建信息资源，还是引进信息资源，外文信息资源都呈现所占比重小、种类少、利用率低的特点。与图书馆建立正式合作关系的中文数据库服务机构较多，还有很多外文信息资源是通过国内的文献传递平台进行获取。产生这样的局面，一方面是因为学科发展特征导致用户对中文信息资源的需求量相对更大，另一方面则是由于经费不足。这两方面原因致使图书馆信息本体生态链节点属性单一、结构简单，核心节点与上游节点的组合方式不合理，信息资源建设不够全面和完善。随着学校"双一流"建设的加快，各学科学术探讨与科研合作更加重视国际化，教师在教学与科学研究中越来需要获得大量的、高质量的、即时性强的外文信息资源，学生在学习过程中也逐步重视外文书刊与文献信息的参考辅助作用，特别是法语、德语、西班牙语、葡萄牙语等各类小语种信息资源的需求与日俱增。外文资源匮乏无法满足用户信息资源需求，资源结构单一导致信息本体节点组合方式更倾向于整体模式，一组相似的对象被当作单一对象进行处理，缺乏对不同特征的对象的把握，无法体现结构性模式的特点，限制了信息本体节点调用的自由和利用效率的提升。

第三，信息生态链流转层次简单，信息资源潜在价值挖掘不够。

H 大学图书馆的信息生态链流转主要包含三个层次。第一个层次是单条信息链与单个主体之间的信息流转，即单条信息在教师或学生独立个体内部的信息流转过程。信息主体与信息元初步接触，根据自己的教学、科研或学习等信息活动要求，进行主观反映并认知信息价值，得出其是否有利的结论。对于有利的信息资源，主体将从自身信息需求出发，对信息元进行内容或形式上的适当加工，挖掘其潜藏于内部的信息价值，以便于进一步利用。第二个层次是多条信息链与单个主体之间的信息流转，即引进数据库、自建特色数据库、文献传递等多方面来源的信息资源在用户个体内部的信息流转过程。这一层次增加了信息资源整合与筛选的信息链节点，信息内容进行适当组合调整后，参与信息分配或交换。图书馆在这方面的参与较少，用户个体对多条信息链的整合信息进行理解、消化和吸收，在完善自身的同时使信息体现其社会价值。第三个层次是多条信息链与多个主体之间的信息流转，即多来源信息资源在多个主体之间的流转形成了不同的流转轨迹，它们之间存在平行、融合、交叉等关系。在平行关系下，多条信息链流转轨迹之间互相不影响，各自实现自身价值，产生的价值增值较低。在融合关系中，多条信息链在某一流转环节相互配合、关联，形成新的信息集合继续流转，共同实现信息价值，融合后的信息增值相对较大。在交叉关系中，各类信息资源之间相互影响与作用、不同主体之间相互影响与作用、各类信息资源在流转过程中与不同主体相互影响与作用，形成了复杂的网络关系，经过这一过程中的整合、变换、转化，信息的价值增大。这三个层次的信息生态链节点结构与流转过程都比较简单，主体对信息的选择缺少客观准则与评价标准，主体客体化过程存在很大不确定性，导致用户信息利用以简单应用为主，而信息潜在价值挖掘和信息增值的实现度很低。此外，各信息流转层次的信息生态链反馈等价信息能力较差，致使信息吸收率、内化率、产出率等主体内部信息流转效率评价缺失，更加不利于信息资源潜在价值的挖掘。

第四，图书馆与用户之间的交互缺乏专业性，部分信息资源流转性价比较低。

H大学图书馆与教师、学生等用户群体主要通过电话、邮件、微信群和QQ群等四种方式进行联系和沟通。电话和邮件受工作时间影响实时性较差，微信群和QQ群在个性化方面存在不足。图书馆与用户之间交互方式的局限性导致信息资源建设无法系统深入地考虑用户需求，信息资源利用也欠缺具有针对性且有效的宣传、培训与引导。虽然图书馆专门在各学院聘请图情教授参与采访工作，也开通读者荐购和专家荐购业务，同时开展学科馆员服务，这些业务的规划对信息资源建设与服务也起到了指导、咨询、评价及建议作用，但是在实践中，图情教授在采访中的深入程度不高、学科馆员服务范围和水平有限，图书馆与用户之间的交流深度与密度不够，导致嵌入式、个性化的信息资源服务效果不明显。图书馆虽然在门户网站设置"读者荐购"模块，为用户提供资源推荐和自动查询、查重等功能，但由于了解该功能的用户极少，且荐购平台稳定性受本地服务器和网络等方面的影响，"读者荐购"仍然以邮件沟通为主。很多用户都有一种固定的信息行为模式，一旦发现自己需要的信息资源无法在图书馆查询到，便会考虑通过在商业网站购买等其他途径获取，并不会想到通过图书馆渠道进行资源荐购。文献传递和信息咨询服务主要通过微信群和QQ群等通用通信软件实现，一些用户基于自身研究内容的隐私性不便在群中互动，单篇文献的人工传递也无法体现图书馆智能化服务的特征。产生这些现象的原因在于图书馆与用户之间缺少沟通，且沟通平台与渠道缺乏专业性与指导性，无法实现对图书馆信息化功能的有效引导。图书馆购买的多种类型数据库有各自特征和使用方法，对其宣传主要依靠数据库服务商的培训，没有基于本校学科发展特征与用户信息需求进行数据库使用的有针对性引导，更不能深入挖掘信息资源的潜在价值，致使很多数据库并未有效发挥其功能。此外，引进数据库内容存在一定的重复性，导致信息资源重复建设。用户分布差异过大，导致信息资源结构分布不合理。上述问题会致使信息流转过程中资源利用率低，单篇（次）价格高，进而使信息资源流转性价比较低。

第五，图书馆经费有限，无法满足用户信息需求与信息环境发展需要。

H 大学图书馆使用中国知网、读秀学术搜索、中科 VIPExam 考试学习资源数据库等中文学术资源与学习资源数据库的用户占比较大，使用 Wiley、Springer 等外文数据库的用户较少，使用超星学术视频、库客数字音乐图书馆等音视频资源的用户更少。可见，不同类型数据库资源的用户比例差异较大。科研与学习类中文数据库资源利用率较高，这在师范类高校图书馆中是一种较为普遍的现象。近年来，图书馆利用率最高的中国知网数据库在销售方案中效仿外文数据库，每年都会有 8%～10% 的价格涨幅，并且从原来的学术期刊库中又分割出学术辑刊库、法律法规库等多个专题库分包售卖；超星公司也分别推出电子图书网络版、读秀学术搜索、移动图书馆、电子图书借阅机、学习通等多种类型产品进行分类售卖，其中一部分电子图书是重复的，但数据库成本却大大增加。在各数据库商家都以各种名目提高售卖价格的社会环境中，图书馆经费却近 20 年没有增长，在纸质资源价格也不断提高、多类型信息服务呼唤网络及硬件设施升级的共同冲击下，图书馆在信息资源建设方面渐显捉襟见肘，无法满足用户日益多元化的信息需求。为了弥补资源内容的欠缺，图书馆推出文献传递服务，但由于传递方式和手段的限制，文献传递仅针对教师和研究生中的部分用户群体开展，这种信息服务虽然在某一方面满足了一部分用户的信息需求，但从长远角度分析，信息服务差异化是信息不公平问题产生的根源之一。

此外，用户对于所需信息的获取途径也呈现多样化特征，移动服务、云服务、智慧服务等对图书馆信息环境提出更高要求，很多应用接口需要配置在本地服务器上，绝大多数新型智能化服务模式需要与图书馆业务管理系统进行相互嵌入，部分应用程序之间还存在互不兼容的问题，图书馆在软硬件升级、网络安全等方面需要有阶段性的长期规划与投入，以满足多种信息服务应用模块的稳定运行。但是，H 大学图书馆在 2017 年的主机房改造之后，再未进行硬件及网络升级，由于经费有限，近几年内也并无网络、服务器等设备大规模更新升级的规划，网络交换设备及其功能配置等方面的技术局限在很大程度上影响了信息流动空间、场景的转换与社会信息环境变化和要求的适应性，导致图书馆信息生态系统与外部系统之间的适应性有所局限，无法满足信息环境发展与用户信息行为的适应性需求。

六 H 大学图书馆信息生态平衡优化策略

根据上述对 H 大学图书馆信息生态框架体系模型的基本架构解析可知，图书馆信息生态系统的系统结构合理度、系统功能良好度、系统运行稳定度和系统反馈高效度等信息生态平衡测度指标中，有一部分处于良好状态，但也有一部分存在一些问题，有较大的改进和提升空间。针对分析总结的相关问题，本书结合前文所探讨的图书馆信息生态演化博弈平衡策略的解决方案，构建适应该校图书馆信息生态发展动态变化的信息生态平衡优化策略。

（一）信息主体生态链同级节点的优化策略

本书构建了图书馆信息生态链同级节点的演化博弈模型，提出了信息服务生态链中信息主体生态链同级节点的优化策略。现结合 H 大学图书馆信息生态框架体系特点，针对其信息生态系统存在的问题，构建驱动信息主体协同竞争的优化策略。

图书馆信息生态链同级节点的演化博弈策略提出，在同级节点间协同竞争关系中，以对方的协同竞争方式选择同级节点的执行命令，是图书馆信息主体生态链同级节点的优化策略。因此，要优化 H 大学图书馆信息服务生态链策略，调整信息服务主体核心节点的结构，以学科服务部为主线成立信息服务联盟，加强信息资源建设、传递、利用、挖掘、维护等工作，不断增强信息服务主体的信息技术能力培训与信息利用主体的信息意识培养。一方面，合理调整核心节点的部门结构，成立以学科服务部为中心的信息服务联盟。在图书馆外部，集成数据库服务商、图书馆联盟等机构或组织，展开信息服务的横向关联；在图书馆内部，联合采访部、编目部、技术部、阅读推广部等读者服务相关部门，进行信息资源建设的纵向布局。信息服务联盟在学科服务部的统筹下，形成横纵交织的、综合的信息资源建设与服务中心，在信息资源流转全过程中发挥协同合作的积极作用。另一方面，在实际工作中，注重提高信息服务主体的信息技术应用能力，合理调整信息服务人力资源结构，加大力度引进计算机和信息技术相关专业人才。将信息技术相关专业人员配置在技术部和学科服务部，既可以提高信息技术运维能力和信息资源建设水平，又能够更好地指导用户有效利用信息资源。H 大学图书馆正在完善学科服务平台建设，教师教育信息服务平台已经上线，但相应的资源内容和平台功能还有待完善。学科服务平台是针对学科特点构建的数字化服务平台，是集成各学科特色资源，实现信息共享、资源整合、知识发现等多种功能交互，推动移动服务、云服务、智慧服务等多维服务方式协同合作的综合性信息服务平台。平台的建设与完善对学科馆员的学科背景及信息技术水平有较高要求，要求其能够协助技术部和数据库系统技术人员完善学科服务平台的建设，为信息利用主体提供有效利用平台的指导与帮助，并及时反馈平台运行情况和资源利用情况，驱动信息服务主体成为连接学科服务平台前端用户与后台系统运维及资源建设的桥梁和纽带。

在图书馆信息服务场景中，信息服务主体生态链同级节点的协同性表现为对馆藏特色资源、引进数据库和开放共享资源等资源内容的整合与共享，共同维护信息权利平等，以及馆藏查询、知识发现、文献传递等多种信息服务平台的协同合作。当某一业务子系统与其他子系统协同合作完成信息需求服务流程时，在遵守图书馆业务规则和业务标准的前提下，其他子系统之间也会展开单纯性协同，共同配合完成这一任务。例如，当学科馆员接收到一条信息查询指令时，其会同时向本馆业务平台、引进数据库、开放共享资源和文献传递平台发出协同合作请求，通过多维度信息服务主体的单纯性协同，获取相对完整的信息集合。在这一过程中，各子系统也作为信息服务主体积极维持协同合作关系，共同维护信息生产与传递的程序。信息服务主体生态链同级节点的竞争性表现为主体信息处理意识、能力、水平等的差别所导致的信息质量与信息利用效率差异。在信息服务主体挖掘、提炼并传递信息的过程中，当某一数据库服务商通过垄断信息资源、增加资源类型等方式获取更多的用户群时，其他同类型数据库服务商则会同时跟进，通过开通免费的文献互助与资源传递端口、降低用户信息资源获取成本等方式与之展开对抗性竞争，以维系信息服务生态链的总体平衡。信息利用主体生态链同级节点的协同竞争关系主要表现为，当两个用户同时急需某一方面的信息资源，且此信息资源获取的时效性与丰富详细程度直接关系到信息利用主体的切身利益时，其中一方采取"在提供信息需求方面协同，在获取、筛选并利用信息资源过程中竞争"的方式开展协同竞争，那么，另一方也会采取相同的协同竞争策略加以应对。

（二）信息服务生态链上下游节点的优化策略

H 大学图书馆信息生态链中具有上下游节点关系的生态链主要包括信息主体生态链和信息服务生态链。在单一的信息服务生态链中，信息生产主体、信息服务主体、信息利用主体中任意两节点之间都能够产生有效信息传递的上下游节点间的单纯性协同与对抗性竞争，这种协同竞争关系也体现于信息服务主体通过信息服务系统满足用户信息需求的过程中。图书馆信息服务系统主要包括业务管理系统、馆藏查询系统、自建数据库平台、信息资源整合平台、移动服务平台、空间管理系统和知识发现系统等多种类型及功能的子系统，这些子系统增加了信息服务系统的信息链节点数量，且子系统之间的互访问与互操作关系也形成了具有从属关系的信息生态链结构，在信息流转过程中产生了信息上下游节点间的相互作用与相互转化，为建立多种演化博弈模型提供了条件。平台系统、学科馆员与读者之间的协同性表现为三者通过业务管理系统、信息资源整合平台和知识发现系统所进行的信息传递与交互活动；平台系统与学科馆员之间的对抗性竞争源于学科馆员在提供信息服务的同时，履行着信息生产主体的部分职责进行知识挖掘，突破平台系统的局限，提取读者的信息需求与反馈信息，提供个性化信息服务；读者与学科馆员之间的对抗性竞争主要是有效信息的利用价值竞争；而平台系统与读者之间的对抗性竞争则主要是信息需求与反馈的竞争。

本书提出，图书馆信息生态链上下游节点的策略选择与协同合作的成本和收益有一定关系，其演化博弈策略为：如果上游节点和下游节点的协同合作收益与成本变化相一致，当二者的协同合作收益远远大于其协同合作成本时，节点会采取单纯性协同的策略；当上下游节点的协同合作收益远远小于其协同合作成本时，节点会采取对抗性竞争的策略；当上下游节点的协同合作收益与其协同合作成本相差不大时，节点则会采取既协同又竞争的策略。在现实情境中，H 大学图书馆根据学校学科发展需要和用户需求，加强信息资源共享平台建设，基于本馆自有信息资源和引进数据库资源，依托数据库服务商成熟的平台共享技术，采用自建与外包相结合的方式，有效链接开放共享资源、图书馆联盟组织提供的免费资源和各文献传递平台，完善信息资源共享平台系统。在系统建设过程中，为了防止自有资源与链接资源出现资源内容重复，图书馆需要通过技术手段对信息资源共享平台系统的开放端口进行规范。一方面，不开放具有相同资源内容与类型的信息资源访问端口，保障信息资源检索的快速与便捷，从时间生态位上减少信息活动的重复发生与信息内容的重复获取，降低信息资源的获取成本。另一方面，对于同一用户的同一类信息资源需求，根据资源类型、资源内容、获取渠道、成本等因素选择开放一个信息检索通道，从空间生态位上避免高成本或重复资源的出现，提高资源的存取效率。这样，尽量增大共享平台各子系统的协同合作收益与合作成本的差距，促使信息资源有效来源渠道与图书馆保持紧密的单纯性协同关系，提高信息资源共享平台系统的稳定性与协调性。

（三）信息服务生态链链间节点的优化策略

H 大学图书馆信息服务系统按照服务方式与类型的不同可划分为业务管理系统、信息资源整合与共享系统、文献传递系统、知识发现系统、移动服务系统和智慧服务系统，多系统的交互融合驱动信息资源流转场景发生相应的变化，信息资源在各系统内部及系统间流转形成多条不同的信息生态链。如书目数据在业务系统中的采、编、流等业务流程中形成信息生态链；馆藏资源、自建数字资源和引进信息资源经筛选、整合、共享、传递、智能推送等流程满足用户信息需求形成信息生态链；用户所需信息资源通过馆际合作与文献传递系统实现数据挖掘、信息获取、知识发现等形成信息生态链；信息资源经过筛选、整合，通过知识发现系统、移动服务系统、智慧管理系统等多种途径传递给用户形成信息生态链。上述多条信息生态链在运行过程中不断地相互作用与相互转化，形成了信息服务生态链链间节点的相互作用关系。图书馆可采用本书提出的演化博弈策略，分析链间节点合作与竞争的动态变化规律，调节链间节点动态平衡关系，优化图书馆信息服务生态链链间节点结构。

　　本书提出，直接以对方信息生态链的协同竞争形式来应对对方信息生态链节点的变化情况，是图书馆信息生态链链间节点在相互作用过程中所选择的应对策略。H 大学图书馆主要通过信息资源共享平台实现资源有效整合，满足用户信息需求。在此过程中，业务管理系统首先要规范元数据结构，按照国际标准和国家规范进行数据标准化工作，自建数据库系统以同样的标准规范数据，这样才能实现馆藏资源、自建数据资源与引进数据资源的整合及无缝链接。与此相配合，馆际合作与文献传递系统也要开展相应的数据标准化工作，并制定与之相适应的文献共享与传递标准及规范，实现资源相互访问与最大化利用。在人工智能和数字化技术的驱动下，图书馆业务管理系统以便捷性、实用性为目标更新用户界面，以兼容性、协同性为标准升级系统接口。业务管理系统逐步实现全流程数字化，并与移动服务系统和智慧服务系统进行数据对接，增加了信息链的节点数量，提高了信息流转各流程的阶段性整合能力，优化了信息流转过程中用户个性化推送的信息链节点，从而提高了信息流转效率。相应地，图书馆信息资源共享平台也要及时进行智能化升级与个性化更新，针对用户信息行为挖掘潜在的信息需求，在平台共享功能的设计中注重用户在主动推送、实时更新、知识发现、知识图谱等方面的体验感。文献传递平台要结合大数据技术，对多来源、多渠道的海量数据进行处理分析，精细化平台的传递内容，优化平台的传递途径，简化信息流转的程序，规范化信息链的结构，提高信息资源的利用效率。

第四节　实现图书馆信息生态平衡
优化策略的具体路径

　　图书馆系统的良性运行需要图书馆信息生态系统的平衡稳定做保障。如果信息生态系统处于失衡状态，就会导致图书馆系统在运行与发展过程中出现波动、停滞甚至退化的情况，使图书馆系统处于低水平的发展状态。这种与社会发展不相适应的低水平发展往往会持续一段时间，直到相应的影响因素发生变化，系统才会重新恢复平衡状态。这样的动态变化趋势会严重影响图书馆的信息活动与信息决策，阻碍图书馆系统与智慧社会发展相适应。因此，在采用相应的信息生态平衡优化策略对图书馆信息生态失衡进行调控与干预的过程中，需要从主体意识、信息行为、信息生态环境、信息生态框架体系、信息生态平衡机制与评价体系等方面着手，注重系统结构优化和信息流转高效化，为图书馆信息生态平衡策略的实现提供有效路径。

一　创新信息生态教育方式，培养信息共同体意识

智慧社会是信息文明高度发展的社会，信息生态是信息文明的生态维度。信息的爆炸式增长和方便快捷的传播，提高了图书馆信息生态环境的复杂性，不但增加了信息主体识别、判断与选择信息的难度，而且使信息处理的集群效应更加显著。在复杂多变的信息生态环境中，主体辨别信息的思维能力及其信息生态平衡意识是影响图书馆信息生态平衡的重要因素。如果信息服务主体缺乏信息生态概念，只提供具有主观倾向性的信息内容，营造单一信息环境，而信息利用主体在信息辨别和信息选择上欠缺批判性思维和整体性思维，只选择具有明显倾向性的非客观信息，就会导致信息误差和信息不对称，使信息生态偏离平衡轨道。主体信息意识欠缺和思维方式受限会导致信息性的作茧自缚，形成信息茧房和信息孤岛，长期累积就会对图书馆信息生态健康发展产生威胁。因此，要重视信息生态平衡意识的培养，塑造与信息文明时代相匹配的信息思维方式与信息共同体意识，引导人们以整体性思维、批判性思维、创造性思维去思考解决信息生态问题，在关注信息本身的同时，从信息生态系统所处社会环境的整体出发，从思维与意识的更深层次切入图书馆信息生态层面，将图书馆信息生态平衡研究提升到更高层次。

在生态学中，生态教育是帮助人们树立新的生态自然观、生态世界观、生态伦理观和生态价值观，提高人们生态意识和生态素养的主要途径。同样，在图书馆信息生态领域，信息生态教育是提高信息生态意识、塑造科学的信息生态平衡观的根本途径，也是对信息失衡防患于未然的最有效且最持久的手段。信息共同体意识强调以整体性思维思考和解决信息生态系统中的实际问题，既要考虑信息获取与利用的公平问题，以及信息流转的程序正义与结果正义问题，又要关注信息主客体、信息环

境、信息媒介、信息链等要素之间的相互影响与作用关系，从系统论视角整体把握图书馆信息生态系统的生态平衡。传统的生态教育主要通过社会教育、学校教育、职业教育等途径进行意识形态的干预。智慧社会背景下，在物联网、智慧计算等新兴技术的影响下，云课堂、社交媒体、协同创造、虚拟空间等新型应用模式拓宽了信息生态教育的渠道，使信息生态教育方式创新成为可能。显性教育与隐性教育相融合的模式，更加有利于信息共同体意识的渗透与培养。

重视信息生态教育，首先要将信息生态相关理论内容充实到生态教育的内容中，让更多的人了解信息生态的研究对象、研究内容及信息共同体相关理论。充分利用新媒体技术，结合网络教育、嵌入式教育、个性化教育等多种教育形式，传播与普及信息生态知识，扩大信息生态教育的覆盖面和影响力，营造良好的教育氛围，努力提高教育效果。创新信息生态教育方式要遵循教育的普遍规律，借鉴生态教育的理论研究与实践成果，在培养人们信息生态意识、责任和能力的同时，塑造科学的信息生态伦理观，提升人们的信息生态素养。

智慧社会建设中，新一代信息技术的应用为创新信息生态教育方式提供机遇。人们获取信息生态知识的范围不断扩大方式不断进化，能够从不断产生的多维度数据中获取大量与自身工作、生活、学习密切相关的信息。各种移动设备因网络传感器的植入提高了人们感应、创造、交换、优化信息的能力，信息生态平衡意识的提高将更加依赖网络社交媒介平台。创新信息生态教育方式，强化信息生态平衡意识，培养信息共同体意识，必须摆脱传统的静态思维模式，改变以学校课堂教学为主的单一教育途径，着眼于便捷、高效的网络传播教育策略，在教育思想、教育内容和教育方法上全面考虑信息动态变化规律，实现教育过程的自适应调整，帮助人们树立正确的信息生态价值观。

二　灵活运用社会计算方法，助力主体信息行为规律总结与动机预测

社会计算是描述社会活动及其功能的计算方法和理论，通过人机交互实现图书馆信息生态理论与现代信息技术的结合。运用社会计算方法可以根据用户信息活动和信息敏感度数据构建信息行为动机模型，结合现代数学模型进行分析，总结用户信息行为规律，并对用户未来一段时

间内的信息行为进行预测。比如，图书馆通过读者荐购平台、移动图书馆专题定制、掌上图书馆收藏类目、图书馆微信公众号查询模块等不同的系统平台，采集用户的信息行为数据，并利用大数据技术对信息行为数据进行统计、分析与挖掘，根据用户的信息行为特征总结信息行为规律，从而推断用户的信息需求与喜好，构建能够实现精准服务的信息推送系统和信息定制平台，以此减少信息遭受污染的环节，提高信息的使用价值和利用效率。再如，图书馆通过门禁系统刷卡数据、座位预约数据和图书预约数据统计不同时间段读者的在馆状态数据，构建用户在时空维度上的信息行为模型，推断用户在不同时空区间的信息心理需求，从而加强信息服务决策的模型建构，搭建更具个性化的图书情报服务支持系统，优化信息服务决策价值链。

社会计算在面向图书馆信息生态系统应用场景时，将主体的信息行为数据与关系进行融合，能够有效揭示图书馆信息生态系统内部结构、各子系统之间的潜在关系及系统运行规律，实现从多角度对图书馆信息生态平衡进行干预调节。智慧社会建设背景下，智能技术促进数据生成和交互能力进一步提高，信息传输和交换速率随之提升，信息规模剧增、信息类型多样，但信息价值密度相对较低。因此，运用社会计算方法促进对主体信息行为规律的总结，并进行信息行为动机预测，能够对信息链流转环节中的信息内容、信息节点位置、能量转换关系进行规律性把握，并对图书馆信息资源池中多元异构数据的流动轨迹进行直观描述，从而快速预测主体信息需求，有效识别高价值的数据信息，精准定位信息服务策略，针对不同信息链流转环节所产生的信息超载和信息污染问题提出对策，在一定程度上缓解信息分配不均衡的矛盾。

社会计算方法能够有效揭示图书馆信息系统内部及其与其他系统之间的潜在关系，在数据建模的基础上快速识别和提取与主体信息行为活动相关的线索及媒介，按照主体信息需求与信息行为规律对信息生态系统的构成要素进行有向关联，利用主体信息动机模型探索以多维度需求定位为核心的信息流转路径，结合不同路径所呈现的信息流转特征制定相应的信息生态平衡策略。社会计算视角下主体信息行为活动的建模，主要是通过人工虚拟社会和人工心理社会构建一个仿真实验系统，通过科学的计算方法实现对图书馆信息生态构成要素的重构，将信息生态系统中可能发生的信息交互现象融入仿真系统中，计算出用户的信息需求与喜好，最终实现图书馆信息生态系统虚拟建模与现实运行的协调统一，从而对整个系统的运行状态进行有效掌控。

三　充分利用现代信息技术手段，拓宽图书馆信息生态环境的优化途径

智慧社会驱动图书馆信息生态内容框架体系重构。图书馆信息生态环境特指保障信息主客体有效沟通、信息本体在图书馆系统内以及图书馆与社会系统之间有效流动的信息环境体系，包含物理环境、社会环境和制度环境。优化图书馆信息生态环境，首先要重视物理环境的优化，对图书馆的物理空间进行合理布局，并对保障图书馆系统内部以及图书馆与社会系统之间信息流转有序进行的基础设施和网络条件进行升级与优化。要特别重视网络优化，协调图书馆网络与科研、人事、财务专网及其他网络之间的关系，尤其是知识网络与科研、人事网络的关系，为信息合理流转、增值及知识图谱构建提供良好的网络生态环境。社会政治、经济和人文因素是图书馆信息生态环境的重要支撑因素。促进政治生态优化、推动经济稳定发展、加强人文环境建设，在很大程度上会影响信息主体的信息观念、信息行为和信息利用方式，也能提高主体对图书馆信息生态建设的关注度与参与度。完善相关法律、法规、政策、机制等内容，对于营造公平、健康、有序的信息生态环境起到关键性的保障作用。创新信息服务模式，优化信息流转机制，升级信息管理方式，规范信息活动过程，对于图书馆信息生态环境的优化也能够起到推动作用。

信息生态环境是影响图书馆信息生态平衡的重要因素之一。一方面，图书馆信息生态系统在信息生态环境的影响与干扰下，不断发生波动，这种波动有可能超出生态阈限，使任何一个子系统失衡甚至崩溃，对于信息主体和信息本体构成内容、类型、数量等受限的图书馆系统更是具有强大的影响力。另一方面，信息生态环境也受到图书馆信息生态系统其他构成要素的影响和制约。如信息主体因信息生态环境变化而做出的信息行为选择对环境本身也具有影响；社会、经济、政治、文化、科学技术等发展进步迫使信息生态环境发生与之相适应的变化；信息主体因道德自律和文化内省而产生的信息行为自我约束能够起到净化信息环境

的作用；等等。图书馆信息生态环境向主体提供与信息需求相适应的资源及保障要素，主体又通过各种途径不断地影响和改造信息生态环境。特别是在智慧社会背景下，物联网、大数据、智慧计算等现代信息技术全方位、多角度地协同作用于图书馆业务流程与管理系统的功能模块上，使信息响应速度提高、信息流转周期缩短，为信息生态环境的优化提供了机遇。在现代信息技术应用实践中，我们也不能忽视随之产生的信息复杂性提高、信息数量庞大等所带来的信息生态环境失衡隐患。

四　有效优化图书馆智慧管理与服务流程，重构信息生态框架体系模型

"框架"是系统构成要素及要素之间有机联系的简洁化表现形式，因而，运用框架思维对构成要素具有关联性的系统进行分析，能够更为全面清晰地刻画系统的体系结构，为图书馆信息生态平衡策略的制定提供直观模型。本书探讨了基于 Zachman 框架的图书馆信息生态框架体系模型，试图以矩阵模式和映射关系相对直观地描述图书馆信息生态框架体系的层级模式及其内部组织形式。这种框架体系模型的构建形式将智慧社会标志性的技术发展理念与图书馆信息生态构成要素相结合，通过优化子系统组合模式构建框架体系模型，对构成图书馆信息生态的基本要素与动态要素的内部关系及其逻辑结构进行描述。在智慧社会驱动图书馆发展的进程中，图书馆的管理模式与服务方式发生变革，图书馆信息生态系统功能与内部组织结构也发生相应的变化。所以，图书馆信息生态框架体系模型在数据业务层、信息管理层、信息技术层和信息应用层等纵向维度的层次架构上需要进行进一步深入细致的分析与挖掘。

在现代图书馆发展进程中，智慧理念与智慧技术推动图书馆在管理系统、服务系统、创新智能空间、知识咨询等方面进行变革与逻辑调整。智慧技术和信息领域相关行业的新标准给主要面向数据、信息、知识进行存储、加工、处理、传播的图书馆带来巨大影响。智能技术和网络的超高速、低时延、高密度等特点进一步优化了图书馆的信息传播方式，图书馆突破时间与空间的场景限制的能力更强。图书馆信息生态框架体系模型的数据业务层描述应增加移动服务与智慧管理等场景描述，对图书馆信息智能组织实体和信息在智能管理平台与移动服务终端之间的流转过程及其关系进行描述，明确信息在多实体间的流转流程与规则。智

慧时代，信息传递的即时性和人工智能技术相对成熟的应用场景，丰富了图书馆信息服务的用户终端设备，使图书馆的信息组织形式和内容形态发生相应变革，云服务、电子图书借阅、移动终端租用等形式体现了智慧时代终端设备物权与使用权的分离。在图书馆信息生态框架体系模型的信息系统层中，应该对信息组织形式及信息调用方式进行新的关系架构描述，建立与移动终端服务相适应的数据模型和业务模型，以更好地实现信息解析。从智慧时代的技术发展路线来看，人工智能、云计算与5G等技术相结合，应用于图书馆智能服务空间、图书文化资源的图谱化可视化呈现、知识资源的发现与即时传递、图书馆远程监控与远程教育等领域，图书馆服务平台、书目管理平台、集成应用平台和云平台随之改变了数据集成、信息服务与知识组织的形式。图书馆信息生态框架体系模型的技术模型系统架构和信息链流转结构要从技术集成视角，对技术方案及实施平台进行描述。智慧时代，图书馆信息传递的核心资源是"海量数据"，图书馆服务和应用场景的智慧化转变为数据价值的转化提供新渠道。图书馆信息生态框架体系模型在信息应用层和知识提炼层的各模块协作与任务分配方面，受到多平台协作、高速存取和计算的协同服务模式驱动，在业务规则、平台应用协作和知识提炼技术与管理策略等模型的构建方面将有所侧重。

五 科学应用人工智能技术，推动图书馆信息生态平衡机制良性运行

　　智慧社会的重要标志是人工智能在教育、医疗、交通、健康、生活、文化等领域的广泛应用，"智能"成为与土地、劳动、资本具有同等重要地位的新生产要素。人工智能正在深刻改变社会各领域，包括图书馆领域服务模式的变革。在智慧社会驱动下，图书馆服务模式发生以智能化为标志的变革，图书馆信息链流转方式和信息生态位布局受智能化引导形成新格局。为了确保图书馆信息环境不会因为超大规模数据量和不适宜的信息处理技术酿成灾难，可以利用人工智能技术的智能监测与处理算法对图书馆信息生态发展状况进行建模和描述，预测其发展轨迹，掌握其发展规律，避免因局部区域信息拥阻或信息不足等极端化现象而造成信息生态失衡。"人工智能算法设计可以根据信息生态平衡即时状况

采集和均衡发布信息，人工智能可以协助保持信息生态平衡，避免信息环境单一化。"① 单一化的信息环境使主体获取有价值信息的概率减小，限制主体的思维能力和信息选择能力，使主体在单质信息域中陷入信息孤岛。因而，对图书馆信息生态进行人工智能监测，能够使图书馆信息生态平衡的保持更具有可操控性，人工智能支持的应激机制也能够推动图书馆信息生态平衡机制实现内部良性互动。

自然生态的主体可操控性极低，可通过人为保护和减少对其的破坏，维持其平衡，只有当生态环境恶化时才需要人为干预加以恢复。对于信息生态而言，主体的数据收集、信息提取和知识提炼等一系列操作，直接或间接地影响着信息生态环境的发展变化，所以说，信息生态平衡的可操控性相对更高一些。但是，随着信息文明的飞速发展，信息生态系统的复杂性提高，驱动信息生态的层次提高。信息生态层次越高，信息生态平衡维持的要求越高、过程越复杂，完全依赖人为干预的信息生态平衡则无法适应信息文明发展的社会现实，因而，需要结合人工智能以适应信息生态系统整体性不断增强的有机体需求，保持信息生态平衡。作为具有复杂结构的图书馆信息生态系统，其信息生态平衡的调节过程也具有一定的复杂性。信息流转过程管控过松或过严，都会造成对图书馆信息生态平衡的破坏。比如，对图书馆信息资源严格管控，虽然有利于信息安全和对信息版权的保护，但是却限制了信息资源的传播范围，降低了信息的利用效率，造成信息不对称现象；而对图书馆业务管理系统放开管理权限，则容易导致业务数据混乱，从而因管理失控而造成信息混乱。所以，将人为管控与人工智能相结合，探讨图书馆信息生态平衡的人工智能应用，能够更加科学合理地推动图书馆信息生态平衡机制良性运行。

干预图书馆信息生态平衡调节过程的人工智能应用必须与信息生态平衡机制的协调运行相适应，与这个适应点相契合的关键就是利用智能算法的刚性推理，协助平衡机制自适应协调运行。人工智能的算法设计，能够辅助系统完成相对复杂的任务分工和功能响应，就像应用超级计算

---

① 王天恩：《新冠肺炎疫情的批判性思维启示及信息生态平衡的人工智能应用》，《社会科学》2020 年第 6 期，第 122~130 页。

机完成复杂计算来解决人们生活中面临的各种问题。比如，在图书馆系统内部的信息流转程序中，判断数据收集、信息处理、业务管理、人员管理和知识共享等各子系统的关联状况是信息流转机制与管理服务机制协调运行的重要环节。在判别各子系统关联关系的流程中，要分别考察每个子系统运行的适应性，并观察其给信息流转提供的平衡支持是否依赖其他子系统。在这个环节中，通过人工智能可以完成节点观测、关系预设和关联度模拟等任务，从而协调信息流转机制与管理服务机制的业务重合点与衔接点，保障信息生态平衡机制整体有序高效运行。在智能计算和智能响应机制的干预下，反馈与调节机制能够及时反映系统变化情况，更好地调动各子系统协调运行的主动性。智能优化机制能够影响信息价值分配的公平程度，良好的协调运行机制能够对信息价值的分配过程和结果进行有效干预，及时调节信息主体之间的价值冲突，有效抑制信息价值分配矛盾，保障信息价值分配的公平合理。

六　合理把握智慧图书馆发展规律，构建图书馆信息生态平衡评价体系

在智慧社会背景下，智慧图书馆飞速发展。智慧图书馆数字化、网络化、智能化、知识共享性和感知与服务智慧化等外部特征明显，其信息生态系统构成要素的视角、范畴、内容等随之发生变革。以虚拟技术、空间技术、智慧计算等为核心的技术群增加了信息流转过程中的信息量与运载负荷，图书馆信息生态环境转变为物理空间、虚拟空间、共享空间和感知空间交互一体的多维智慧空间，在为图书馆信息生态系统带来结构优化的同时，引起了信息污染、信息超载等相关问题。如果这些问题得不到有效解决，将直接导致图书馆信息生态失衡，影响图书馆系统的有序运行与正常发展。图书馆只有及时了解自身信息生态系统的运行状态和发展情况，才能实时调控各方面因素的运行比例关系，稳定系统的运行状态，制定出符合智慧图书馆发展规律的方案与策略。因此，图书馆需要建立科学的信息生态平衡评价体系来衡量自身信息生态系统的健康状况和发展水平，为信息生态平衡提供预警依据，制定符合社会发展的战略与决策，促进系统自我提升及稳定发展。

当前，学界关于图书馆信息生态平衡评价体系的研究已有一些成果，

如薛卫双通过借鉴自然生态系统的评价模式，从系统结构、系统活力、系统服务力三个层面构建了数字图书馆信息生态系统健康评价体系，建立了能够计算出具体健康值的数学模型。[①] 娄策群等结合信息生态系统平衡的概念和属性，确定了信息生态系统平衡的标志为结构合理、功能良好、系统相对稳定三个方面，根据信息生态系统平衡的基本特征及运行规律，构建了科学、有效的平衡测度指标体系。[②] 张坤等从信息生态理论的信息属性、信息技术属性和信息环境属性三个构面构建了高校图书馆微信公众号服务质量评价指标体系，利用灰色关联分析方法进行计算比较，识别出准确性、响应性和链接质量三个最为关键的评价指标。[③] 上述研究为图书馆信息生态平衡评价体系的构建奠定了理论基础。图书馆信息生态平衡强调图书馆信息生态系统各组成部分之间相互适应、相互协调、相互补充、相互促进，达到一种结构优化、功能良好的相对稳定状态，通过一定时期的发展，最终实现平衡。因此，探讨图书馆信息生态平衡评价体系，一方面，要在系统结构、功能、运行态势等层面构建测度指标体系，另一方面，也要关注图书馆信息生态链的流转过程与信息技术的转化效应，锁定智慧社会建设中"图书馆生态阈限"的动态变化情况，以系统的动态平衡为着力点构建平衡测度指标体系。

智慧社会驱动图书馆信息生态内容框架体系重构，面向新视角的图书馆信息生态系统，其信息生态平衡测度指标体系既要考虑基本要素的结构特征，又要兼顾动态要素的发展规律，以更具整体性、全面性、适应性的思路进行测度指标体系的构建。图书馆信息生态平衡的重要表现是系统结构优化，在构建相应的测度指标体系时要考虑基本要素范畴。信息服务主体与信息利用主体在层次、数量、类型、属性等方面合理匹配；信息本体在种类、属性、内容、特征和存在状态等方面结构优化与比例适当；信息环境要素中基础设施先进、社会环境健康、制度环境有序，信息资源在时间与空间上合理配置且相互协调；信息技术充分利用，

---

① 薛卫双：《高校数字图书馆信息生态系统评价体系构建研究》，硕士学位论文，曲阜师范大学，2012，第17~30页。

② 娄策群等：《信息生态系统理论及其应用研究》，中国社会科学出版社，2014，第148~154页。

③ 张坤、王雪、李力：《高校图书馆微信公众号服务质量评价指标体系的构建与分析》，《图书馆建设》2022年第5期，第132~140页。

智能技术、通信技术、传感技术、空间技术和控制技术在信息处理与存储、组织与传递等过程中相互配合并协调发展，多种类技术标准广泛兼容；信息链流转过程中信息主体与本体之间相互适应，节点间自我完善能力较强，信息在采、编、流等环节动态适应与协调发展程度越来越高，可包容性和可扩充性逐渐增强；图书馆的不同群体间信息存取权利均等，信息获取或提供及时准确，信息隐私保护完备。

图书馆信息生态平衡的显著特征是系统功能良好，在构建相应的测度指标体系时要考虑动态要素范畴。图书馆信息生态系统功能良好的表现是信息流转畅通高效、快速及时，保障信息在其时效性期间价值最大化。在图书馆系统中，信息除了在馆内采、编、典、流等各业务环节中流动，还在不同的业务及群体模块之间流动，只有信息流转的各个环节都实现高效率，推动信息不但从高势能节点向低势能节点有序流动，也能够从低势能节点向高势能节点进行渗透与转化，才能体现图书馆信息生态系统功能的优化。图书馆信息生态圈打造了动态运转的信息生态环境，使信息的交流和反馈速度更快、范围更广、程度更深，在调节信息比重、调整信息流数量、协调信息交流群体的比例、畅通信息交流渠道等方面起到优化资源配置的作用。图书馆信息生态系统实现相对平衡状态的重要表现是信息生态圈的各个层次及子系统协调互助、融合共生，能够促进信息流向与流量趋于稳定。图书馆信息生态系统功能良好的另一重要标志，是计算技术为图书馆智慧管理场景中的应用与决策提供较大支持。图书馆的一切信息活动都与社会系统中的组织、团体或个人的信息行为密切相关，关于主体信息行为的动态建模、知识决策和智能管理，能够引导信息行为模式，预测信息流转规律，实现信息在不同流转环节满足不同的信息需求，减少信息超载和信息流失，促进图书馆信息生态良性发展。

第五节　本章小结

适应智慧社会发展的图书馆信息生态平衡策略，能够保障图书馆信息生态系统在受到外界干扰发生动荡时，通过自我调节、自我优化、自我提升和自我适应达到相对平衡稳定的状态。图书馆信息生态平衡策略的构建要遵循效率与公平兼顾原则、系统整体性原则、趋适开放性原则、多维差异性原则、高效最优原则和可持续发展原则，探讨基于演化博弈论的最优均衡策略解决方案。这一方案主要是对图书馆信息生态链同级节点、上下游节点及链间节点的协同竞争关系进行建模分析。图书馆信息主体生态链同级节点会根据对方节点所采取的协同竞争形式与方案而采取相应的协同竞争策略加以应对；在上下游节点中，随着信息流转过程的阶段性变化，任一节点有时与其他节点紧密合作，有时则与其他节点展开对抗性竞争；链间节点则直接以对方信息生态链的协同竞争形式来应对对方信息生态链节点。

本章运用课题研究得出的图书馆信息生态内容框架体系结构、框架体系模型、平衡机制与演化博弈平衡策略等结论及方法，对 H 大学图书馆信息生态系统进行实证分析。在了解 H 大学图书馆信息生态发展脉络与结构特征的基础上，构建图书馆信息生态框架体系模型，以较为清晰地描述图书馆信息生态各构成要素的内部组织形式及信息生态系统目标和功能之间关系的逻辑结构，从而把握该图书馆的信息生态平衡状况及其存在的问题。针对分析总结的相关问题，结合图书馆信息生态演化博弈平衡策略的解决方案，构建适应该校图书馆信息生态发展动态变化的信息生态平衡优化策略。在采用相应的信息生态平衡优化策略对图书馆信息生态失衡进行调控与干预的过程中，需要从主体意识、信息行为、信息生态环境、信息生态框架体系、信息生态平衡机制与评价体系等方面着手，注重系统结构优化和信息流转高效化，为图书馆信息生态平衡策略的实现提供有效路径。

结　论

本书对智慧社会背景下的图书馆信息生态内容框架体系进行重构，探索信息生态平衡机制与平衡策略，使图书馆能够尽快适应智慧社会的建设需求与数字生态的发展要求，为图书馆信息公平、知识创新和智慧服务提供决策依据，通过研究得出以下结论。

第一，从历时态与共时态辩证关系视角考察图书馆信息生态的逻辑演进，其体现出信息生态系统的协同演化规律、信息技术的更新倍增规律、信息能量的转化守恒规律和信息产业的创新发展规律。图书馆信息生态在历时态维度呈现循序渐进、螺旋式上升的发展轨迹，在共时态维度呈现内涵式发展轨迹。

第二，重构图书馆信息生态内容框架体系。智慧社会的支撑体系与核心问题，驱动图书馆信息生态内容框架体系由简单的、静态的构成要素，向复杂的、动态的、适应性更强的动态要素拓展，形成动静结合的综合性内容框架体系结构。图书馆信息生态基本要素与动态要素相互联系、相互影响、相互交融，推动框架体系结构不断调整与适应，建立新的稳定结构和状态。

第三，基于 Zachman 框架模型进行逻辑建模。从横向与纵向相交互的整体视角对图书馆信息生态架构进行分解描述，以内容框架体系构成要素为基本单元，横向维度描述图书馆信息生态的结构特征，纵向维度的架构层次反映信息流转框架结构。基于技术目的范畴、技术功能范畴和技术要素范畴三个维度的技术特征进行决策，形成框架体系模型构建的技术方案。

第四，运用社会计算方法对图书馆信息生态内容框架体系的组织结构与内部运行模式及规律加以揭示，解决其建模、分析和决策支持等问题。重构图书馆信息生态构成要素，对基本要素进行抽象化表示，构建属性关联关系网络，基于多源数据融合实现框架体系建模，形成一种面向社会计算方法的框架体系模型解析思路，为图书馆信息生态框架体系模型的研究提供新思路和新方法，实现对图书馆信息生态系统的合理规划、布局和调控。

第五，构建主体、需求、行为有效关联的虚实互动的图书馆信息生态平衡机制。遵循"理念创新、过程协调、适应调节、智能优化"原则，按照"规划—过程—引导—优化"一体化设计思路，以宏观规划与监管机制、信息组织引导机制、信息对称反馈机制、智慧管理服务机制、智能预测与风险化解机制和自适应响应优化机制为基本内容，构建自适应平衡机制。

第六，探讨适应智慧社会发展的图书馆信息生态平衡策略。对图书馆信息生态链同级节点、上下游节点及链间节点的协同竞争关系进行建模分析，构建基于演化博弈论的最优均衡策略解决方案。通过实证分析，验证图书馆信息生态框架体系模型及平衡优化策略的适用性，从主体意识、信息行为、信息生态环境、信息生态框架体系、信息生态平衡机制与评价体系等方面探寻实现策略的有效路径。

本书对智慧社会背景下图书馆信息生态的相关理论与实践问题进行探讨，具有一定的创新之处。但是，研究还存在一定的不足：逻辑建模的适用性有待探讨；社会计算方法应用的广度与深度有待拓展；信息公平问题的解决仍有深入探索的空间。希望本书能够引起人们对数字生态问题的关注，为"携手构建网络空间命运共同体"，探索网络空间和平发展、公平正义、合作共赢做出一份贡献。

参考文献

〔美〕阿莱克斯·彭特兰:《智慧社会:大数据与社会物理学》,汪小帆、汪容译,浙江人民出版社,2015。

安俊秀:《量化社会:大数据与社会计算》,西南交通大学出版社,2016。

常盛、刘劲节、于涵、耿岔文:《5G 时代图书馆信息生态服务框架构建研究》,《图书馆学研究》2021 年第 8 期。

陈鸿鹄:《智能图书馆设计思想及结构初探》,《现代情报》2006 年第 1 期。

程彩虹、陈燕方、毕达宇:《数字图书馆信息生态链结构要素及结构模型》,《情报科学》2013 年第 8 期。

单志广:《智慧社会的美好愿景》,《人民日报》2018 年 12 月 2 日,第 7 版。

董琴娟:《中国图书馆联盟发展研究》,光明日报出版社,2013。

方克立主编《中国哲学大辞典》,中国社会科学出版社,1994。

方晓红、郭晓丽、汪涛、徐大叶、孙浩、刘军军编著《数字图书馆研究》,天津科学技术出版社,2014。

傅利平、何兰萍:《公共管理研究方法》,天津大学出版社,2015。

高萍、王利文:《智慧图书馆信息生态链的管理与优化措施研究》,《河南图书馆学刊》2020 年第 3 期。

葛岩、马捷:《信息生态视角下社会网络伦理规约模型构建研究》,《图书情报工作》2016 年第 14 期。

《关于促进智慧城市健康发展的指导意见》,国家发展和改革委员会官网,2014 年 8 月 27 日,http://www.ndrc.gov.cn/ gzdt/201408/W020140829409970397055.pdf。

桂晓苗:《电子商务信息生态链协同竞争机制研究》,华中科技大学出版社,2017。

郭海明、刘桂珍：《数字图书馆信息生态分析》，《图书馆理论与实践》2007 年第 1 期。

郭玉锦、王欢：《网络公共领域建构研究》，北京邮电大学出版社，2015。

韩刚、覃正：《信息生态链：一个理论框架》，《情报理论与实践》2007 年第 1 期。

何雨蓉：《智慧图书馆信息生态链的内涵及其构建研究》，《智库时代》2019 年第 48 期。

贺德方等：《数字时代情报学理论与实践——从信息服务走向知识服务》，科学技术文献出版社，2006。

胡华成：《颠覆 HR："互联网＋"时代的人才管理变革》，中国铁道出版社，2016。

胡锦涛：《坚定不移沿着中国特色社会主义道路前进为全面建成小康社会而奋斗——在中国共产党第十八次全国代表大会上的报告》，人民出版社，2012。

黄友均：《高校图书馆信息生态系统平衡实证研究》，《科技资讯》2018 年第 31 期。

姜启源、谢金星、叶俊编《数学模型》（第四版），高等教育出版社，2011。

金兼斌、李子玄：《社会计算领域的跨学科合作研究：基于两大文献数据库的社会网络分析》，《南京邮电大学学报》（社会科学版）2020 年第 2 期。

金兼斌主编《社会计算与社会化媒体研究》，清华大学出版社，2018。

金新政、李宗荣：《理论信息学》，华中科技大学出版社，2014。

金新政、马敬东主编《信息管理概论》（第二版），武汉大学出版社，2014。

靖继鹏、张向先主编《信息生态理论与应用》，科学出版社，2017。

靖继鹏：《信息生态理论研究发展前瞻》，《图书情报工作》2009 年第 4 期。

靖继鹏、马贵成、张向先主编《情报科学理论》，科学出版社，2009。

李纲、毛进：《元网络视角下科研团队建模及分析》，《图书情报工作》2014 年第 8 期。

李国武：《中国的信息本体论研究》，《西安交通大学学报》（社会科学版）2011 年第 5 期。

李海生：《知识管理技术与应用》，北京邮电大学出版社，2012。

李娟、迟舒文：《智能时代的信息伦理研究》，《情报科学》2018 年第 11 期。

李莉主编《信息分析方法》，科学出版社，2017。

李伦、孙保学、李波：《大数据信息价值开发的伦理约束：机制框架与中国聚焦》，《湖南师范大学社会科学学报》2018 年第 1 期。

李庆臻：《科学技术方法大辞典》，科学出版社，1999。

李彦、胡漠、王艳东：《公共数字图书馆信息生态化程度测评研究》，《情报科学》2015 年第 2 期。

李阳、孙建军、裴雷：《科学大数据与社会计算：情报服务的现代转型与创新发展》，《图书与情报》2017 年第 5 期。

李宗富：《信息生态视角下政务微信信息服务模式与服务质量评价研究》，武汉大学出版社，2020。

梁栋、张兆静、彭木根：《大数据、数据挖掘与智慧运营》，清华大学出版社，2017。

梁循、杨小平、周小平、张海燕编著《面向社会化媒体大数据的社会计算》，清华大学出版社，2014。

林丽红：《大型企业数字图书馆跨库检索问题研究》，《图书馆学刊》2017 年第 4 期。

刘玲主编《现代科技》，同济大学出版社，2013。

刘学丰主编《图书情报工作多维透视论》，吉林大学出版社，1991。

刘洵、金席卷：《"互联网+图书馆"信息生态位竞争力研究》，《图书馆工作与研究》2016 年第 11 期。

刘月学：《图书馆信息服务生态链构成要素与形成机理研究》，《图书馆》2017 年第 6 期。

娄策群、杨小溪、王薇波：《信息生态系统进化初探》，《图书情报工作》2009 年第 9 期。

娄策群、周承聪：《信息生态链：概念、本质和类型》，《图书情报工作》2007 年第 9 期。

娄策群等：《信息生态系统理论及其应用研究》，中国社会科学出版社，2014。

娄策群等：《网络信息生态链运行机制与优化方略》，科学出版社，2019。

罗义成：《和谐信息生态探析》，《情报科学》2006 年第 7 期。

马费成主编《信息管理与信息系统研究进展》，武汉大学出版社，2010。

马费成编著《信息经济学》，武汉大学出版社，2012。

马家伟、杨晓莉、姜洋主编《图书馆与图书馆学概论》，吉林科学技术出版社，2016。

马捷、张云开、蒲泓宇：《信息协同：内涵、概念与研究进展》，《情报理论与实践》2018 年第 11 期。

马亚雪、毛进、李纲：《面向科学社会计算的数据组织与建模方法》，《中国图书馆学报》2021 年第 1 期。

毛蕴诗：《重构全球价值链——中国企业升级理论与实践》，清华大学出版社，2017。

〔美〕尼古拉·尼葛洛庞帝：《数字化生存》，胡泳、范海燕译，海南出版社，1997。

牛力、蒋菲、曾静怡：《面向数字记忆的数字文档资源描述框架构建研究》，《档案学研究》2019 年第 4 期。

裴成发：《信息运动生态协同演进论纲》，《图书情报工作》2009 年第 20 期。

彭娜：《浅析数字图书馆信息生态系统》，《电子技术与软件工程》2014 年第 4 期。

浦绍鑫主编《现代公共图书馆资源建设与服务》，光明日报出版社，2016。

钱学森：《创建系统学》（新世纪版），上海交通大学出版社，2007。

施蓓：《社会计算理论和方法在图书情报领域的应用探讨》，《情报探索》2017 年第 11 期。

石东海、刘书雷、安波：《国防关键技术选择基本理论与应用方法》，国防工业出版社，2016。

《世界互联网大会蓝皮书新闻发布会》，新华网，2021 年 9 月 26 日，http：//www. xinhuanet. com/fortune/2021sjhlwdhzb2/wzsl. htm。

苏鹏：《社会计算中的组织行为模式挖掘》，电子工业出版社，2019。

孙瑞英：《信息生态环境和谐演化》，知识产权出版社，2019。

孙坦：《开放信息环境：学术图书馆信息资源建设的重定义与再造》，《中国图书馆学报》2013 年第 3 期。

谭志彬、柳纯录主编《系统集成项目管理工程师教程》（第 2 版），清华大学出版社，2016。

唐虹编著《图书馆联盟协同管理研究》，湖南大学出版社，2012。

王飞跃、王晓、袁勇、王涛、林懿伦：《社会计算与计算社会：智慧社会的基础与必然》，《科学通报》2015 年第 Z1 期。

王飞跃、李晓晨、毛文吉、王涛：《社会计算的基本方法与应用》，浙江大学出版社，2013。

王蕾：《信息构建理念与社区数字图书馆建设》，《图书情报知识》2004 年第 6 期。

王丽华：《图书馆联盟运行机制研究》，世界图书出版公司，2012。

王利蕊：《知识生态图书馆——高校图书馆从信息化到知识化的智慧之路》，河海大学出版社，2021。

王亮、张科豪：《从环境伦理到信息伦理："内在价值"的消解》，《自然辩证法研究》2019 年第 6 期。

王绍平等编著《图书情报词典》，汉语大词典出版社，1990。

王世伟：《智慧社会是智慧图书馆发展的新境界》，《图书馆杂志》2017 年第 12 期。

王雅薇：《公共信息服务机构信息生态治理、IT 应用能力与服务创新绩效关系的研究》，博士学位论文，吉林大学，2017。

王瑶、武含冰：《图书馆信息生态系统的完整性评价研究》，《教育教学论坛》2019 年第 32 期。

王瑶：《图书馆信息生态系统组成因子分析》，《科技情报开发与经济》2008 年第 4 期。

王滢：《图书馆信息生态位的优化管理》，《图书馆学研究》2012 年第 17 期。

〔美〕韦尔伯·施拉姆:《大众传播媒介与社会发展》,金燕宁、蒋千红、朱剑红译,华夏出版社,1990。

武庆圆:《浅析我国公共图书馆信息生态位理论及定位标准》,《情报杂志》2011年第2期。

习近平:《决胜全面建成小康社会夺取新时代中国特色社会主义伟大胜利——在中国共产党第十九次全国代表大会上的报告》,人民出版社,2017。

《习近平向2019中国国际大数据产业博览会致贺信》,央视新闻网,2019年5月26日,http://news.cctv.com/2019/05/26/ARTIUj3IB6HLq3ukucUj5HpR190526.shtml。

肖钠:《基于信息生态系统的图书馆信息组织模式研究》,《图书馆》2014年第2期。

肖钠:《降低图书馆牛鞭效应的信息生态链管理模式研究》,《图书馆论坛》2013年第2期。

肖钠:《我国信息生态理论研究综述》,《情报科学》2011年第7期。

徐梅娟:《基于"印象评价"调查的三大类型图书馆信息生态位比较研究》,《情报科学》2015年第4期。

许军林编著《地市级区域图书馆联盟建设研究》,西南交通大学出版社,2011。

许侠、杨朝晖、刘正:《基于Zachman模型的测试需求分析法的应用》,《中国金融电脑》2009年第2期。

薛卫双:《高校数字图书馆信息生态系统健康评价研究》,《情报科学》2014年第5期。

严一梅:《生态位视角的图书馆资源建设策略与思考》,《图书馆论坛》2016年第7期。

阎立主编《信息化纵横》,南京大学出版社,2003。

杨宏桥、蒲卫主编《医疗信息系统顶层设计方法学》,人民军医出版社,2015。

杨瑶:《高校图书馆图书信息服务生态链结构及功效研究》,《图书馆建设》2014年第10期。

于芳:《信息生态视角下图书馆联盟协同创新模式研究》,《图书馆研究》2017 年第 1 期。

于晓镭：《企业信息生态圈与 3ESP 模式》，《中国电子商务》2000 年第 17 期。

张家年、李阳：《虚拟世界中信息礼仪、信息伦理和信息法律三者关系探析》，《情报理论与实践》2015 年第 6 期。

张家年：《信息势能的基本内涵、作用机理及其在组织情境中的分析》，《现代情报》2018 年第 3 期。

张洁、李瑾：《智能图书馆》，《图书馆理论与实践》2000 年第 6 期。

张克平、陈曙东主编《大数据与智慧社会：数据驱动变革，构建未来世界》，人民邮电出版社，2017。

张显龙：《自主·可控：信息产业创新之中国力量》，清华大学出版社，2016。

张现龙：《基于社会空间层次的智慧图书馆信息生态系统构成要素研究》，《大学图书情报学刊》2021 年第 5 期。

张向先、张旭、郑絮：《电子商务信息生态系统的构建研究》，《图书情报工作》2010 年第 10 期。

赵蓉英、曾宪琴、陈必坤：《全文本引文分析——引文分析的新发展》，《图书情报工作》2014 年第 9 期。

赵生辉、胡莹：《多语言数字图书馆信息生态链的结构、类型及启示》，《图书馆理论与实践》2020 年第 3 期。

赵宇翔：《基于条件价值评估法的信息生态价值评估——以城市公共图书馆为例》，《图书情报工作》2007 年第 8 期。

赵玉冬：《信息生态位视角下数字图书馆的优化与发展》，《图书馆工作与研究》2013 年第 2 期。

中国法制出版社编《中华人民共和国教育法法律法规全书含相关政策》，中国法制出版社，2017。

《中国图书馆学会图书馆服务宣言（2008）》，2008 年 2 月 15 日，http：//www.gslib.com.cn/xh/tqxw/08ztxy.htm。

《中国智慧社会发展与展望论坛在"首届数字中国建设峰会"期间胜利召开》，《电子世界》2018 年第 9 期。

《中华人民共和国国民经济和社会发展第十四个五年规划和 2035 年

远景目标纲要》,《人民日报》2021年3月13日,第1版。

周承聪:《信息服务生态系统运行机制研究》,中国社会科学出版社,2015。

周承聪、夏文贵:《基于文献计量的国内信息生态位研究现状与展望》,《图书馆学研究》2014年第18期。

周密、董其军:《基于用户信息活动的智能数字图书馆研究》,《图书馆学研究》2002年第8期。

朱如龙、沈烈:《信息生态因子视角下图书馆舆情信息服务质量影响因素分析》,《图书馆工作与研究》2020年第6期。

邹安全主编《现代物流信息技术与应用》,华中科技大学出版社,2017。

Bohannon, J., "Counterterrorism's New Tool: 'Metanetwork' Analysis," *Science* 325 (5939) (2009): 409-411.

Burgin, M., Zhong, Y., "Information Ecology in the Context of General Ecology," *Information* 9 (3) (2018): 57.

Didegah, F., Bowman, T. D., Holmberg, K., "On the Differences Between Citations and Altmetrics: An Investigation of Factors Driving Altmetrics Versus Citations for Finnish Articles," *Journal of the American Society for Information Science and Technology* 69 (6) (2018): 832-843.

Elizarov, A., Kirillovich, A., et al., "Digital Ecosystem OntoMath: Mathematical Knowledge Analytics and Management," *Communications in Computer and Information Science* 706 (4) (2017): 33-46.

Evans, L. T., *A History and Organizational Development Analysis of the Formation of Ohio LINK-A Statewide Inter-organizational Library Consortium*, 1986-1992 (Pittsburgh: Univ. of Pittsburgh, 2004).

Fajri, F. A., Zamzami, F., Siregar, H. O., "Enterprise Architecture Modeling of Financial Information Systems Using Zachman Framework," *Jurnal Akuntansi dan Bisnis* 20 (1) (2020): 117-131.

Garcia, P., Darroch, F., West, L., Brooks Cleator, L., "Ethical Applications of Big Data-Driven AI on Social Systems: Literature Analysis and Example Deployment Use Case," *Information* 11 (5) (2020): 235.

García-Marco, F. J., "Libraries in the Digital Ecology: Reflections and Trends," *The Electronic Library* 29 (1) (2011): 105-120.

Giraldo, F. D., España, S., Giraldo, W. J., Pastor, O., Krogstie, J., "A Method to Evaluate Quality of Modelling Languages Based on the Zachman Reference Taxonomy," *Software Quality Journal* 27 (3) (2019): 1239-1269.

Green Lucy Santos, Johnston Melissa, P., "A Contextualization of Editorial Misconduct in the Library and Information Science Academic Information Ecosystem," *Journal of the Association for Information Science and Technology* 73 (7) (2021): 913-928.

Harris, K., "Information Ecology," *International Journal of Information Management* 9 (4) (1989): 289-290.

Horton, F. W., "Information Ecology," *Journal of Systems Management* 29 (9) (1978): 32-36.

Hou, J. H., Yang, X. C., "The Spatial-temporal Transfer of Scientometrics Research Topics Based on Citation Analysis," *Malaysian Journal of Library* & *Information Science* 23 (3) (2018): 49-68.

Iyamu, T., "Implementation of the Enterprise Architecture through the Zachman Framework," *Journal of Systems and Information Technology* 20 (1) (2018): 2-18.

Katell, M., "Algorithmic Reputation and Information Equity," *Proceedings of the Association for Information Science and Technology* 55 (1) (2018): 226-233.

Kerr, E., Lee, C. A. L., "Trolls Maintained: Baiting Technological Infrastructures of Informational Justice," *Information, Communication* & *Society* 24 (1) (2021): 1-18.

Kiene, C., Jiang, J. A., Hill, B. M., "Technological Frames and User Innovation," *Proceedings of the ACM on Human-Computer Interaction* 3 (CSCW) (2019): 1-23.

Lazer, D., et al., "Social Science. Computational Social Science," *Science* 323 (5915) (2009): 721-723.

Mohammed, S., Fang, W. C., Hassanien. A. E., Kim, T. H., "Advanced Data Mining Tools and Methods for Social Computing," *The Computer Journal* 64 (3) (2021): 281-285.

Mousavizadeh, M., Bagheri, M., Aghaie Kamran, M. K., "Visualizing of the Structure of Subject Trends in Persian Articles Published During 2008-2012 in Information Organization Domain," *International Information and Library Review* 45 (3-4) (2013): 157-167.

Prodaniuk, R. I., "Information Ecological as a Key Condition for Information Security: The Sociological Aspect," *Scientific and Theoretical Almanac Grani* 21 (8) (2018): 12-19.

Roy, L., "Indigenous Mailers in Library and Information Science: An Evolving Ecology," *Focus on International Library & Information Work* 40 (2) (2009): 44-48.

Schuler, D., "Social Computing," *Communications of the ACM* 37 (1) (1994): 28-29.

Sergeev, V., Solodovnikov, V., "Using an Adapted Zachman Framework for Enterprise Architecture in the Development of an Industry Methodology of Integrated Supply Chain Planning," *Transport and Telecommunication Journal* 21 (3) (2020): 203-210.

Showers, B., "Data-driven Library Infrastructure: Towards a New Information Ecology," *Insights: The UKSG Journal* 25 (2) (2012): 150-154.

Tatar, U., Karabacak, B., Katina, P. F., Igonor, A., "A Complex Structure Representation of the US Critical Infrastructure Protection Program Based on the Zachman Framework," *International Journal of System of Systems Engineering* 9 (3) (2019): 221.

Taylor, D. M., "The Impact of Mobile Information Communication and Technology (ICT) in Ubiquitous Health Sciences Libraries," *Journal of Electronic Resources in Medical Libraries* 13 (3) (2016): 105-113.

附录 1

本代码为 R 语言代码，最初上半部判断矩阵 B 为手动输入，在输入上半部判断矩阵（包括主对角线）后，执行下列操作即可。

```
#
A<-B; for (i in 2: 10) {for (j in 1: (i-1)) {A [i, j] <-1/A
[j, i] } }
#填充为完整的判断矩阵
A1<-A [1: 6, 1: 6] #构造基本要素判断矩阵
A2<-A [7: 10, 7: 10] #构造动态要素判断矩阵
A1. e<-eigen (A1); CI1<- ((A1. e $ values [1] -6) /5); RI1<-
1.24; CR1<-CI1/RI1#计算特征值、随机一致性比率
A2. e<-eigen (A2); CI2<- ((A2. e $ values [1] -4) /3); RI2<-
0.90; CR2<-CI2/RI2
A. e<-eigen (A); CI3<- ((A. e $ values [1] -10) /9); RI3<-
1.49; CR3<-CI3/RI3
CR1; CR2; CR3#分别输出三个部分的随机一致性比率
a1<-A. e $ vectors [, 1] /sum (A. e $ vectors [, 1]) #综合评判
归一化向量
a2<-A1. e $ vectors [, 1] /sum (A1. e $ vectors [, 1]) #基本要
素评判归一化向量
a3<-A2. e $ vectors [, 1] /sum (A2. e $ vectors [, 1]) #动态要
素评判归一化向量
```

附录 2

MABR-2 算法

输入：$I = (O, o^*, A, D, \rho)$，所有可能的行动和效果的效用，minsup, minutil.

输出：有趣的可操作行为规则及其期望效用

1. F←｛频繁 1-行动集｝

//构造 FA-tree

2. T←一个 FA-tree 的根节点（无孩子节点）

3. T. header←以支持度降序排列的二元组（频繁 1-行动集，null）列表

4. for each o ∈ O

5.　　　　L←空列表

6.　　　　for each a ∈ A_{en}

7.　　　　　　if S = ｛(a, p(o^*, a), p(o, a))｝ ∈ F

8.　　　　　　　　L. Add（S）

9.　　　　根据 T. header 的次序对 L 排序

10.　　　Insert（L, T）

//产生最具体频繁行动集

11. Construct（T, null）

12. for eachi from 1 to ｜A_{en}｜

13.　　　if set of (i+1) -action sets ≠ Φ

14.　　　　从 F 中删除关于任何（i+1）-行动集的具体 i-行动集

//产生有趣的可操作行为规则

15. for each S ∈ F

16.　　　cr←以 S 为前件的候选可操作行为规则

17.　　　CR←CR ∪ ｛cr｝

18. for each 关系 ~ 在 CR 上的最大等价类 LE

19.　　r←LE 中的合并可操作行为规则

20.　　if util（r）≥minutil

21. R←R∪｛（r，util（r））｝

22. return R

23. Procedure Insert（L：1-行动集列表，P：PA-tree 节点）

24. if P 没有这样的孩子节点 N，满足 N. 1-action-set=L［1］

25.　　i←j，满足 header［j］. 1-action-set=L［1］

26.　　N←FA-tree node（L［1］，1，T. header［i］. first，P）

27.　　T. header［i］. first←N

28. else

29.　　N. count←N. count+1

30. L. Delete（1）

31. if L 非空

32.　　Insert（L，N）

33. Procedure Construct（P：FA-tree，A：行动集）

34. if P 有一条单一路径

35.　　for each P 的除根外的所有节点的 1-action-set 域的组合 c

36.　　　　F←F∪｛c∪A｝

37. else

38.　　for eachP. header 中的元素 I（自尾向首）

39.　　　　A←A∪I. 1-action-set

40.　　　　CB←I 的条件 subtree

41.　　　　CT←CB 的条件 FA-tree

42.　　　　if CT≠null

43.　　　　　　Construct（CT，A）

图书在版编目（CIP）数据

智慧社会驱动的图书馆信息生态探赜／吕莉媛著
. -- 北京：社会科学文献出版社，2023.5
ISBN 978-7-5228-1812-2

Ⅰ.①智…　Ⅱ.①吕…　Ⅲ.①图书馆工作-情报服务
-研究　Ⅳ.①G251

中国国家版本馆 CIP 数据核字（2023）第 083366 号

智慧社会驱动的图书馆信息生态探赜

著　　者／吕莉媛

出 版 人／王利民
组稿编辑／宋月华
责任编辑／李建廷
文稿编辑／赵亚汝
责任印制／王京美

出　　版／社会科学文献出版社·人文分社（010）59367215
　　　　　地址：北京市北三环中路甲 29 号院华龙大厦　邮编：100029
　　　　　网址：www.ssap.com.cn
发　　行／社会科学文献出版社（010）59367028
印　　装／三河市尚艺印装有限公司

规　　格／开　本：787mm × 1092mm　1/16
　　　　　印　张：19　字　数：301 千字
版　　次／2023 年 5 月第 1 版　2023 年 5 月第 1 次印刷
书　　号／ISBN 978-7-5228-1812-2
定　　价／168.00 元

读者服务电话：4008918866